Die Drittanstellung von Vorstandsmitgliedern

Europäische Hochschulschriften

European University Studies

Publications Universitaires Européennes

Reihe II **Rechtswissenschaft**

Series II Law

Série II Droit

Band/ Volume **5999**

Stefan Laumeyer

Die Drittanstellung von Vorstandsmitgliedern

PETER LANG

Bibliografische Information der Deutschen Nationalbibliothek
Die Deutsche Nationalbibliothek verzeichnet diese Publikation in der Deutschen Nationalbibliografie; detaillierte bibliografische Daten sind im Internet über http://dnb.d-nb.de abrufbar.

Zugl.: Frankfurt (Main), Univ., Diss., 2017

D 30
ISSN 0531-7312
ISBN 978-3-631-74851-0 (Print)
E-ISBN 978-3-631-74999-9 (E-PDF)
E-ISBN 978-3-631-75000-1 (EPUB)
E-ISBN 978-3-631-75001-8 (MOBI)
DOI 10.3726/b13561

Peter Lang – Berlin · Bern · Bruxelles · New York · Oxford · Warszawa · Wien

Diese Publikation wurde begutachtet.

www.peterlang.com

Meinen Eltern

Vorwort

Die Arbeit wurde im Wintersemester 2016/2017 von der Rechtswissenschaftlichen Fakultät der Johann Wolfgang-Goethe Universität Frankfurt am Main als Dissertation angenommen. Entstanden ist sie während der Zeit meiner Tätigkeit als wissenschaftlicher Mitarbeiter am Institute for Law and Finance (ILF) in Frankfurt am Main.

Ich bedanke mich sehr herzlich bei meinem Doktorvater, Herrn Prof. Dr. Andreas Cahn, der diese Arbeit betreut hat und mir stets mit Rat und Tat zur Seite stand. Zu großem Dank bin ich auch Frau Prof. Dr. Katja Langenbucher verpflichtet, die das Zweitgutachten erstellt hat.

Besonderer Dank gilt meinen Eltern, die mich während des gesamten Studiums und in der Promotionszeit tatkräftig unterstützt haben. Mit großer Freude widme ich ihnen diese Arbeit.

Frankfurt am Main, im August 2017 Stefan Laumeyer

Inhaltsverzeichnis

Abkürzungsverzeichnis

Es wird auf *Kirchner, Hildbert,* Abkürzungsverzeichnis der Rechtssprache, 8. Aufl., Berlin 2015, verwiesen. Dort nicht aufgenommene Abkürzungen sind:

DCGK	Deutsche Corporate Governance Kodex
BT-Drs.	Drucksache des deutschen Bundestags
InstitutsVergV	Verordnung über die aufsichtsrechtlichen Anforderungen an Vergütungssysteme von Instituten (am 13. 10. 2010 in Kraft getreten), vgl. BGBl. I S. 1374
VorstAG	Gesetz zur Angemessenheit der Vorstandsvergütung (am 05. 08. 2009 in Kraft getreten), vgl. BGBl. I S. 2509

Einleitung: Personelle Verflechtungen und die Drittanstellung

A. Begriffsbestimmung

Unter personeller Verflechtung von Gesellschaften wird die Verzahnung von Unternehmen verstanden, die dadurch entsteht, dass Organe unterschiedlicher Gesellschaften ganz oder teilweise personenidentisch besetzt sind. Personelle Verflechtungen zwischen Wirtschaftsunternehmen sind ein häufig anzutreffendes Phänomen, das u.a. im Hinblick auf gesellschaftliche Auswirkungen untersucht wird. So diskutieren zum Beispiel Wissenschaftler in den USA über die gesellschaftspolitischen Auswirkungen von sog. „*interlocking directorates*".[1] Dabei geht es um Führungspersonen, die mehreren *boards of directors*[2] angehören.

Personelle Verflechtungen kommen vorwiegend in konzernrechtlich verbundenen Unternehmen vor.[3] Sie können Synergieeffekte freisetzen, Kooperationen stärken und die Durchsetzbarkeit von Interessen auf verschiedenen Ebenen sowie Abstimmungsprozesse vereinfachen.[4] Andererseits können sie zur Konzentration von Macht auf wenige Personen, Interessenkonflikten, Intransparenz und fehlender gesellschaftlicher Diversität führen.

Personelle Verflechtungen können, so die gängige Erläuterung,[5] in drei Varianten auftreten:

---

1 Vgl. *Bowman*, The modern corporation and American political thought: law, power, and ideology, 1996, S. 22; *Domhoff*, Interlocking Directorates in the Corporate Community, 2013, abrufbar unter: http://www2.ucsc.edu/whorulesamerica/power/corporate_community.html; *Mizruchi*, What Do Interlocks Do? An Analysis, Critique, and Assessment of Research on Interlocking Directorates, 1996, abrufbar unter: http://www.annualreviews.org/doi/full/10.1146/annurev.soc.22.1.271; Übersetzung: Überkreuzmandat, Überkreuzverflechtung.

2 Im anglo-amerikanischen Raum handelt es sich um das Leitungs- und Kontrollorgan eines Unternehmens (sog. monistische System).

3 *Anders*, Vorstandsdoppelmandate, 2006, S. 15; *Arnold/Born*, AG-Report 18 (2005), 428; vgl. im Übrigen allgemein zu personellen Verflechtungen im Aktienkonzern: *Decher*, Personelle Verflechtungen im Aktienkonzern, 1990, S. 19; vgl. ebenfalls RGZ 105, 392, 393 (Fürstenkonzern).

4 Ähnlich *Reuter*, AG 2011, 274.

5 *Engelhard/Wichert*, Gabler Wirtschaftslexikon, unter Stichwort: „personelle Verflechtung", abrufbar unter: http://wirtschaftslexikon.gabler.de/Archiv/4784/personelle-verflechtungen-v9.html.

„(1) im Konzern: Vorstandsmitglieder der Konzernspitze als Aufsichtsräte oder Vorstände der Untergesellschaft; (2) im Konzern: Aufsichtsratsmitglieder der Konzernspitze im Aufsichtsrat der Untergesellschaft; (3) Vorstandsmitglieder eines Unternehmens als Aufsichtsratsmitglieder eines anderen Unternehmens.“

Diese Erläuterung von personellen Verflechtungen ist jedoch unvollständig, denn eine Verflechtung im Sinne einer personellen Verzahnung von Unternehmen kann auch auf einer sog. Drittanstellung beruhen.[6] Während bei Doppel- oder Mehrfachmandaten mindestens zwei Organe verschiedener Gesellschaften ganz oder teilweise in Personalunion geführt werden, ist unter der Drittanstellung das Modell zu verstehen, dass ein Vorstandsmitglied seinen Anstellungsvertrag nicht mit der Bestellungsgesellschaft, sondern mit einem Dritten abgeschlossen hat. Anders als bei den im Zitat angesprochenen Doppel- oder Mehrfachmandaten geht es also bei Drittanstellungen nicht um die Besetzung von zwei Organen mit derselben Person.

Bei Doppel- oder Mehrfachmandaten übt eine Person Organtätigkeiten für mehrere Gesellschaften aus. Es besteht zwar eine personelle Identität; bei Doppel- und Mehrfachmandaten kann und muss jedoch zwischen den einzelnen Tätigkeiten und bei jeder Tätigkeit zwischen den verschiedenen Organen, denen die mehrfach angestellte Person als Mitglied angehört, differenziert werden. Im Rahmen der Drittanstellung übernimmt das Vorstandsmitglied lediglich Vorstandstätigkeiten der Bestellungsgesellschaft. Zwischen der Drittanstellungsgesellschaft und dem Vorstandsmitglied besteht ein Vertragsverhältnis. Die Drittanstellung betrifft also lediglich ein Organ, nämlich den Vorstand der Bestellungsgesellschaft, und eine Aufgabe, nämlich die Vorstandstätigkeit für die Bestellungsgesellschaft. Auch wenn sich bei Doppel- und Mehrfachmandaten und Drittanstellungen ähnliche Pflichtenkollisionen und Interessenkonflikte ergeben können (das Vorstandsmitglied als „Diener zweier Herren“[7]), macht der aufgezeigte Unterschied bereits jetzt deutlich, dass beide Arten der personellen Verflechtung nicht notwendigerweise gleich zu behandeln sind.[8]

---

6 *Anders*, Vorstandsdoppelmandate, 2006, S. 22.

7 *Spindler*, MünchKomm AktG, § 84 Rn. 76.

8 Vgl. *Wackerbath*, Kontrollverlust oder: Beiß nie in die Hand, die den Scheck unterschreibt!, abrufbar unter: http://blog.fernuni-hagen.de/blawg/2011/10/31/kontrollverlust-oder-beis-nie-in-die-hand-die-den-scheck-unterschreibt/. Für eine weitgehend gleiche Behandlung von Drittanstellungen und Mehrfachmandaten hingegen: *Reuter*, AG 2011, 274, 276 ff.

B. Problemstellung

Es ist umstritten, ob die Drittanstellung von Vorstandsmitgliedern zulässig ist. So bestehen Bedenken gegen das Auseinanderfallen von Anstellungs- und Bestellungskompetenz. Gemäß § 84 Abs. 1 S. 5 i.V.m. S. 1 AktG könnte ausschließlich der Aufsichtsrat der Bestellungsgesellschaft für die Anstellung der Vorstandsmitglieder zuständig sein. Das könnte insbesondere der Fall sein, wenn gemäß § 31 MitbestG die Vertreter der Arbeitnehmer im Aufsichtsrat an der Entscheidung mitwirken, wer als Vorstandsmitglied bestellt werden soll. Die Drittanstellung von Vorstandsmitgliedern ist auch im Hinblick auf die autonome Leitungsmacht des § 76 Abs. 1 AktG problematisch. Eine Leitung der Gesellschaft durch den Vorstand in eigener Verantwortung wäre möglicherweise nicht mehr gewährleistet, wenn wegen der Anstellung bei einem Dritten der Anreiz für ein oder mehrere Vorstandsmitglieder besteht, im Interesse der Drittanstellungsgesellschaft zu handeln.

I. Rechtsprechung

Bisher hat sich die Rechtsprechung ausdrücklich nur zu Drittanstellungsverträgen mit Geschäftsführern nicht mitbestimmter GmbHs geäußert und die Zulässigkeit dieser Verträge anerkannt.

1. BGH AG 2015, 535

In einer kürzlich veröffentlichten Entscheidung des BGH ging es zwar um eine Überlassung eines Geschäftsführers einer GmbH an eine AG, in der der Geschäftsführer als Vorstandsmitglied bestellt wurde. Dennoch ging der BGH zumindest nicht ausdrücklich auf die Frage ein, ob die Drittanstellung von Vorstandsmitgliedern zulässig ist.[9] In dem Fall, der dem BGH-Urteil zugrunde lag, hatten die GmbH und die AG in einem „Beratervertrag" vereinbart, dass der einzige Gesellschafter und Geschäftsführer der GmbH Vorstandstätigkeiten in der AG wahrnehmen sollte. Der Vertrag sah für die Überlassung des Geschäftsführers einen finanziellen Ausgleich der AG zugunsten der GmbH vor. Die GmbH wiederum zahlte – wie im Beratervertrag vereinbart – dem Vorstandsmitglied eine Vergütung.

Der BGH kam zu dem Ergebnis, dass der „Beratervertrag" gegen die aktienrechtliche Kompetenzordnung der Bestellungsgesellschaft verstieß, da die AG bei Vertragsschluss allein durch den Vorstand vertreten wurde. Dem Urteil zufolge fällt gemäß §§ 84 Abs. 1 S. 5 i.V.m. Abs. 1 S. 1, 87, 112 AktG der Abschluss des die Vergütung eines Vorstandsmitglieds betreffenden Vertrags auch dann

9 *Kort*, AG 2015, 531.

in die Zuständigkeit des Aufsichtsrats, wenn der Vertrag von der Gesellschaft nicht mit dem Vorstandsmitglied selbst, sondern, wie in dem der Entscheidung zugrunde liegenden Sachverhalt, mit einem Dritten abgeschlossen wird. Ob die Vertretungskompetenz allein dem Aufsichtsrat oder dem Aufsichtsrat zusammen mit dem Vorstand zukommt, ließ der BGH hingegen offen.

Auch wenn der BGH sich nur mit Fragen der Vertretungskompetenz des Vorstands und des Aufsichtsrats der AG auseinandersetzte, schien er davon auszugehen, dass die Überlassung von Managern, die für eine AG Vorstandstätigkeiten übernehmen sollen, zulässig ist.[10] Da der Beratervertrag gerade die Überlassung des Managers zum Gegenstand hatte, liegt es nahe, dass der BGH andernfalls den Vertrag zwischen der GmbH und der AG als *per se* unwirksam angesehen hätte.

2. *Rechtsprechung der Instanzgerichte*

Instanzgerichtliche Entscheidungen erwähnen die Konstruktion der Drittanstellung, ohne allerdings auf die Frage ihrer Zulässigkeit einzugehen. So hat das OLG Frankfurt[11] entschieden, dass die Arbeitsgerichte gemäß § 2 Abs. 1 Ziff. 3 ArbGG für einen Drittanstellungsvertrag zuständig sind, wenn es sich bei der Drittanstellung um einen Arbeitsvertrag handelt. § 5 Abs. 1 S. 3 ArbGG, wonach Vorstandsmitglieder nicht als Arbeitnehmer i.S.d. ArbGG gelten, finde nicht auf fremdangestellte Vorstandsmitglieder Anwendung. Drittangestellten Vorstandsmitgliedern steht, so die Entscheidung, im Verhältnis zur Drittanstellungsgesellschaft bei Rechtsstreitigkeiten der Arbeitsrechtsweg offen.

Einer Entscheidung des LAG Köln[12] zufolge ist ein Arbeitsvertrag, dessen Annex ein aktienrechtlicher Drittanstellungsvertrag ist, ohne Rücksicht auf § 84 AktG kündbar. In dem der Entscheidung zugrunde liegenden Sachverhalt hatte der Manager einen Arbeitsvertrag mit der Drittanstellungsgesellschaft geschlossen, bevor er als Vorstandsmitglied bestellt wurde. Erst anschließend bestellte die Bestellungsgesellschaft den Manager als Vorstandsmitglied. Die Drittanstellungsgesellschaft und das Vorstandsmitglied schlossen eine Zusatzvereinbarung zu dem schon bestehenden Arbeitsvertrag, in dem für die Übernahme der Vorstandstätigkeit eine monatliche Zusatzvergütung vereinbart wurde. Das Gericht ging davon aus, dass sich der arbeitsrechtliche Teil des Vertrags und die Zusatzvereinbarung, welche die Drittanstellung betraf, voneinander trennen ließen. Nur die Wirksamkeit der Kündigung des arbeitsrechtlichen

10 *Kort*, AG 2015, 531, 532.

11 AG 1997, 521.

12 ZIP 2006, 1012.

Vertragsteils war Gegenstand der Entscheidung des LAG Köln. Der daneben bestehende Drittanstellungsvertrag bzw. die Zusatzvereinbarung blieben der Entscheidung zufolge durch die Kündigung unberührt.

Schließlich betreffen Entscheidungen des KG[13] und des OLG Celle[14] genauso wie die Entscheidung des BGH[15] die Wirksamkeit eines Vertrags zwischen der Bestellungsgesellschaft und dem Dritten, der eine Vergütung für die Überlassung eines Angestellten an die Bestellungsgesellschaft regelt. Der Angestellte der Drittanstellungsgesellschaft wurde, wie im Vertrag zwischen der Drittanstellungsgesellschaft und Bestellungsgesellschaft vereinbart, als Vorstandsmitglied der Bestellungsgesellschaft bestellt. Ebenso wie der BGH gehen das KG und das OLG Celle in den Entscheidungen davon aus, dass der Aufsichtsrat im Verhältnis zu Dritten zuständig ist, wenn ein Vertrag abgeschlossen wird, der die Überlassung eines Vorstandsmitglieds zum Gegenstand hat.

II. Schrifttum

Im rechtswissenschaftlichen Schrifttum ist die Zulässigkeit der Drittanstellung von Vorstandsmitgliedern umstritten. Im Rahmen dieser Diskussion sind nicht nur befürwortende[16] oder ablehnende[17], sondern auch vermittelnde Stimmen zu hören. So bejahen zahlreiche Autoren die Zulässigkeit der Drittanstellung von Vorstandsmitgliedern nur unter bestimmten einschränkenden Voraussetzungen. Es wird etwa die Auffassung vertreten, dass Drittanstellungsverträge lediglich anzuerkennen seien, wenn die Drittanstellungsgesellschaft mit der Bestellungsgesellschaft einen Beherrschungsvertrag abgeschlossen hat oder wenn die Bestellungsgesellschaft in die Drittanstellungsgesellschaft eingegliedert wurde. Denn nur in diesen Fällen sei der Vorstand gemäß §§ 308 Abs. 1 S. 1, 323 Abs. 1 AktG an Weisungen der

---

13 NZG 2011, 865.

14 AG 2012, 41.

15 Vgl. Einleitung B.I.1 (S. 23).

16 *Arnold/Born*, AG-Report 18 (2005), 428; *Jooß*, NZG 2011, 1130, 1131; *Jooß*, Drittanstellung, 2010, S. 177; *Lücke*, Vorstand der AG (Beck'sches MandatsHdb.), § 2 Rn. 102; *Mutter*, Marsch-Barner/Schäfer, Hdb. börsennotierte AG, § 19 Rn. 79; *Reuter*, AG 2011, 274 ff.; *Seibt*, K. Schmidt/Lutter, § 84 Rn. 26, der jedoch verlangt, dass die Anstellungsgesellschaft den Pflichtenvorrang der Bestellungsgesellschaft ausdrücklich akzeptiert; *Wiesner*, MünchHdb. GesR, Bd. 4, § 21 Rn. 3 f.

17 *Fleischer*, Hdb. des VorstandsR, § 4 Rn. 68; *Fonk*, Semler/v. Schenk ArbeitsHdb. für Aufsichtsratsmitglieder, § 10 Rn. 219 f.; *Kort*, GroßKomm AktG, § 84 Rn. 319 ff.; *Mertens/Cahn*, KölnKomm AktG, § 84 Rn. 56; *Spindler*, MünchKomm AktG, § 84 Rn. 76; *Theobald*, Festschrift Raiser, 2005, S. 421, 435 ff.

herrschenden Gesellschaft gebunden.[18] Diskutiert wird auch, ob sich die Bedenken gegen die Zulässigkeit der Drittanstellung durch eine Zustimmung des Aufsichtsrats der Bestellungskörperschaft zum Anstellungsvertrag[19] oder durch einen vertraglich vereinbarten Zustimmungsvorbehalt zugunsten des Aufsichtsrats der Bestellungsgesellschaft betreffend Kündigung oder Vertragsänderungen des Drittanstellungsverhältnisses ausräumen lassen.[20] Nach einer anderen Meinung ist die Drittanstellung nur dann zulässig, wenn es sich beim Drittanstellungsvertrag um einen Vertrag zugunsten Dritter (Anstellungsvertrag zugunsten der Bestellungsgesellschaft) handelt.[21] Das Überwiegen der einen oder anderen Auffassung oder gar eine h.M. lässt sich angesichts dieses Meinungsstandes nicht ausmachen.[22] In Anbetracht der daher bestehenden Rechtsunsicherheit raten einige Stimmen in der Literatur, (vorerst) von Drittanstellungen Abstand zu nehmen.[23]

Im Schrifttum wird allerdings nicht nur die Zulässigkeit der Anstellung des Vorstandsmitglieds bei einem Dritten, sondern auch die Zulässigkeit einer bloßen Drittvergütung diskutiert.[24] Eine Drittvergütung liegt vor, wenn dem Vorstandsmitglied eine finanzielle Zuwendung für seine Vorstandstätigkeit von einem Dritten gewährt wird. Der Terminus „Drittvergütung" wird in der Literatur zwar regelmäßig nur für Konstellationen gebraucht, in der der Leistung des Dritten kein eigenständiger Anstellungsvertrag zwischen dem Vorstandsmitglied und

---

18 *Beiner*, Der Vorstandsvertrag, 2014, Rn. 177 f., sofern der Aufsichtsrat zustimmt. In den übrigen Konstellationen hält er die Drittanstellung für „problematisch"; *Fonk*, Semler/v. Schenck ArbeitsHdb. für Aufsichtsratsmitglieder, § 10 Rn. 219 f.; *Koch*, Hüffer/Koch, § 84 Rn. 18 (kritisch gegenüber Drittanstellung außerhalb von Konzernstrukturen); *Kort*, GroßKomm AktG, § 84 Rn. 329 f. (der jedoch auch in dieser Konstellation von der Drittanstellung abrät); kritisch *Spindler*, MünchKomm AktG, § 84 Rn. 77.

19 *Beiner*, Der Vorstandsvertrag, 2014, Rn. 178; *Vetter*, Festschrift Hoffmann-Becking, 2013, S. 1297, 1310 ff.

20 *Beiner*, Der Vorstandsvertrag, 2014, Rn. 178, lässt einen solchen Zustimmungsvorbehalt für die Zulässigkeit von Drittanstellungsverträgen ausreichen.

21 Vgl. *Krieger*, Personalentscheidungen des Aufsichtsrats, 1981, S. 187.

22 *Theobald*, Festschrift Raiser, 2005, S. 421, 423; a.A. *Martens*, Festschrift Hilger/Stumpf, 1983, S. 437, 438 (Fn. 3a); *Spindler*, MünchKomm AktG, § 84 Rn. 76; *Fleischer*, Spindler/Stilz Akt, § 84 Rn. 39.

23 *Kort*, AG 2015, 531, 532; *Fonk*, Semler/v. Schenck ArbeitsHdb. für Aufsichtsratsmitglieder, § 10 Rn. 220; *v. Kann*, Vorstand der AG, 2005, Rn. 70; a.A. *Arnold/Born*, AG-Report 18 (2005), 430, rät jedoch den Vertragsparteien des Anstellungsvertrages, die Zustimmung des Aufsichtsrats der Bestellungsgesellschaft einzuholen.

24 *Diekmann*, Festschrift Maier-Reimer, 2010, S. 75 ff. m.w.N.

dem Dritten zugrunde liegt.[25] Jedoch handelt es sich auch bei der Vergütung der Drittanstellungsgesellschaft an das Vorstandsmitglied um eine Form der Drittvergütung. Da die Vergütung des Vorstandsmitglieds regelmäßig einen wesentlichen Bestandteil des (Dritt-)Anstellungsvertrags darstellt, wirft die Anstellung des Vorstandsmitglieds bei einem Dritten auch die Frage nach der Zulässigkeit einer Drittvergütung auf.

C. Ziel der Arbeit

Der Anstellungsvertrag zwischen dem Vorstandsmitglied und dem Dritten ist insbesondere hinsichtlich der zwingenden aktienrechtlichen Kompetenzordnung sowie möglicher Interessenkonflikte problematisch. Ziel der vorliegenden Arbeit ist es, zu klären, ob und gegebenenfalls unter welchen Voraussetzungen eine Drittanstellung trotz der vorstehend angesprochenen sowie weiterer in der Literatur geäußerter Bedenken zulässig ist. In diesem Zusammenhang ist auch der Frage nachzugehen, ob und unter welchen Voraussetzungen eine Drittvergütung mit dem Aktienrecht vereinbar ist. Darüber hinaus sollen Lösungen für ausgewählte Probleme der Drittanstellung gefunden werden: So wird etwa die Frage behandelt, ob der Drittanstellungsvertrag nur ein Dienstvertrag i.S.d. §§ 611 ff. BGB sein kann oder er sich auch als ein arbeitsvertragliches Rechtsverhältnis qualifizieren lässt. Schließlich wird auch untersucht, ob im Hinblick auf den nichtigen Drittanstellungsvertrag die Grundsätze des fehlerhaften Anstellungsvertrags gelten und ob die Drittanstellungsgesellschaft für Schäden haftet, die das drittangestellte Vorstandsmitglied der Bestellungsgesellschaft zufügt. Fragen im Zusammenhang mit Doppel- bzw. Mehrfachmandaten, der Drittanstellung von GmbH-Geschäftsführern oder sonstigen Formen personeller Verflechtungen werden hingegen nur insoweit erörtert, wie sie für das Thema der vorliegenden Arbeit von Belang sind.[26]

D. Gang der Untersuchung

Im **ersten Teil** wird untersucht, welche Formen von Drittanstellungen in der Praxis anzutreffen sind und worin die personalpolitischen und organisatorischen Ziele bestehen, die die Drittanstellungsgesellschaft, Bestellungsgesellschaft und

---

25 Vgl. *Bauer/Arnold*, DB 2006, 260, 265 ff.; *Seibt*, Hölters, § 87 Rn. 12.

26 Da sich bereits hinsichtlich der Zulässigkeit von Drittanstellungen von GmbH-Geschäftsführern oder von Doppel- bzw. Mehrfachmandaten eine ganz h.M. formiert hat, besteht kein Bedürfnis, diese Formen der personellen Verflechtung erneut zu diskutieren, wie das hinsichtlich der Zulässigkeit von Drittanstellungen im Aktienrecht der Fall ist.

das Vorstandsmitglied mit der Drittanstellung verfolgen bzw. verfolgen können. Auch wird in diesem Teil der Frage nachgegangen, welchen Inhalt der Drittanstellungsvertrag den Interessen der Vertragsparteien entsprechend regelmäßig hat bzw. haben soll.

Der **zweite Teil** der Abhandlung widmet sich der Frage, ob und unter welchen Voraussetzungen ein Anstellungsvertrag des Vorstandsmitglieds mit einem Dritten zulässig ist. Dabei werden die Vereinbarkeit der Drittanstellung mit der aktienrechtlichen Kompetenzordnung, die mit der Drittanstellung einhergehenden Interessenkonflikte und die Frage, ob die Drittanstellung zu Pflichtenkollisionen führen kann, die größte Aufmerksamkeit erfahren. In diesem Zusammenhang ist auch zu erörtern, ob die Drittanstellung mit dem Grundsatz der Kapitalerhaltung i.S.d. §§ 57 ff. AktG sowie mit § 88 Abs. 1 AktG, wonach Vorstandsmitglieder grundsätzlich ihre Arbeitskraft ausschließlich ihrer Vorstandstätigkeit widmen müssen, vereinbar ist.

Da die Drittanstellung regelmäßig zu einer Drittvergütung führt, wird im **dritten Teil** die Frage nach der Zulässigkeit einer solchen Leistung an das Vorstandsmitglied durch einen Dritten erörtert. Dementsprechend bleiben mögliche Bedenken gegen die Zulässigkeit einer Drittvergütung im ersten Teil ausgeklammert. Dort wird nur die (Un-)Zulässigkeit der Drittanstellung untersucht. Eine etwaige Unzulässigkeit der Drittvergütung führt für sich genommen nicht ohne Weiteres zu einer Unwirksamkeit des Drittanstellungsvertrags insgesamt, sondern zunächst nur zur Nichtigkeit eines Vertragsteils. Ob die Unzulässigkeit von Vertragsteilen auf den Vertrag im Übrigen durchschlägt, ist eine Frage, bei der es auf die konkreten Umstände des Einzelfalls, namentlich auf den hypothetischen Willen der Parteien, ankommt.

Gegenstand des **vierten Teils** sind ausgewählte Probleme der Drittanstellung, wie etwa die Frage, ob der Drittanstellung ein Arbeitsvertrag zugrunde liegen kann. Der Teil geht auch auf die Frage ein, ob sich ein Arbeitsvertrag eines Mitarbeiters in einen Dienstvertrag umwandelt, wenn der Mitarbeiter als Vorstandsmitglied in einer anderen Gesellschaft bestellt wird. Ferner werden das Verhältnis zwischen Bestellungs- und Drittanstellungsgesellschaft sowie eine mögliche bereicherungsrechtliche Rückabwicklung des Drittanstellungsvertrags untersucht. In diesem Zusammenhang stellt sich u.a. die Frage, ob eine bereicherungsrechtliche Rückabwicklung des nichtigen Drittanstellungsvertrags durch die Grundsätze des fehlerhaften Anstellungsvertrags verdrängt wird.

Die Arbeit endet mit einer **Zusammenfassung** der gefundenen Ergebnisse.

Erster Teil: Die Drittanstellung von Vorstandsmitgliedern in der Praxis

A. Formen der Drittanstellung in der Praxis

In der Praxis haben sich bestimmte Formen der Drittanstellung herausgebildet. Hierzu zählen der Konzernanstellungsvertrag sowie der Drittanstellungsvertrag des Interimsmanagers. Ferner kann danach unterschieden werden, welche Gesellschaft, also die Bestellungs- oder Drittanstellungsgesellschaft, wirtschaftlich für die Vergütung des Vorstandsmitglieds einsteht.

I. Konzernanstellungsverträge

Am häufigsten sind Drittanstellungen im Rahmen von Konzernstrukturen (faktischer Konzern, Vertragskonzern und Eingliederungskonzern) anzutreffen.[27] Hier spricht man von sog. Konzernanstellungsverhältnissen.[28] Gemeint sind Gestaltungen, in denen eine Person von der beherrschten Gesellschaft als Vorstandsmitglied bestellt worden ist, den Anstellungsvertrag aber mit der herrschenden Gesellschaft abgeschlossen hat. Gegenstand von Konzernanstellungsverträgen können Vergütungsansprüche, Beschäftigungsgarantien im Konzern, Vereinbarungen über ein konzernweites Ruhegeld, Garantien hinsichtlich der von der Tochtergesellschaft zu erbringenden Leistungen oder Bezugsrechte auf Aktien des herrschenden Unternehmens sein.[29] In der Praxis eher selten, aber ebenso denkbar ist der umgekehrte Fall, dass ein Vorstandsmitglied der Muttergesellschaft seinen Anstellungsvertrag mit einer Tochtergesellschaft abgeschlossen hat. Im Zusammenhang mit Mehrfach- bzw. Doppelmandaten spricht man auch von einer Entsendung „von unten nach oben“ bzw. „von oben nach unten“.[30] Diese Terminologie lässt sich auf Konzernanstellungsverhältnisse übertragen.

---

27 *Arnold/Born*, AG-Report 18 (2005), 428; *Beiner*, Der Vorstandsvertrag, 2014, Rn. 175; *Krieger*, Personalentscheidungen des Aufsichtsrats, 1981, S. 186.

28 Vgl. *Baums*, Der Geschäftsleitervertrag, 1987, S. 61 ff.; *Fleischer*, Spindler/Stilz Akt, § 84 Rn. 39; *Reuter*, AG 2011, 274 ff.; *Spindler*, MünchKomm AktG, § 84 Rn. 66; *Vetter*, Festschrift Hoffmann-Becking, 2013, S. 1297; *Wiesner*, MünchHdb. GesR, Bd. 4, § 21 Rn. 3.

29 *Beiner*, Der Vorstandsvertrag, 2014, Rn. 177.

30 *Decher*, Personelle Verflechtungen im Aktienkonzern, 1990, S. 67 ff., 80 ff.; *Fonk*, NZG 2010, 368; *Heinzelmann*, Mehrfachmandate in Geschäftsführungs- und Aufsichtsorganen

Konzernanstellungsverträge finden sich insbesondere in Versicherungskonzernen.[31] Ursächlich hierfür ist das Prinzip der Spartentrennung gemäß §§ 8 Abs. 1a, 106c VAG, wonach Versicherungsunternehmen, die im Lebens- oder Krankenversicherungsgeschäft tätig sind, keine anderen Versicherungssparten, also weder ein Schadens- noch ein Unfallversicherungsgeschäft, betreiben dürfen.[32] Gleichwohl werden in Versicherungskonzernen die Ressorts Finanzen, Kapitalanlagen, Personal und Vertrieb jeweils oft von derselben Person geleitet.[33] Die Vorstandsmitglieder sind von den einzelnen Spartenunternehmen bestellt, haben jedoch ausschließlich mit der Holding- bzw. der Muttergesellschaft Anstellungsverträge abgeschlossen.[34] In Versicherungsunternehmen kann zwar gemäß § 7a Abs. 1 S. 5 VAG nicht zum Geschäftsleiter bestellt werden, wer bereits bei zwei Versicherungsunternehmen, Pensionsfonds, Versicherungs-Holdinggesellschaften oder Versicherungs-Zweckgesellschaften als Geschäftsleiter tätig ist. Für Unternehmen derselben Versicherungs- oder Unternehmensgruppe kann die Aufsichtsbehörde gemäß § 7a Abs. 1 S. 6 VAG jedoch mehr Mandate zulassen.[35]

Es kann auch vorkommen, dass der Vorstand einen Anstellungsvertrag mit einem Allein- oder einem Großaktionär abgeschlossen hat, bei dem es sich nicht seinerseits um eine privatrechtliche Körperschaft handelt. Der Aktionär kann etwa eine öffentlich-rechtliche Körperschaft[36], eine Personengesellschaft oder eine Einzelperson sein.[37] Im Übrigen besteht das Anstellungsverhältnis des Vorstandsmitglieds häufig mit der KG bzw. KGaA und nicht mit seiner

---

juristischer Personen, 2009, S. 1; *Holtmann*, Personelle Verflechtungen auf Konzernführungsebene, 1989, S. 6 f.; *Martens*, ZHR 159 (1995), 567, 575.

31 Vgl. *Vetter*, Festschrift Hoffmann-Becking, 2013, S. 1297, 1299.

32 *Dreher*, Festschrift Lorenz, 1997, S. 175, 177 f.; Allgemein zum Spartentrennungsprinzip: *Boetius*, MünchKomm VVG, Vor §§ 192 ff. Rn. 889 ff.

33 Vgl. *Vetter*, Festschrift Hoffmann-Becking, 2013, S. 1297, 1299 m.w.N.

34 Im Versicherungskonzern ist die für eine spezielle Sparte zuständige Person nicht zwingend Vorstandsmitglied, kann also auch dem mittleren Führungsbau der Gesellschaft angehören. Bei dieser Form der Drittanstellung handelt es sich indessen um eine gewöhnliche Arbeitnehmerüberlassung, die nicht Gegenstand der vorliegenden Abhandlung ist.

35 Vgl. Merkblatt zu Geschäftsleiter-Mehrfachmandaten (VA 52 – I 2234 – 2011/0005) der BaFin.

36 *Beiner*, Der Vorstandsvertrag, 2014, Rn. 175; *Niewarra*, BB 1998, 1961.

37 Im Folgenden ist der Einfachheit halber lediglich von der Drittanstellungsgesellschaft die Rede.

Bestellungsgesellschaft, wenn eine AG Gesellschafterin einer AG & Co. KG oder AG & Co. KGaA ist.[38]

II. Drittanstellungsverträge von Interimsmanagern

Bei Interimsmanagern handelt es sich um Führungskräfte, die kurzfristig eingesetzt werden, um Sanierungskonzepte durchzusetzen oder personelle Vakanzen zu überbrücken.[39] Ferner werden zur Durchführung einzelner Projekte, wie etwa eines geplanten Börsengangs, einer Unternehmensübernahme oder einer Produkteinführung, Interimsmanager eingesetzt.[40] Diese Form des Personalmanagements hat in Deutschland in den letzten Jahren kontinuierlich an Bedeutung gewonnen und stellt in der unternehmerischen Praxis keine Ausnahmeerscheinung mehr dar.[41]

Dem Einsatz von Interimsmanagern liegen in der Praxis unterschiedliche Modelle zugrunde: Die Tätigkeit der Interimsmanager-Gesellschaft kann ausschließlich darauf gerichtet sein, Führungskräfte und Unternehmen zusammenzubringen. Der Gesellschaft kommt dann eine Maklerrolle zu. Da sich die Leistungspflicht der Interimsmanager-Gesellschaft gegenüber der Bestellungsgesellschaft darin erschöpft, die Dienste eines Dritten zu beschaffen, liegt dem Rechtsverhältnis zwischen der Interimsmanager-Gesellschaft und der Bestellungsgesellschaft ein Dienstverschaffungsvertrag zugrunde. Die Interimsmanager-Gesellschaft ist lediglich für die ordnungsgemäße Auswahl des Managers verantwortlich.[42] Dieses insbesondere im angelsächsischen

---

38 *Beiner*, Der Vorstandsvertrag, 2014, Rn. 175; *Fleischer*, Spindler/Stilz Akt, § 84 Rn. 39; *Jooß*, Drittanstellung, 2010, S. 43; *Vetter*, Festschrift Hoffmann-Becking, 2013, S. 1297, 1299; *Wiesner*, MünchHdb. GesR, Bd. 4, § 21 Rn. 3.

39 *Krieger*, Festschrift Hoffmann-Becking, 2013, S. 711; zu einer weiteren Ausdifferenzierung des Terminus „Interimsmanager“ vgl. *Uffmann*, ZGR 2013, 273, 276 ff.

40 *Buschbaum/Klösel*, NJW 2012, 1482; Zu den wirtschaftlichen Vor- und Nachteilen des Einsatzes von Interimsmanagern vgl. *Linné*, der Aufsichtsrat, 2012, 126 f. Umfassend zum Einsatz von Interimsmanagern in Familienunternehmen: *Uffmann*, ZGR 2013, 273, 283 ff.

41 Vgl. *Alewell*, Zeitarbeit und Interim-Management in Deutschland – Ein empirischer und institutioneller Vergleich –, S. 4, abrufbar unter: http://www.sfb580.uni-jena.de/veroeffentlichungen/b5/b5_zeitarbeit_interimsmanagmen_in_deutschland.pdf, 2005, weist allerdings darauf hin, dass valide empirische Studien fast nicht vorhanden und existierende Schätzungen mit äußerster Vorsicht zu genießen sind.

42 Zum im BGB nicht ausdrücklich geregelten Dienstverschaffungsvertrag, siehe: *Fuchs*, Bamberger/Roth BGB, § 611 Rn. 12 m.w.N.

Rechtskreis gängige Modell[43] ist allerdings für die vorliegende Untersuchung nicht von Interesse, da hier regelmäßig ein eigenständiger Anstellungsvertrag zwischen Bestellungsgesellschaft und Manager abgeschlossen wird und kein entsprechendes Vertragsverhältnis zwischen dem Manager und der Interimsmanager-Gesellschaft vorliegt. Eine Drittanstellung kommt in dieser Ausprägung des Einsatzes von Interimsmanagern nicht zustande. Das für die Drittanstellung charakteristische Dreiecksverhältnis wird erst dadurch begründet, dass die Interimsmanager-Gesellschaft die bei ihr angestellten Führungskräfte zur Übernahme der Vorstandstätigkeit an dritte Unternehmen „ausleiht". Der Manager steht dann lediglich mit der Interimsmanager-Gesellschaft in einer Vertragsbeziehung. Diese Ausprägung des Einsatzes von Interimsmanagern stellt die Regel in Deutschland dar.[44]

III. Erstattungsvereinbarung zwischen der Bestellungsgesellschaft und der Drittanstellungsgesellschaft

Drittanstellungen können danach unterschieden werden, ob im Ergebnis die Bestellungs- oder die Drittanstellungsgesellschaft für die Vergütung des betreffenden Vorstandsmitglieds aufkommen muss.[45] Das Vorstandsmitglied hat einen schuldrechtlichen Vergütungsanspruch nur gegen die Gesellschaft, bei der es angestellt ist. Die Anstellungsgesellschaft trägt diesen Aufwand grundsätzlich alleine. Im Verhältnis zwischen Drittanstellungsgesellschaft und Bestellungsgesellschaft kann jedoch vereinbart werden, dass die Bestellungsgesellschaft der Drittanstellungsgesellschaft den Aufwand ganz oder teilweise erstattet.[46] Von einem solchen vertraglichen Ausgleich zwischen der Bestellungsgesellschaft und der Drittanstellungsgesellschaft wird in Konzernen häufig Gebrauch gemacht.[47] So kommt zum Beispiel eine Schuldübernahme hinsichtlich aller sich aus dem Anstellungsvertrag ergebenen Ansprüche des Vorstandsmitglieds, die nicht auf eine persönliche Erbringung der Drittanstellungsgesellschaft gerichtet sind, in Betracht.

43 Vgl. *Buschbaum/Klösel*, NJW 2012, 1482.
44 Vgl. *Buschbaum/Klösel*, NJW 2012, 1482.
45 *Reuter*, AG 2011, 274, 275.
46 *Reuter*, AG 2011, 274, 275.
47 Vgl. *Jooß*, Drittanstellung, 2010, S. 224 m.w.N.

B. Personalpolitische und organisatorische Ziele der Drittanstellung

Es gibt zahlreiche Ziele, die mit personellen Verflechtungen von Unternehmen erreicht werden sollen und Gesellschaften veranlassen, auf eine Drittanstellung zurückzugreifen. Drittanstellungen können sowohl für die Bestellungs- als auch für die Anstellungsgesellschaft sowie schließlich für das Vorstandsmitglied selbst vorteilhaft sein.

I. Vorteile für die Drittanstellungsgesellschaft

1. Absicherung des Einflusses auf die Bestellungsgesellschaft

Die Drittanstellungsgesellschaft kann ein Interesse haben, auf die Bestellungsgesellschaft Einfluss auszuüben. Das gilt besonders, wenn die Drittanstellungsgesellschaft die Bestellungsgesellschaft beherrscht oder Aktionärin der Bestellungsgesellschaft ist. So dienen Konzernanstellungsverträge vor allem zur Wahrung der Interessen der Muttergesellschaft im Verhältnis zur Tochtergesellschaft. Die Anstellung des Vorstandsmitglieds der Bestellungsgesellschaft bei der Drittanstellungsgesellschaft kann nämlich zur Folge haben, dass das Vorstandsmitglied, das auch oder ausschließlich bei der Drittanstellungsgesellschaft angestellt ist, den Interessen der Drittanstellungsgesellschaft eher nachkommt, als wenn es nur bei der Bestellungsgesellschaft angestellt wäre. Bei einer Anstellung eines oder mehrerer Vorstandsmitglieder der Tochtergesellschaft bei der Muttergesellschaft geht es der beherrschenden Gesellschaft regelmäßig darum, ihren Einfluss auf das abhängige Unternehmen (zusätzlich) abzusichern. Ziel der Drittanstellungsgesellschaft kann die faktische Gewährleistung bzw. Stärkung einer einheitlichen Unternehmensausrichtung der einzelnen Gesellschaften im Konzern sein.

Auch könnten Drittanstellungsverträge der Vorstandsmitglieder einen Beitrag zur Lösung der insbesondere in Publikumsgesellschaften ausgeprägten Informations- und Kontrollprobleme der Anteilseigner darstellen. Da die Aktionäre regelmäßig nicht in der Lage sind, u.a. Investitionsmöglichkeiten zu erkennen und einzuschätzen, und folglich Anteilseigner nicht erkennen, dass konkrete Entscheidungen oder Handlungen des Vorstands nicht in ihren Interessen entsprechen, liegt es nahe, einen Anreiz für die Vorstandsmitglieder zu schaffen, im Interesse der Aktionäre zu handeln. Die Drittanstellung böte die Möglichkeit, es nicht allein bei einer Steuerung und Kontrolle des Vorstands durch den Aufsichtsrat zu belassen. Die Anstellung eines oder mehrerer Vorstandsmitglieder durch einen (Groß-)Aktionär könnte nämlich dazu führen, dass sich die

Interessen der Anteilseigner und des Vorstands weitestgehend decken. Dies gilt allerdings nur, wenn die Interessen des Aktionärs, bei dem das Vorstandsmitglied angestellte ist, und die Interessen der übrigen Anteilseigner identisch sind. Andernfalls würde die Anstellung eines oder mehrerer Vorstandsmitglieder bei einem Aktionär mögliche Konflikte zwischen den Anteilseignern verschärfen.

Es stellt sich allerdings die Frage, ob und inwiefern eine Drittanstellung die Motivation des Vorstandsmitglieds begründen kann, den Wünschen der Drittanstellungsgesellschaft nachzukommen.

a. Kündigungsmöglichkeit

Für das drittangestellte Vorstandsmitglied bestünde ein Anreiz, im Interesse seiner Anstellungsgesellschaft zu handeln, wenn es sich bei einer Ausrichtung an anderen Interessen als denen der Drittanstellungsgesellschaft der Gefahr einer Kündigung aussetzte. Eine Kündigung des fremdangestellten Vorstandsmitglieds durch die Drittanstellungsgesellschaft ist allerdings während der Zeit, in der das Vorstandsmitglied für die Bestellungsgesellschaft tätig wird, nur sehr eingeschränkt möglich. Wie sich im weiteren Verlauf der Abhandlung zeigen wird, setzt eine ordentliche Kündigung des Drittanstellungsvertrags die Zustimmung des Aufsichtsrats der Bestellungsgesellschaft voraus.[48] Das gilt auch, wenn das Vorstandsmitglied bei einem Aktionär der Bestellungsgesellschaft angestellt ist. Andernfalls würde nämlich die Personalhoheit des Aufsichtsrats im Hinblick auf die Anstellung der Vorstandsmitglieder verletzt. Der Umstand, dass bei einer Beendigung des Drittanstellungsvertrags das Vorstandsmitglied sein Vorstandsamt niederlegen kann, dürfte dazu führen, dass die Bestellungsgesellschaft, vertreten durch ihren Aufsichtsrat, eine Zustimmung nur erteilt, wenn sie kein Interesse an der Tätigkeit des betreffenden Vorstandsmitglieds mehr hat. Eine Kündigung des Vorstandsmitglieds dürfte somit regelmäßig nicht ausschließlich deswegen erfolgen, weil das Vorstandsmitglied bei der Ausübung seiner Tätigkeit als Vorstandsmitglied nicht die Interessen der Drittanstellungsgesellschaft gewahrt hat.

Dass das Vorstandsmitglied nicht den Interessen der Drittanstellungsgesellschaft entsprechend handelt, begründet regelmäßig auch keinen wichtigen Grund für eine außerordentliche Kündigung des Drittanstellungsvertrags, da das Vorstandsmitglied verpflichtet ist, im Interesse seiner Bestellungsgesellschaft zu handeln und Interessen der Drittanstellungsgesellschaft unberücksichtigt lassen

48 Vgl. Zweiten Teil D.II.3.c.bb (S. 60 ff.).

kann, gegebenenfalls sogar unberücksichtigt lassen muss.[49] Ob das auch gilt, wenn die Bestellungsgesellschaft von der Drittanstellungsgesellschaft abhängig ist, wird sich im weiteren Verlauf der Abhandlung zeigen.[50] Grundsätzlich ist jedoch die außerordentliche Kündigung des Drittanstellungsvertrags nicht dadurch gerechtfertigt, dass das Vorstandsmitglied ausschließlich im Interesse der Bestellungsgesellschaft handelt.

b. Variable Vergütung

Die Vergütung enthält regelmäßig variable Elemente, deren Höhe sich am Ergebnis der Drittanstellungsgesellschaft orientiert. Das gilt insbesondere, wenn die Drittanstellungsgesellschaft mit der Bestellungsgesellschaft einen Beherrschungsvertrag abgeschlossen hat oder die Bestellungsgesellschaft in die Drittanstellungsgesellschaft eingegliedert wurde.[51] Freilich handelt es sich bei variablen Vergütungselementen nicht um eine Besonderheit der Drittanstellung, da sie auch im unmittelbar zwischen dem Vorstandsmitglied und der Bestellungsgesellschaft abgeschlossenen Anstellungsvertrag vereinbart werden können. Auch muss einer Drittvergütung, die sich der Höhe nach am Ergebnis der Drittanstellungsgesellschaft oder am Konzernergebnis orientiert, kein Anstellungsvertrag zugrunde liegen. Finanzielle Zuwendungen können zum Beispiel von einem Aktionär in Form einer Sonderprämie für die Steigerung des Unternehmenswerts bzw. des Börsenkurses gewährt werden, ohne dass zwischen dem Aktionär und dem Vorstandsmitglied ein Anstellungsvertrag abgeschlossen wurde.[52] Jedoch sind variable Vergütungselemente, die sich am Ergebnis eines Dritten orientieren, vor allem im Rahmen einer Drittanstellung von Bedeutung.

Richtet sich die Höhe auch nur eines Teils der Vergütung des Vorstandsmitglieds nach dem Ergebnis der Drittanstellungsgesellschaft oder nach dem Konzernergebnis, besteht ein erheblicher Anreiz für das Vorstandsmitglied, sein Vorstandshandeln am Interesse der Drittanstellungsgesellschaft auszurichten. Ferner kann die Drittanstellungsgesellschaft durch eine Ankündigung von Gehaltserhöhungen oder Boni das drittangestellte Vorstandsmitglied in ihrem Interesse incentivieren.[53]

---

49 Vgl. Zweiten Teil F (S. 79).

50 Vgl. Zweiten Teil F.II.2 (S. 84).

51 *Fonk*, Semler/v. Schenk ArbeitsHdb. für Aufsichtsratsmitglieder, § 10 Rn. 220.

52 Vgl. *Bauer/Arnold,* DB 2006, 260, 265; *Diekmann*, Festschrift Maier-Reimer, 2010, S. 75 ff.; *Hohaus/Weber,* DStR 2008, 104, 105 ff.; *Traugott/Grün*, AG 2007, 761, 766.

53 *Reuter,* AG 2011, 274, 278.

c. *Gefährdung der Karriere in der Drittanstellungsgesellschaft*

Im Übrigen kann die Karriere des Vorstandsmitglieds davon abhängen, wie sehr sich das Vorstandsmitglied um die Interessen der Drittanstellungsgesellschaft verdient gemacht hat. Kommt das Vorstandsmitglied während seiner Vorstandstätigkeit bei der Bestellungsgesellschaft den Wünschen der Drittanstellungsgesellschaft nicht uneingeschränkt nach, gefährdet er seinen gegebenenfalls geplanten Aufstieg in der Unternehmenshierarchie der Drittanstellungsgesellschaft.

2. *Durchsetzbarkeit von Projekten in der Bestellungsgesellschaft*

Drittanstellungen können der Förderung von Projekten dienen, die von der Drittanstellungsgesellschaft geplant wurden und von der Bestellungsgesellschaft umgesetzt werden sollen. So können zum Beispiel die Mitarbeiter der Drittanstellungsgesellschaft, die an der Entwicklung des Projekts beteiligt waren, in die Bestellungsgesellschaft entsandt werden und für eine den Zielen der Drittanstellungsgesellschaft entsprechende Verwirklichung sorgen. Die Entsendung von Mitarbeitern der Drittanstellungsgesellschaft in den Vorstand der Bestellungsgesellschaft kann auch einen geringeren Abstimmungsbedarf zwischen der Drittanstellungsgesellschaft und der Bestellungsgesellschaft zur Folge haben. Drittanstellungsverträge bieten den Vorteil, dass eine Entsendung von Mitarbeitern der Drittanstellungsgesellschaft in die Bestellungsgesellschaft möglich ist, ohne dass der bestehende Anstellungsvertrag mit der Drittanstellungsgesellschaft aufgelöst und ein neuer Vertrag mit der Bestellungsgesellschaft abgeschlossen werden muss.

3. *Einheitliches Vertragswerk auf den Führungsebenen sowie zentrale Steuerung der Vergütung*

Drittanstellungen erleichtern die Etablierung eines einheitliches Vertragswerks mit ähnlichen Anstellungsbedingungen auf den Führungsebenen aller Konzerngesellschaften sowie, im Fall der organisatorischen und finanziellen Einbindung der beherrschten Gesellschaft in die Konzernstruktur, die zentrale Steuerung der Vergütung und der entsprechenden Buchführung.[54] Zwar ließen sich einheitliche Vertragsbedingungen für alle Führungskräfte des Konzerns auch auf anderem Weg, wie z. B. durch den Erlass entsprechender Richtlinien, erreichen.

---

54 *Arnold/Born*, AG-Report 18 (2005), 428; *Baums*, Der Geschäftsleitervertrag, 1987, S. 62; *Reuter*, AG 2011, 274 f.

So ließe sich jedoch die Einheitlichkeit der Anstellungsverträge bei einer zentralen Steuerung einfacher überprüfen.

4. *Vergütung für die Entsendung eines Managers*

Insbesondere beim Einsatz von Interimsmanagern geht es der Drittanstellungs- bzw. Interimsmanager-Gesellschaft regelmäßig nicht darum, ein Projekt umzusetzen oder die Vergütung der Führungskräfte im Konzern zentral zu steuern. Zwischen der Interimsmanager-Gesellschaft und der Bestellungsgesellschaft besteht auch kein Abhängigkeitsverhältnis, welches faktisch durch personelle Verflechtungen abgesichert werden soll. Der Interimsmanager-Gesellschaft geht es einzig um die Bezahlung für die Überlassung eines Managers. Das Geschäftsmodell von Interimsmanager-Gesellschaften beruht darauf, dass die Gesellschaften für die Überlassung des Managers eine höhere Vergütung erhalten, als sie den Interimsmanagern gewähren.

5. *Geringer Abstimmungsbedarf in Übernahmesituationen*

Drittanstellungen sind auch im Rahmen von Unternehmensübernahmen anzutreffen. Sie dienen hier der effizienten und raschen Integration des erworbenen Unternehmens (*post-merger*-Integration) durch personelle Verflechtungen.[55] Maßgeblich hierfür sind der geringere Abstimmungsbedarf und die bessere Koordination zwischen den vormals unabhängigen Unternehmen.

II. Vorteile für die Bestellungsgesellschaft

Für die Bestellungsgesellschaft bietet eine Drittanstellung zunächst den Vorteil, dass der Vergütungsanspruch des fremdangestellten Vorstandsmitglieds regelmäßig nur gegen die Anstellungsgesellschaft besteht und folglich, sofern kein interner Rückgriff vereinbart wurde, die Bestellungsgesellschaft wirtschaftlich besser gestellt ist, als wenn sie das Vorstandsmitglied selbst anstellen würde.

Insbesondere für sanierungsbedürftige AGs besteht ein Bedürfnis für eine Drittanstellung, wenn sie nicht in der Lage sind, einen geeigneten Vorstand zu verpflichten.[56] Das Anwerben von Vorstandsmitgliedern kann durch das Angebot einer Drittanstellung an geeignete Manager erleichtert sein, da durch die

55 *Vetter*, Festschrift Hoffmann-Becking, 2013, S. 1297, 1298.

56 LAG Köln, ZIP 2006, 1012. Dieses Problem könnte ebenfalls dadurch gelöst werden, dass der Dritte Sicherheiten (z. B. in Form einer Bürgschaft oder einer Garantie) für die Vorstandsvergütung gewährt oder die Vorstandsvergütung erstattet.

Drittanstellung sichergestellt ist, dass die Vergütung des Vorstandsmitglieds nicht von der Wirtschaftslage einer sich in Not befindenden Bestellungsgesellschaft abhängt.

Schließlich haben auch Tochtergesellschaften ein Interesse an der effektiven und schnellen Umsetzung von Projekten, die von der Muttergesellschaft geplant wurden und von der Tochtergesellschaft umgesetzt werden sollen. Dass hierfür die Mitarbeiter von der Muttergesellschaft, die an der Ausarbeitung der Projekte beteiligt waren, entsandt werden können, ohne dass bestehende Anstellungsverträge aufgehoben und neue abgeschlossen werden müssen, kommt nicht nur der Muttergesellschaft, sondern auch der Tochtergesellschaft zugute.

III. Vorteile für das Vorstandsmitglied

Für Vorstandsmitglieder kann ein Anstellungsvertrag mit einem Dritten dann vorteilhaft sein, wenn der Dritte, anders als die Bestellungsgesellschaft, bereit ist, dem Vorstandsmitglied bessere Anstellungsbedingungen, insbesondere eine höhere Vergütung zu gewähren. Diese Bereitschaft kann etwa darauf beruhen, dass die Drittanstellungsgesellschaft aus einem anderen Rechtskreis stammt, in der höhere Vergütungen für Manager generell oder aufgrund branchenspezifischer Umstände üblich sind.

Im Übrigen hängt die Vergütung des Vorstandsmitglieds nicht von der Zahlungsfähigkeit der gegebenenfalls sich in Not befindenden Bestellungsgesellschaft ab. Zudem ist eine längere Anstellung unter Umständen bei der Drittanstellungsgesellschaft wahrscheinlicher als bei der Bestellungsgesellschaft.

Eine Drittanstellung bietet die Möglichkeit, Mitarbeiter der Muttergesellschaft in die Vorstände der Tochtergesellschaften des Konzerns zu entsenden, ohne dass ein neuer Anstellungsvertrag ausgehandelt bzw. der bestehende Anstellungsvertrag mit der Muttergesellschaft aufgehoben werden muss. Eine Entsendung kann für die weitere Karriere im Konzern förderlich sein. Allerdings kann auch der Abschluss eines neuen Anstellungsvertrags mit der Bestellungsgesellschaft vorteilhaft sein, wenn dem Vorstandsmitglied eine höhere Vergütung angeboten wird. Weil der Angestellte Vorstandsmitglied wird und nicht mehr bloß Angestellter ist, kann er üblicherweise auch eine höhere Vergütung erwarten. Das Vorstandsmitglied kann auch mit der Drittanstellungsgesellschaft eine Rückkehroption vereinbaren, sodass nach Beendigung seiner Vorstandstätigkeit er wieder in das Unternehmen der Drittanstellungsgesellschaft zurückkehren kann. Ob die Drittanstellung hinsichtlich der Vergütung für das Vorstandsmitglied tatsächlich vorteilhaft ist, hängt somit von den Umständen des Einzelfalls ab.

C. Inhalt des Drittanstellungsvertrags

Im Hinblick auf die Rechte und Pflichten, die sich für die Vertragsparteien aus dem Drittanstellungsvertrag ergeben, bestehen in der Praxis zahlreiche inhaltliche Gestaltungsmöglichkeiten. In diesem Abschnitt wird der Frage nachgegangen, welchen Inhalt der Drittanstellungsvertrag den Interessen der Vertragsparteien entsprechend regelmäßig hat bzw. haben soll.

I. Anspruch des Vorstandsmitglieds auf Vergütung, betriebliche Altersversorgung, Hinterbliebenenbezüge, Urlaub und Abschluss einer D&O-Versicherung

Genauso wie der unmittelbar mit der Bestellungsgesellschaft abgeschlossene Anstellungsvertrag dient der Drittanstellungsvertrag der persönlichen Absicherung des Vorstandsmitglieds. Dementsprechend sieht der Drittanstellungsvertrag üblicherweise einen Anspruch des Vorstandsmitglieds auf eine angemessene Vergütung vor. Diese kann aus fixen und variablen Bestandteilen bestehen sowie Nebenleistungen der Drittanstellungsgesellschaft umfassen. Es kann auch ein Anspruch des Vorstandsmitglieds auf Gewährung einer betrieblichen Altersversorgung sowie Hinterbliebenenbezüge vereinbart werden. Zudem kann der Drittanstellungsvertrag einen Anspruch des Vorstandsmitglieds auf Abschluss einer D&O-Versicherung durch die Drittanstellungsgesellschaft zu seinen Gunsten sowie auf Zahlung einer Aufwandsentschädigung und Versicherungsentgelte vorsehen. Schließlich haben die Vertragsparteien im (Dritt-)Anstellungsvertrag auch üblicherweise einen Anspruch des Vorstandsmitglieds auf Urlaub vereinbart.

II. Recht des Vorstandsmitglieds auf Rückkehr auf eine bestimmte Stelle im Unternehmen der Drittanstellungsgesellschaft

Im Fall des Konzernanstellungsvertrags wird regelmäßig der Manager der Muttergesellschaft an eine Tochtergesellschaft „ausgeliehen", wo der Manager in den Vorstand bestellt wird. Der Mitarbeiter verlässt dann üblicherweise eine bestimmte Position im Unternehmen der Muttergesellschaft, um ausschließlich als Vorstandsmitglied für die Tochtergesellschaft tätig zu werden. Gerade wenn die Überlassung des Mitarbeiters an die Tochtergesellschaft nur für begrenzte Zeit erfolgen soll, besteht für den Manager ein Bedürfnis, nach Beendigung seiner Vorstandstätigkeit auf eine Stelle im Unternehmen der Muttergesellschaft zurückzukehren, die mit der Position im Unternehmen vor seiner Bestellung als Vorstandsmitglied zumindest vergleichbar ist. Eine entsprechende Rückkehroption kann im Drittanstellungsvertrag vereinbart werden.

III. Weisungsrechte der Drittanstellungsgesellschaft sowie Treupflicht des Vorstandsmitglieds

Insbesondere im Falle von Konzernanstellungsverhältnissen geht es der Muttergesellschaft bei Abschluss des Anstellungsvertrags mit einem Vorstandsmitglied der Tochtergesellschaft regelmäßig darum, Einfluss auf die Führung der Tochtergesellschaft zu begründen bzw. die schon vorhandenen Einflussmöglichkeiten zu verstärken.[57] Zwar kann das Vorstandsmitglied schon durch den Abschluss des Drittanstellungsvertrags faktisch incentiviert werden, im Interesse der Muttergesellschaft zu handeln, doch liegt es nahe, dass die Drittanstellungsgesellschaft es nicht bei der bloß faktischen Wirkung belässt. Die faktische Wirkung könnte dadurch gefestigt werden, dass im Drittanstellungsvertrag eine Folgepflicht des Vorstandsmitglieds hinsichtlich Weisungen der Drittanstellungsgesellschaft vereinbart wird. Ferner könnte sich aus dem Drittanstellungsvertrag die Pflicht des Vorstandsmitglieds ergeben, sich am Konzerninteresse oder am Interesse der Drittanstellungsgesellschaft zu orientieren. Die Drittanstellungsgesellschaft und das Vorstandsmitglied könnten auch eine Förderungspflicht des Vorstandsmitglieds hinsichtlich konkreter Anliegen oder Projekte vereinbaren.[58]

IV. Pflicht des Vorstandsmitglieds zur (ordnungsgemäßen) Leitung der Geschäfte der Bestellungsgesellschaft

Für die Drittanstellungsgesellschaft könnte ein Bedürfnis bestehen, das bei ihr angestellte Vorstandsmitglied zu verpflichten, die Geschäfte der Bestellungsgesellschaft zusammen mit den übrigen Vorstandsmitgliedern der Bestellungsgesellschaft ordnungsgemäß zu führen. Da der Vorstand gemäß § 76 Abs. 1 AktG die Gesellschaft zu leiten „hat“, sind die Vorstandsmitglieder allerdings von Gesetzes wegen verpflichtet, für die Gesellschaft tätig zu werden.[59] Zudem müssen gemäß § 93 Abs. 1 S. 1 AktG die Vorstandsmitglieder bei der Geschäftsführung die Sorgfalt eines ordentlichen und gewissenhaften Geschäftsleiters anwenden. Verstößt ein Vorstandsmitglied gegen diese Pflicht, macht es

---

57 Vgl. Ersten Teil B.I.1 (S. 33).

58 Zur Zulässigkeit bzw. Unzulässigkeit solcher Weisungsrechte der Drittanstellungsgesellschaft sowie Orientierung des Vorstandsmitglieds an Interessen der Muttergesellschaft vgl. Zweiten Teil F.I.2.a.bb (S. 86) sowie Zweiten Teil F.II.2 (S. 90).

59 Vgl. *Fleischer*, ZIP 2003, 1, 2.

sich gegenüber der Bestellungsgesellschaft gemäß § 93 Abs. 2 AktG schadensersatzpflichtig. Entgegen der Meinung einiger Autoren[60] entspringt die Pflicht des Vorstandsmitglieds, die Geschäfte der Bestellungsgesellschaft zusammen mit den anderen Vorstandsmitgliedern ordnungsgemäß zu führen, der h.M. folgend seinem Bestellungsverhältnis.[61] §§ 76, 93 AktG gelten demnach nur zwischen den Vorstandsmitgliedern und der Bestellungsgesellschaft. Eine zusätzlich schuldrechtliche Verpflichtung zur ordnungsgemäßen Führung bedarf somit einer Vereinbarung im Anstellungsvertrag.

V. Pflicht des Managers, sich als Vorstandsmitglied bestellen zu lassen

Da die Drittanstellung für die Drittanstellungsgesellschaft gegebenenfalls vorteilhaft ist,[62] kann für sie ein Interesse bestehen, dass ein bei ihr angestellter Manager als Vorstandsmitglied bei einer anderen Gesellschaft bestellt wird. Der h.M. folgend bedarf es für die Bestellung als Vorstandsmitglied einer Zustimmung der zu bestellenden Person.[63] Der Manager könnte allerdings aufgrund eines schon vor der Bestellung bestehenden Anstellungsvertrags mit der Drittanstellungsgesellschaft schuldrechtlich verpflichtet sein, sich als Vorstandsmitglied bestellen zu lassen. Insbesondere besteht für Interimsmanager-Gesellschaften ein Bedürfnis für eine solche Pflicht, da sie nur dann eine Vergütung von der Bestellungsgesellschaft erhalten, wenn tatsächlich die Drittanstellungskonstruktion zustande kommt, also u.a. der Manager seine Zustimmung zur Bestellung als Vorstandsmitglied nicht verweigert.

VI. Zusammenfassung

Der Drittanstellungsvertrag kann u.a. Regelungen im Interesse des Vorstandsmitglieds wie zum Beispiel eine Vergütung, eine betriebliche Altersversorgung und Hinterbliebenenbezüge sowie Ansprüche des Vorstandsmitglieds auf Zahlung

---

60 *Grothus*, GmbHR 1959, 93; *Hueck*, DB 1954, 274; *Molitor*, Festschrift Ehrenberg, 1927, S. 41, 46 ff.; *Krüger*, Die Bestellung und Anstellung des Vorstands der AG, 1929, S. 36; vgl. zum Meinungsstand: *Krieger*, Personalentscheidungen des Aufsichtsrats, 1981, S. 3; *Martens*, Festschrift Werner, 1984, S. 495, 505 f.; so auch BGH WM 1958, 676.

61 Hierzu umfassend Zweiter Teil D.I.2 (S. 49).

62 Vgl. Ersten Teil B.I.1 (S. 33).

63 Vgl. *Beiner*, Der Vorstandsvertrag, 2014, Rn. 26; *Flume*, Die juristische Person, Bd. I/2, 1983, S. 344 f.; *Kort*, GroßKomm AktG, § 84 Rn. 38; *Krieger*, Personalentscheidungen des Aufsichtsrats, 1981, S. 4 ff., 8 f.; *Meier/Pech*, DStR 1995, 1195; a.A. *Feine*, Die Gesellschaft mit beschränkter Haftung, 1929, S. 470.

einer Aufwandsentschädigung, auf Versicherungsentgelte, auf Urlaub und auf Abschluss einer D&O-Versicherung durch die Drittanstellungsgesellschaft vorsehen. In Betracht kommt auch eine Regelung hinsichtlich einer möglichen Rückkehr des Vorstandsmitglieds in das Unternehmen der Drittanstellungsgesellschaft. Im Interesse der Drittanstellungsgesellschaft können Weisungsrechte, eine Förderungspflicht hinsichtlich bestimmter Anliegen oder Projekte und eine Treupflicht des Vorstandsmitglieds im Interesse der Drittanstellungsgesellschaft vereinbart werden. Aus dem Drittanstellungsvertrag könnte sich auch die Pflicht ergeben, sich als Vorstandsmitglied einer anderen Gesellschaft bestellen zu lassen. Sollte die Drittanstellung überhaupt als solche zulässig sein, stellt sich jedoch die Frage, ob und unter welchen Voraussetzungen dieser Inhalt, namentlich Weisungsrechte der Drittanstellungsgesellschaft und die Pflicht, sich an Interessen der Drittanstellungsgesellschaft zu orientieren, zulässig ist. In den folgenden Abschnitten wird u.a. dieser Frage nachgegangen.

Zweiter Teil: Zulässigkeit der Drittanstellung

A. Wortlaut der §§ 285 Nr. 9a S. 7, 314 Abs. 1 Nr. 6a S. 7 HGB

Die Drittanstellung von Vorstandsmitgliedern könnte gemäß §§ 285 Nr. 9a S. 7, 314 Abs. 1 Nr. 6a S. 7 HGB zulässig sein. Leistungen, die dem einzelnen Vorstandsmitglied von einem Dritten im Hinblick auf seine Tätigkeit als Vorstandsmitglied zugesagt oder im Geschäftsjahr gewährt worden sind, müssen gemäß § 285 Nr. 9a S. 7 HGB im Anhang und gemäß § 314 Abs. 1 Nr. 6a S. 7 HGB im Konzernanhang angegeben werden. Da der Abschluss eines Drittanstellungsvertrags regelmäßig einen Vergütungsanspruch des Vorstandsmitglieds gegen einen gesellschaftsexternen Dritten zur Folge hat, gehen einige Autoren davon aus, dass im Gesetz die Zulässigkeit der Drittanstellung ausdrücklich normiert sei.[64]

Leistungen Dritter liegt jedoch nicht zwangsläufig ein Anstellungsvertrag zugrunde. Zum Beispiel kommt die Auszahlung eines Bonus durch einen Dritten für das Erreichen zuvor festgelegter *milestones* im Rahmen einer Unternehmenstransaktion oder für eine besonders positive Entwicklung des Börsenkurses auch dann in Betracht, wenn der Dritte und das Vorstandsmitglied keinen Anstellungsvertrag abgeschlossen haben. §§ 285 Nr. 9a S. 7, 314 Abs. 1 Nr. 6a S. 7 HGB lässt sich lediglich entnehmen, dass nicht generell alle Leistungen Dritter an das Vorstandsmitglied unzulässig sind. Wie die Gesetzesmaterialien zeigen, soll gemäß §§ 285 Nr. 9a S. 7, 314 Abs. 1 Nr. 6a S. 7 HGB die Transparenzpflicht auch im Hinblick auf Leistungen Dritter gelten, um mögliche Interessenkonflikte offen zu legen.[65] Die Frage, welche Leistungen Dritter unter welchen Voraussetzungen erlaubt sind, lässt sich aus §§ 285, 314 HGB nicht beantworten.[66] Insbesondere lassen die Vorschriften keine Rückschlüsse darauf zu, ob das Vorstandsmitglied seinen Anstellungsvertrag mit einem Dritten schließen darf.

---

64 *Mutter*, Marsch-Barner/Schäfer, Hdb. börsennotierte AG, § 19 Rn. 79; *Mutter/Frick*, AG-Report 2006, 32; Hüffer, 10. Aufl., 2012, § 84 Rn. 14; vgl. *Bauer/Arnold*, DB 2006, 260, 266; *Bosse*, Hdb. der Vorstandsvergütung, 2010, Rn. 508; *Weber*, Hölters § 87 Rn. 12 (Indiz zugunsten einer Zulässigkeit).

65 BT-Drs. 15/5860, S. 10: „Die Einfügung des neuen Satzes 8 dient dazu, die Offenlegungspflicht auf Leistungen zu erstrecken, die einem Vorstandsmitglied im Hinblick auf seine Vorstandstätigkeit von einem Dritten zugesagt oder gewährt worden sind." Ebenso: *Vetter*, Festschrift Hoffmann-Becking, 2013, S. 1297, 1302.

66 *Heidel*, Festschrift Mehle, 2009, S. 247, 250; *Vetter*, Festschrift Hoffmann-Becking, 2013, S. 1297, 1302.

B. Drittanstellung in der GmbH

Die Drittanstellung bei GmbHs ist allgemein anerkannt.[67] Mit einem Verweis auf die Reemtsma-Entscheidung des BGH[68] wird die Zulässigkeit der Drittanstellung von GmbH-Geschäftsführer lediglich dann abgelehnt, wenn die GmbH dem Mitbestimmungsgesetz unterliegt.[69] Hier bestehe nämlich die Gefahr, dass durch die Anstellung des Geschäftsführers in die Bestellungskompetenz des Aufsichtsrats und somit in das Recht der Arbeitnehmer auf unternehmerische Mitbestimmung eingegriffen werde.

Fraglich ist, ob von der grundsätzlichen Zulässigkeit der Drittanstellung von GmbH-Geschäftsführern auf die Zulässigkeit der Drittanstellung von Vorstandsmitgliedern geschlossen werden kann. In der AG hat der Vorstand gemäß § 76 Abs. 1 AktG die unabhängige Leitungsmacht. Die Hauptversammlung ist weitgehend von der Geschäftsführung ausgeschlossen. Die Aktionäre können die Geschäftsführung nur insofern beeinflussen, als sie den Unternehmensgegenstand in der Satzung bestimmen können sowie Grundlagenentscheidungen der Zustimmung der Hauptversammlung bedürfen.[70] Eine weitere Einflussmöglichkeit beruht darauf, dass die Hauptversammlung über Maßnahmen der Kapitalbeschaffung und der Kapitalherabsetzung gemäß § 119 Abs. 1 Nr. 6 AktG beschließt. In der GmbH hingegen haben die Gesellschafter weitaus größere Einflussmöglichkeiten auf die Geschäftsführung. Gemäß § 37 Abs. 1 GmbHG können die Gesellschafter die Geschäftsführungsbefugnis durch Beschlüsse über den Gesellschaftsvertrag begrenzen.[71] Ferner kann die Gesellschafterversammlung durch Weisungen unmittelbar auf die Geschäftsführung Einfluss nehmen. Die Geschäftsführer trifft hinsichtlich Weisungen der Gesellschafterversammlung eine Folgepflicht.[72] Das Weisungsrecht der Gesellschafterversammlung geht sogar so weit, dass Geschäftsführer solche Weisungen befolgen müssen, die für die GmbH offensichtlich schädlich sind.[73]

Die Gesellschafter können sich somit aktiv in die Geschäftsführung einschalten und gegebenenfalls Maßnahmen der Geschäftsführer unterbinden bzw. im

---

67 *Fleck*, ZHR 1985, 387, 389; *Theobald*, Festschrift Raiser, 2005, S. 421, 433.

68 BGHZ 89, 48 (Reemtsma).

69 Z. B.: *Fleck*, ZHR 1985, 387, 389; *Theobald*, Festschrift Raiser, 2005, S. 421, 433.

70 Allgemein zu ungeschriebenen Kompetenzen der Hauptversammlung vgl. BGHZ 159, 30, 43; *Fleischer*, NJW 2004, 2335, 2337; *Geßler*, Festschrift Stimpel, 1985, S. 771, 780.

71 *Lenz*, Michalski GmbHG, § 37 Rn. 10 ff.; *Oetker*, Henssler/Strohn, § 37 Rn. 8 ff.

72 *Lenz*, Michalski GmbHG, § 37 Rn. 16 ff.; *Oetker*, Henssler/Strohn, § 37 Rn. 11 ff.

73 BGH, WM 2009, 2321 Rn. 10; BGHZ 93, 146, 148; *Stephan/Tieves*, MünchKomm GmbHG, § 37 Rn. 120 m.w.N.

Wege von Weisungen anordnen. Dies hat zur Folge, dass der mit der Drittanstellung einhergehende abstrakte Interessenkonflikt[74] durch die starke Stellung der Gesellschafter weitgehend kompensiert wird. Aufgrund fehlender unmittelbarer Einflussmöglichkeiten der Aktionäre auf die Geschäftsführung findet eine solche Kompensation in der AG indessen nicht statt. Die generelle Zulässigkeit der Drittanstellung von GmbH-Geschäftsführern kann somit aufgrund Unterschiede der Gesellschaftsstrukturen bzw. aufgrund unterschiedlicher Einflussmöglichkeiten der Gesellschafter und der Aktionäre nicht auf die Drittanstellung von Vorstandsmitgliedern übertragen werden.

C. Trennung von Bestellungs- und Anstellungsverhältnis

Die Drittanstellung von Vorstandsmitgliedern wird wegen der Trennung von Bestellung und Anstellung als zulässig angesehen.[75] Da Bestellung und Anstellung keine Einheit darstellten, sei die Drittanstellung mit dem Aktienrecht vereinbar. Eine andere Auffassung in der Literatur geht allerdings gerade von einer solchen Einheit zwischen Bestellung und Anstellung aus (sog. Einheitstheorie).[76] Bei einer genaueren Betrachtung des Rechtsverhältnisses zwischen Gesellschaft und Vorstandsmitglied erstaunt jedoch, dass vielfach davon ausgegangen wird, die Frage, ob es sich bei der Bestellung und Anstellung des Vorstandsmitglieds um ein einheitliches oder um zwei selbstständige Rechtsgeschäfte handelt, sei von Bedeutung für die Zulässigkeit der Drittanstellung von Vorstandsmitgliedern.[77] Die Drittanstellung des Vorstandsmitglieds käme nämlich auch dann in Betracht, wenn Bestellung und Anstellung eine rechtliche Einheit bildeten.[78] Allein aus der Einheit von Bestellung und Anstellung kann nicht gefolgert werden, dass ein der Bestellung nachfolgender oder ein vor der Bestellung abgeschlossener Vertrag zwischen dem Vorstandsmitglied und seiner Bestellungsgesellschaft oder einem Dritten generell unwirksam wäre.

---

74 Vgl. zum abstrakten Interessenkonflikt, der mit dem Abschluss der Drittanstellung von Vorstandsmitgliedern einhergeht, umfassend Zweiten Teil F.II (S. 90).

75 *Arnold/Born*, AG-Report 18 (2005), 428; *Theobald*, Festschrift Raiser, 2005, S. 421, 424; *Vetter*, Festschrift Hoffmann-Becking, 2013, S. 1297, 1300; hinsichtlich der Drittanstellung von GmbH-Geschäftsführern auch BGHZ 51, 255, 262.

76 RGZ 115, 351, 354; 144, 384, 386; *Ritter*, AktG 2. Aufl. (1939), § 75 Rn. 2 a, h; *Schilling*, JZ 1961, 545 f.; *ders.*, Hachenburg GmbHG, 5. Aufl. (1959), § 35 Rn. 40; zuletzt *Baums*, Der Geschäftsleitervertrag, 1987, S. 37 ff; *ders.*, ZGR 1993, 141, 144 f.

77 So auch *Jooß*, Drittanstellung, 2010, S. 59 f., 117.

78 So *Baums*, Der Geschäftsleitervertrag, 1987, S. 59 ff., 65 f.

In der Praxis wird nach der Bestellung des Vorstandsmitglieds zwischen der Bestellungsgesellschaft und dem Vorstandsmitglied regelmäßig ein Vertrag abgeschlossen, in dem die Anstellungsbedingungen wie zum Beispiel die Vergütung, Wettbewerbsverbote sowie Residenzpflichten des Vorstandsmitglieds festgelegt werden.[79] Unabhängig davon, ob es sich bei Bestellung und Anstellung um einen einheitlichen Rechtsakt handelt oder nicht, kann ein nachfolgender Vertrag wirksam abgeschlossen werden. Für die h.M. entsteht erst durch den Abschluss dieses Vertrags ein schuldrechtliches Rechtsverhältnis zwischen dem Vorstandsmitglied und der Bestellungsgesellschaft. Würde hingegen das Vorstandsmitglied mit der Bestellung gemäß der Einheitstheorie auch automatisch angestellt, würde der Vertrag lediglich das bereits bestehende Anstellungsverhältnis konkretisieren bzw. ergänzen.[80] Die Einheit von Anstellung und Bestellung hätte zwar zur Folge, dass das Vorstandsmitglied immer bei der Bestellungsgesellschaft angestellt wäre. Doch stünde dieser Umstand einer weiteren Anstellung des Vorstandsmitglieds durch einen Dritten keineswegs entgegen. Das folgt schon aus dem Grundsatz der Relativität von Schuldverhältnissen. Auch bei einer Trennung von Anstellung und Bestellung besteht trotz eines gegebenenfalls schon unmittelbar zwischen dem Vorstandsmitglied und der Bestellungsgesellschaft abgeschlossenen Anstellungsvertrags die Möglichkeit einer weiteren Anstellung des Vorstandsmitglieds bei einem Dritten. Somit macht es für die Frage, ob die Drittanstellung zulässig oder unzulässig ist, keinen Unterschied, ob die Anstellung und Bestellung eine Einheit bilden oder getrennt voneinander sind.

D. Vereinbarkeit der Drittanstellung mit der aktienrechtlichen Kompetenzordnung

In der Literatur werden zahlreiche Gründe gegen die Vereinbarkeit der Drittanstellung mit der aktienrechtlichen Kompetenzordnung vorgebracht. Nachfolgend wird untersucht, ob es tatsächlich Gründe gibt, die dazu führen, dass die Drittanstellung von Vorstandsmitgliedern mit der aktienrechtlichen Kompetenzordnung unvereinbar ist.

---

79 *Baums,* Der Geschäftsleitervertrag, 1987, S. 51.
80 *Baums,* Der Geschäftsleitervertrag, 1987, S. 51.

I. Recht und Pflicht zur Führung der Geschäfte der Bestellungsgesellschaft

Die Drittanstellung wäre mit der aktienrechtlichen Kompetenzordnung nicht vereinbar, wenn nur der Anstellungsvertrag das Recht sowie die Pflicht zur Führung der Geschäfte der Bestellungsgesellschaft begründete. Besteht ein Anstellungsverhältnis nur mit einem Dritten und ergäben sich die Geschäftsführungspflichten allein aus dem Anstellungsvertrag, könnte nicht die Bestellungsgesellschaft, sondern nur ein Dritter die ordnungsgemäße Führung der Geschäfte der Bestellungsgesellschaft einfordern. Die Drittanstellungsgesellschaft hätte die Möglichkeit, auf die Geschäftsführung der Bestellungsgesellschaft Einfluss zu nehmen. Ergäbe sich das Recht zur Geschäftsführung aus dem Anstellungsvertrag, könnte zudem ein Dritter durch die Anstellung der Vorstandsmitglieder das Recht der Vorstandsmitglieder begründen, gegenüber den Angestellten des Unternehmens rechtlich bindende Weisungen zu erlassen. Die Drittanstellungsgesellschaft würde in das Kompetenzgefüge der Gesellschaft eingreifen. Die Drittanstellung wäre daher unzulässig.

Es ist umstritten, woraus sich das Recht und die Pflicht des Vorstandsmitglieds zur Geschäftsführung ergeben.[81] Die Pflicht des Vorstandsmitglieds, die Bestellungsgesellschaft ordnungsgemäß zusammen mit den übrigen Vorstandsmitgliedern zu leiten, kann sich aus einer Vereinbarung im Anstellungsvertrag ergeben. Sowohl die Pflicht als auch das Recht zur Führung der Bestellungsgesellschaft lassen sich einigen Autoren zufolge immer – auch bei Fehlen einer ausdrücklichen Vereinbarung – dem Anstellungsvertrag entnehmen.[82] Demgegenüber entspringen nach h.M.[83] das Recht und die Pflicht zu Führung der Geschäfte immer zumindest auch dem Bestellungsverhältnis. Daneben existieren vermittelnde Ansichten. Es wird vertreten, dass das organschaftliche Rechtsverhältnis das Recht und der Anstellungsvertrag die Pflicht zur Geschäftsführung begründen.[84] Eine weitere Meinung geht davon aus, dass der Bestellungsakt neben den Geschäftsführungsrechten lediglich eine Pflicht

---

81 Vgl. zum Meinungsstand: *Krieger*, Personalentscheidungen des Aufsichtsrats, 1981, S. 3; *Martens*, Festschrift Werner, 1984, S. 495, 505 f.

82 BGH WM 1958, 676, 676; *Grothus*, GmbHR 1959, 93; *Hueck*, DB 1954, 274; *Molitor*, Festschrift Ehrenberg, 1927, S. 41, 46 ff.; *Krüger*, Die Bestellung und Anstellung des Vorstands der AG, 1929, S. 36.

83 BGHZ 3, 90, 92; 78, 82, 87; *Plander*, GmbHR 1968, 197, 200 f.; *Reuter*, MünchKomm BGB, § 27 Rn. 36; *Spindler*, MünchKomm AktG, § 84 Rn. 9.

84 *Molitor*, AG 1957, 193.

zu gesetzlich ausdrücklich angeordneten Geschäftsführungsmaßnahmen zur Folge hat, während sich die übrigen Geschäftsführungspflichten aus dem Anstellungsvertrag ergeben sollen.[85]

In diesem Abschnitt soll geklärt werden, ob sich das Recht und die Pflicht des Vorstandsmitglieds zur Führung der Geschäfte der Gesellschaft auch dann aus dem Anstellungsverhältnis ergeben, wenn eine entsprechende ausdrückliche Vereinbarung fehlt, oder immer dem Bestellungsverhältnis entspringen. Um die Rechtsgrundlage der Geschäftsführung untersuchen zu können, bedarf es allerdings zuerst einer Auseinandersetzung mit dem Inhalt und dem Umfang der Geschäftsführung des Vorstands.

1. *Die Geschäftsführung des Vorstands*

Die Geschäftsführung des Vorstands ist weit zu verstehen und umfasst jedwedes tatsächliche oder rechtsgeschäftliche Tätigwerden für die AG.[86] Auch die Ausübung der Vertretungsmacht nach außen der Gesellschaft stellt einen Akt der Geschäftsführung dar.

Geschäftsführungspflichten des Vorstands lassen sich dem Gesetz, der Satzung und/oder der Geschäftsordnung des Vorstands entnehmen.[87] So ergibt sich zum Beispiel aus dem Gesetz, dass der Vorstand zur Amtsausübung verpflichtet ist.[88] Zwar enthält das AktG keine ausdrückliche Regelung, die, wie etwa § 114 Abs. 1 2. Alt. HGB für die Gesellschafter einer OHG, den Vorstand ausdrücklich zur Führung der Geschäfte verpflichtet, doch ergibt sich die Pflicht zur Ausübung des Amts daraus, dass dem Vorstand über das AktG verteilt, zahlreiche Geschäftsführungspflichten zugewiesen wurden. So „hat" der Vorstand gemäß § 76 Abs. 1 AktG die Gesellschaft unter eigener Verantwortung zu leiten.[89] Auch muss der Vorstand eine Reihe von Geschäftsführungsmaßnahmen im öffentlichen Interesse vornehmen. Hierunter fallen die Pflicht, gemäß §§ 81 Abs. 1, 107 Abs. 1 AktG für die Eintragung bestimmter Umstände

85 *Feine*, Die Gesellschaft mit beschränkter Haftung, 1929, S. 470 f.; *Molitor*, Festschrift Ehrenberg, 1927, S. 41, 46.

86 *Fleischer*, Spindler/Stilz Akt, § 77 Rn. 3; *Koch*, Hüffer/Koch, § 77 Rn. 3; *Seibt*, K. Schmitt/Lutter, § 77 Rn. 4; *Spindler*, MünchKomm AktG, § 77 Rn. 6; *Weber*, Hölters, § 77 Rn. 3.

87 *Beiner*, Der Vorstandsvertrag, 2014, Rn. 171; *Fleischer*, ZIP 2003, 1 f.; *Spindler*, MünchKomm AktG, § 84 Rn. 9; *Unger*, NJW 2009, 3269, 3270 ff.

88 *Schwarz*, Bestellung und Anstellung der Verwaltungsmitglieder von Kapitalgesellschaften, 1984, S. 15; *Semler*, Festschrift Stiefel, 1987, S. 719, 727.

89 Vgl. *Fleischer*, ZIP 2003, 1, 2.

ins Handelsregister zu sorgen sowie Organisations- und Buchführungspflichten i.S.d. § 91 AktG, die Pflicht, gemäß § 92 Abs. 2 AktG nach Überschuldung des Unternehmens Zahlungen zu unterlassen, die Pflicht, nach § 312 AktG über Beziehungen zu verbundenen Unternehmen Bericht zu erstatten, und steuerliche Pflichten i.S.d. § 34 Abs. 1 AO. Ferner ist der Vorstand verpflichtet, gemäß § 83 AktG Hauptversammlungsbeschlüssen vorzubereiten und auszuführen sowie nach § 90 AktG hinsichtlich bestimmter im Gesetz normierter Umstände Bericht zu erstatten. Den Vorstand trifft die Pflicht gemäß § 92 Abs. 1 AktG zur Einberufung der Hauptversammlung, wenn sich ein Verlust in Höhe der Hälfte des Grundkapitals abzeichnet sowie die Pflicht nach § 97 AktG, die fehlerhafte Zusammensetzung des Aufsichtsrats bekannt zu machen. Der Vorstand muss gemäß § 121 Abs. 2 AktG die Hauptversammlung einberufen sowie dem Aufsichtsrat nach § 170 Abs. 1 AktG den Jahresabschluss und den Lagebericht unverzüglich nach ihrer Aufstellung vorlegen. Gemäß § 170 Abs. 2 AktG hat der Vorstand dem Aufsichtsrat den Vorschlag vorzulegen, den er der Hauptversammlung für die Verwendung des Bilanzgewinns machen will. Schließlich ist der Vorstand verpflichtet, nach § 314 Abs. 1 AktG den Bericht über Beziehungen zu verbundenen Unternehmen unverzüglich nach dessen Aufstellung dem Aufsichtsrat vorzulegen.[90]

2. *Rechtsgrundlage der Geschäftsführungsrechte und -pflichten*

§ 84 Abs. 3 AktG macht deutlich, dass sich die Geschäftsführungsrechte und -pflichten aus dem Bestellungsverhältnis des Vorstandsmitglieds ergeben. In Satz 1 bis 4 der Vorschrift ist der Widerruf der Bestellung geregelt, während auf die Beendigung des Anstellungsvertrags die allgemeinen Vorschriften anzuwenden sind. Folge der Anwendung unterschiedlicher Rechtsregime auf den Widerruf der Bestellung und auf die fristlose Kündigung des Anstellungsvertrags gemäß § 626 BGB sind unterschiedliche Voraussetzungen für die Beendigung der jeweiligen Rechtsverhältnisse.[91] Für den Widerruf der Bestellung bedarf es zwar wie für eine fristlose Kündigung des Anstellungsvertrags eines wichtigen Grundes. An den wichtigen Grund werden allerdings unterschiedliche Anforderungen gestellt: Für die Kündigung des Anstellungsvertrags bedarf es stets einer umfassenden, auf den Einzelfall bezogenen Interessenabwägung. Hierbei

90 Vgl. umfassen zu Geschäftsleiterpflichten des Vorstands *Dreher*, Festschrift Hopt, Bd. 1, 2010, S. 499, 518 ff.

91 *Flume*, Die juristische Person, Bd. I/2, 1983, S. 348; *Hoffmann-Becking*, ZIP 2007, 2101 f.

ist in einer Gesamtwürdigung das Interesse der Gesellschaft, das Vorstandsmitglied nicht mehr zu vergüten, gegen das Interesse des Vorstandsmitglieds am Fortbestand des Anstellungsvertrags abzuwägen. Das Interesse des Vorstandsmitglieds bezieht sich in erster Linie auf die wirtschaftliche Absicherung seiner Existenz. Im Hinblick auf den Widerruf der Bestellung kann das persönliche Interesse des Vorstandsmitglieds an der wirtschaftlichen Absicherung seiner Existenz hingegen unberücksichtigt bleiben. Dass die Gesellschaft die Bestellung des Vorstandsmitglieds anders als die eines GmbH-Geschäftsführer nur aus wichtigem Grund widerrufen darf, dient nämlich der Unabhängigkeit der Vorstandsmitglieder gemäß § 76 Abs. 1 AktG[92] und nicht den wirtschaftlichen bzw. persönlichen Interessen der Vorstandsmitglieder. Wegen § 84 Abs. 3 AktG kann der Aufsichtsrat den Vorstand durch die Androhung einer Abberufung der Vorstandsmitglieder nicht zu einem Organ machen, das bloß seinen Willen umsetzt.[93] Eine Pflicht des Aufsichtsrats, bei der Abberufung von Vorstandsmitgliedern wirtschaftliche Interessen des Vorstandsmitglieds zu berücksichtigen, entspräche nicht dem Gesetzeszweck des § 84 Abs. 3 AktG.

Somit stellt nicht jeder Grund für den Widerruf der Bestellung automatisch einen wichtigen Grund für die außerordentliche Kündigung des Anstellungsvertrags dar. Es sind Fälle denkbar und die Möglichkeit in Kauf genommen, dass das Vorstandsmitglied aufgrund eines Widerrufs der Bestellung seine Organstellung verliert, während der Anstellungsvertrag bestehen bleibt.[94] Da die Geschäftsführungsrechte und -pflichten nicht der finanziellen Absicherung der Existenz des Vorstandsmitglieds dienen, sondern die Amtsführung betreffen, kann die Gesellschaft sowohl das Recht als auch die Pflicht zur Geschäftsführung schon bei Vorliegen der geringeren Voraussetzungen der § 84 Abs. 3 S. 1–4 AktG aufheben.

Auch lässt sich der Wortlaut zahlreicher Vorschriften, die die Geschäftsführung des Vorstands betreffen, als Beleg dafür anführen, dass das Bestellungsverhältnis das Recht sowie die Pflicht des Vorstands zur Geschäftsführung begründet. So sind gemäß § 77 Abs. 1 S. 1 AktG sämtliche „Vorstandsmitglieder" nur gemeinschaftlich zur Geschäftsführung befugt. Ähnlich verhält es sich u.a. mit §§ 76 Abs. 1, 77, 78, 78, 81, 82 Abs. 2, 83, 88, 90, 91, 92, 93, 97, 107 Abs. 1, Abs. 2, 121 Abs. 2, 312, 314 Abs. 1 AktG. Da eine natürliche Person aufgrund der Bestellung und nicht aufgrund des schuldrechtlichen Anstellungsvertrags dem

92 BegrRegE, Kropff, 1965, S. 106; *Bernhardt/Bredol,* NZG 2015, 419, 422; *Fleischer,* Spindler/Stilz Akt, § 84 Rn. 99; *Spindler,* MünchKomm AktG, § 84 Rn. 113.

93 *Fleischer,* Spindler/Stilz Akt, § 84 Rn. 99.

94 Vgl. für Beispiele unterschiedlicher Schicksale von Bestellungs- und Anstellungsverhältnis BGH WM 1978, 109, 110; BGHZ 79, 38, 41 (Poullain); 78, 82, 84.

Vorstand angehört, kann allein das Organverhältnis Rechtsgrundlage der Geschäftsführungsbefugnis und der Geschäftsführungspflichten sein.

Im Ergebnis erweist sich daher die h.M. als zutreffend, nach der die korporationsrechtliche Bestellung und nicht der schuldrechtliche Anstellungsvertrag Rechtsgrundlage der Geschäftsführungsrechte und -pflichten ist.

II. Kein Verstoß gegen Kompetenzen des Aufsichtsrats

Teilweise wird die Zulässigkeit der Drittanstellung von Vorstandsmitgliedern abgelehnt, weil sie nicht mit den Kompetenzen des Aufsichtsrats vereinbar sei.[95] Nur der Aufsichtsrat der Bestellungsgesellschaft könne die Vorstandsmitglieder anstellen. Die Kompetenz des Aufsichtsrats nach § 84 Abs. 1 S. 1 AktG, Vorstandsmitglieder zu bestellen, gelte gemäß § 84 Abs. 1 S. 5 AktG sinngemäß für den Anstellungsvertrag.[96] Ferner könnte man vertreten, dass § 112 S. 1 AktG entgegen dem Wortlaut nicht nur die ausschließliche Vertretungskompetenz des Aufsichtsrats den Vorstandsmitgliedern gegenüber normiert, sondern darüber hinaus regelt, dass die Vorstandstätigkeit betreffende Verträge mit den Vorstandsmitgliedern ausschließlich mit dem Aufsichtsrat geschlossen werden dürfen. Demgegenüber handelt es sich nach anderer Ansicht bei § 84 Abs. 1 S. 5 AktG und § 112 AktG um Vorschriften, die nur das Verhältnis der Bestellungsgesellschaft zu den Vorstandsmitgliedern nicht hingegen das Verhältnis der Vorstandsmitglieder Dritten gegenüber normiert. Die Drittanstellung des Vorstandsmitglieds würde dann nicht die Kompetenzen des Aufsichtsrats hinsichtlich der Anstellung von Vorstandsmitgliedern verletzen.[97]

Ferner wäre die Drittanstellung unzulässig, wenn die Möglichkeit des Vorstandsmitglieds und der Drittanstellungsgesellschaft, den Drittanstellungsvertrag

---

95 *Fonk*, Semler/v. Schenck ArbeitsHdb. für Aufsichtsratsmitglieder, § 10 Rn. 219 f.; *ders.*, NZG 2010, 368, 370; *Kort*, GroßKomm AktG, § 84 Rn. 320; *Mertens/Cahn*, Köln-Komm AktG, § 84 Rn. 56; *Heinz/Nehls*, MünchAnwHdb. Aktienrecht, § 22 Rn. 83; *Raiser/Veil*, Recht der Kapitalgesellschaften, 2010, § 14 Rn. 46; *Spindler*, Münch-Komm AktG, § 84 Rn. 76; *Theobald*, Festschrift Raiser, 2005, S. 421, 432 ff.; *Thüsing*, Hdb. des VorstandsR, § 4 Rn. 68 (jedoch mit dem Hinweis, dass „dem Normtext des § 84 AktG eine eindeutige Vorgabe nicht zu entnehmen ist"); *Weber*, Hölters, § 84 Rn. 41.

96 Vgl. die Nachweise in der vorhergehenden Fn.

97 *Arnold/Born*, AG-Report 18 (2005), 428; *Jooß*, NZG 2011, 1130 f.; *ders*, Die Drittanstellung, 2010, S. 62 ff.; *Lücke*, Vorstand der AG (Beck'sches MandatsHdb.), § 2 Rn. 102; *Reuter*, AG 2011, 274, 278 f.; *Schackmann*, Die Drittanstellung, 2002, S. 45 ff.; *Vetter*, Festschrift Hoffmann-Becking, 2013, S. 1298, 1303.

zu kündigen oder einvernehmlich aufzulösen, einen Verstoß gegen die Abberufungskompetenz des Aufsichtsrats gemäß § 84 Abs. 3 S. 1 AktG darstellte. Aufgrund der Beendigung des Drittanstellungsvertrags könnte nämlich das Vorstandsmitglied das Recht haben, sein Amt niederzulegen. Unterfällt die Bestellungsgesellschaft dem MitbestG, könnte die Drittanstellung von Vorstandsmitgliedern auch mit der unternehmerischen Mitbestimmung der Arbeitnehmer unvereinbar sein und gegen § 31 MitbestG verstoßen.

1. *Kompetenz des Aufsichtsrats gemäß § 112 S. 1 AktG*

Fraglich ist, ob die Kompetenzen des Aufsichtsrats nach § 112 S. 1 AktG der Zulässigkeit der Drittanstellung von Vorstandsmitgliedern entgegensteht. Abweichend von § 78 Abs. 1 S. 1 AktG, wonach grundsätzlich der Vorstand die Gesellschaft vertritt, vertritt gemäß § 112 S. 1 AktG Vorstandsmitgliedern gegenüber der Aufsichtsrat die Gesellschaft gerichtlich und außergerichtlich. Der Vorstand ist nämlich nicht unbefangen genug, wenn einzelne seiner Mitglieder an dem infrage stehenden Rechtsverhältnis beteiligt sind.[98] § 112 S. 1 AktG bezweckt genauso wie § 181 BGB die Vermeidung einer abstrakten Gefährdung von Interessen des Vertretenen. Es wird vermieden, dass sich der Vertreter in einem Interessenkonflikt befindet.

Demnach regelt § 112 AktG lediglich, dass ausschließlich der Aufsichtsrat nicht hingegen ein anderes Organ die Bestellungsgesellschaft Vorstandsmitgliedern gegenüber vertritt. Wenn die Gesellschaft nämlich an einem Rechtsgeschäft nicht beteiligt ist, besteht auch nicht die Gefahr einer Unbefangenheit des Vorstands. So verhält es sich auch im Fall der Anstellung von Vorstandsmitgliedern. Wird das Vorstandsmitglied bei der Bestellungsgesellschaft angestellt, ist gemäß § 112 S. 1 AktG ausschließlich der Aufsichtsrat der Bestellungsgesellschaft für den Abschluss des Anstellungsvertrags zuständig. Der Drittanstellungsvertrag hingegen wird zwischen dem Vorstandsmitglied und der Drittanstellungsgesellschaft abgeschlossen. Die Bestellungsgesellschaft ist am Abschluss des Drittanstellungsvertrags nicht beteiligt. § 112 S. 1 AktG ist bei einer Drittanstellung von Vorstandsmitgliedern somit nicht anwendbar. Würde man die Unzulässigkeit der Drittanstellung mit § 112 S. 1 AktG begründen, schösse man über das Ziel

98 BGH AG 1991, 269 m. Anm. *Peterhoff*; BGHZ 130, 108, 111 f.; *Bürgers/Israel*, Bürgers/Körber, § 112 Rn. 1; *Cramer*, NZG 2012, 765, 766; *Drygala*, K. Schmidt/Lutter, § 112 Rn. 1; *Habersack*, MünchKomm AktG, § 112 Rn. 1; *Mertens/Cahn*, KölnKomm AktG, § 112 Rn. 2; *Spinder*, Spindler/Stilz Akt, § 112 Rn. 1; *Werner*, ZGR 1989, 369, 381 ff.

hinaus, da bei Vertragsschluss überhaupt kein Interessenkonflikt für den Vertreter der Bestellungsgesellschaft besteht.

§ 112 S. 1 AktG stünde dem Abschluss eines Drittanstellungsvertrags allerdings nicht nur nicht entgegen, sondern könnte vielmehr sogar umgekehrt für die Vereinbarkeit der Drittanstellung mit der Anstellungskompetenz des Aufsichtsrats im Hinblick auf Vorstandsmitglieder sprechen.[99] Das wäre der Fall, wenn sich die Anstellungskompetenz des Aufsichtsrats allein aus § 112 S. 1 AktG und nicht etwa (auch) aus § 84 Abs. 1 S. 5 AktG ergäbe. Gemäß § 112 S. 1 AktG wäre der Aufsichtsrat nur im Verhältnis zum Vorstand und zur Hauptversammlung für die Anstellung von Vorstandsmitgliedern ausschließlich zuständig. Einem Dritten bliebe es indessen unbenommen, einen Anstellungsvertrag mit dem Vorstandsmitglied abzuschließen. Fraglich ist jedoch, ob die Anstellungskompetenz des Aufsichtsrats überhaupt in § 112 S. 1 AktG verankert ist.

§ 112 AktG ist so auszulegen, dass die Vertretungsmacht des Aufsichtsrats grundsätzlich nicht nur die Kompetenz, den internen Willen umzusetzen, sondern auch die der Willenserklärung vorgelagerte Willensbildung selbst umfasst.[100] § 112 AktG regelt grundsätzlich auch die einer Vertretung zugrunde liegende Entscheidungsfindung durch Beschlussfassung.[101] Nach einer in der Literatur vertretenen Meinung muss es im Interesse einer widerspruchsfreien Rechtsordnung auch hinsichtlich der Anstellungskompetenz des Aufsichtsrats beim Grundsatz bleiben, dass Vertretungs- und Entscheidungskompetenz in § 112 AktG verankert sind. Sowohl die formale Berechtigung zum Abschluss des Anstellungsvertrags als auch die Kompetenz hinsichtlich der inhaltlichen Entscheidungsfindung des Aufsichtsrats lasse sich dem § 112 AktG entnehmen.[102]

Jedoch ist § 112 AktG nicht Grundlage der Entscheidungskompetenz des Aufsichtsrats, wenn es für die Entscheidungsbefugnis eine speziellere Vorschrift gibt. So ergibt sich zum Beispiel die Zuständigkeit des Aufsichtsrats, dafür zu sorgen, dass bei der Festsetzung der Gesamtbezüge des einzelnen Vorstandsmitglieds diese in einem angemessenen Verhältnis zu den Aufgaben und Leistungen

---

99 Ebenso *Vetter*, Festschrift Hoffmann-Becking, 2013, S. 1297, 1303; vgl. auch *Jooß*, Drittanstellung, 2010, S. 62; *Krauss*, Status und Kündigungsschutz von arbeitnehmerähnlichen Vorstandsmitgliedern der AG, 1989, S. 164 f.

100 Vgl. *Cahn*, Festschrift Hoffmann-Becking, 2013, S. 247, 248 f., 257 f.; *Drygala*, K. Schmidt/Lutter, § 112 Rn. 2; *Lutter/Krieger/Verse*, Rechte und Pflichten des Aufsichtsrats, 2014, Rn. 440; *Plander*, ZHR 133 (1970), 327, 341 ff.; *Semler*, Festschrift Rowedder, 1994, S. 441, 443 ff.; *Stein*, AG 1999, 28, 31.

101 *Mertens/Cahn*, KölnKomm AktG, § 112 Rn. 3.

102 *Jooß*, Drittanstellung, 2010, S. 63 f.

des Vorstandsmitglieds sowie zur Lage der Gesellschaft stehen und die übliche Vergütung nicht ohne besondere Gründe übersteigen, aus § 87 AktG.[103] Eine ähnliche Regelungssystematik gilt für den Abschluss von Kreditverträgen nach § 89 Abs. 1 AktG und die Bestellung gemäß § 84 Abs. 1 S. 1 AktG.[104] In diesen Fällen ist die Entscheidungskompetenz in § 87 AktG, § 89 Abs. 1 AktG bzw. § 84 Abs. 1 S. 1 AktG und die Vertretungsmacht in § 112 AktG geregelt. Dieser Regelungssystematik entsprechend könnte die Entscheidungskompetenz des Aufsichtsrats hinsichtlich der Anstellung von Vorstandsmitgliedern nicht in § 112 S. 1 AktG, sondern in § 84 Abs. 1 S. 5 i.V.m. S. 1 AktG verankert sein.[105] Ob die Anstellungskompetenz in § 84 Abs. 1 S. 5 i.V.m. S. 1 AktG geregelt ist oder nicht, wird nachfolgend untersucht.

2. Kompetenz des Aufsichtsrats gemäß § 84 Abs. 1 S. 5 i.V.m. S. 1 AktG

Aus § 84 Abs. 1 S. 5 AktG könnte sich ergeben, dass der Aufsichtsrat ausschließlich für die Anstellung der Vorstandsmitglieder zuständig ist.[106] Fraglich ist allerdings ob §§ 76 ff. AktG Kompetenzen der Gesellschaftsorgane nicht nur im Verhältnis zueinander, sondern auch im Verhältnis zu Dritten regelt.

Der Gesetzgeber hat im vierten Abschnitt die Verfassung der AG geregelt,[107] wie nicht zuletzt die Überschrift des Vierten Teils des AktG zeigt. Die Verfassung einer juristischen Person ist ihre innere Ordnung und legt fest, welche Organe eine Gesellschaft hat und welches Organ für welche Aufgaben zuständig ist.[108] §§ 76 ff. AktG gelten somit grundsätzlich nur für das Verhältnis der Gesellschaftsorgane zueinander, nicht jedoch im Verhältnis zu Dritten.[109] Das gilt indessen nicht ausnahmslos. So muss zum Beispiel auch ein Dritter die Bestellungskompetenz i.S.d. § 84 Abs. 1 S. 1 AktG beachten. Die Vorschrift regelt vielmehr auch im Verhältnis zu Dritten die Zuständigkeit des Aufsichtsrats, Vorstandsmitglieder zu bestellen.[110] Auch handelt es sich bei § 78 Abs. 1 AktG,

---

103 *Cahn,* Festschrift Hoffmann-Becking, 2013, S. 247, 248; *Dauner-Lieb,* Henssler/Strohn, § 87 Rn. 1; *Weber,* Hölters, § 87 Rn. 1.

104 *Cahn,* Festschrift Hoffmann-Becking, 2013, S. 247, 248.

105 Vgl. hierzu ausführlich sogleich.

106 Bejahend *Bergmann,* Die rechtliche Abhängigkeit, 1971, S. 16; a.A. *Jooß,* Drittanstellung, 2010, S. 118 ff.

107 Vgl. *Jooß,* Drittanstellung, 2010, S. 119 f.

108 *Spindler,* MünchKomm AktG, Vor. §§ 76 ff. Rn. 1.

109 *Spindler,* MünchKomm AktG, Vor. §§ 76 ff. Rn. 1 ff.

110 OLG Düsseldorf AG 1979, 317; *Koch,* Hüffer/Koch, § 84 Rn. 1; *Niewarra,* BB 1998, 1961, 1962; *Weber,* Hölters, § 84 Rn. 1.

wonach der Vorstand die Gesellschaft vertritt, nicht um eine rein gesellschaftsinterne Regelung. Zum Beispiel kann die Gesellschaft gegen einen vertraglichen Anspruch eines Dritten wegen § 78 Abs. 1 AktG nicht einwenden, der Vertrag sei aufgrund der fehlenden Vertretungsmacht des Vorstands nicht zustande gekommen. Dass § 84 Abs. 1 S. 5 AktG nur im Verhältnis der Gesellschaftsorgane zueinander gilt, lässt sich daher nicht mit einem pauschalen Verweis darauf begründen, dass §§ 76 ff. AktG die „Verfassung der AG" regelt. Einzelne Vorschriften der §§ 76 ff. AktG gelten folglich auch im Verhältnis zu Dritten. Fraglich ist, ob § 84 Abs. 1 S. 5 AktG eine solche Ausnahme darstellt.

a. *Auslegung des § 84 Abs. 1 S. 5 AktG*

Die Geltung von § 84 Abs. 1 S. 5 AktG auch im Verhältnis zu Dritten könnte sich daraus ergeben, dass gemäß § 84 Abs. 1 S. 5 AktG „dies" sinngemäß für den Anstellungsvertrag gilt. Gemäß § 84 Abs. 1 S. 1 AktG ist der Aufsichtsrat für die Bestellung von Vorstandsmitgliedern zwingend und ausschließlich zuständig. Diese Vorschrift gilt nicht nur für das Verhältnis des Aufsichtsrats zur Hauptversammlung und zum Vorstand, sondern auch für das Verhältnis des Aufsichtsrats zu anderen Gesellschaften. Mit dem „dies" in § 84 Abs. 1 S. 5 AktG könnte die ausschließliche Zuständigkeit des Aufsichtsrats nach § 84 Abs. 1 S. 1 AktG gemeint sein, Vorstandsmitglieder zu bestellen. Ob § 84 Abs. 1 S. 5 AktG in diesem Sinne zu verstehen ist und somit der Aufsichtsrat gemäß § 84 Abs. 1 S. 5 i.V.m. S. 1 AktG auch ausschließlich für die Anstellung von Vorstandsmitgliedern zuständig ist, bestimmt sich nach dem objektivierten Willen des Gesetzgebers. Dieser ist durch Auslegung des § 84 Abs. 1 S. 5 AktG zu ermitteln. Die Auslegung eines Textes beginnt immer mit der Ermittlung des Wortsinns.[111]

aa. Wortlautauslegung

Gemäß § 84 Abs. 1 S. 5 1. Hs. AktG gilt „dies" sinngemäß für den Anstellungsvertrag. Bei dem Wort „dies" handelt es sich um ein Pronomen, mit dem auf etwas bereits Erwähntes Bezug genommen wird. Die Formulierung „Dies gilt sinngemäß für [...]" in § 84 Abs. 1 S. 5 AktG macht deutlich, dass der Satz 5 auf das zuvor in der Vorschrift Geregelte Bezug nimmt. Fraglich ist jedoch die Reichweite der Bezugnahme. Mit dem „dies" könnte nur das Geregelte des unmittelbar vorangegangenen Satzes der Vorschrift gemeint sein. Das hätte zur Folge, dass gemäß § 84 Abs. 1 S. 5 i.V.m. S. 4 AktG eine Verlängerung des Anstellungsvertrags ohne einen neuen Aufsichtsratsbeschluss nur vorgesehen werden

111 *Larenz*, Methodenlehre, 1991, S. 320.

kann, sofern dadurch das Anstellungsverhältnis nicht länger als fünf Jahre besteht. Mithin wäre die Drittanstellung von Vorstandsmitgliedern mit § 84 Abs. 1 S. 5 AktG vereinbar.

Satz 4 der Vorschrift steht inhaltlich jedoch in Zusammenhang mit den vorangehenden Sätzen. Gemäß § 84 Abs. 1 S. 2, 3 AktG ist eine wiederholte Bestellung oder Verlängerung der Amtszeit der Vorstandsmitglieder jeweils für höchstens fünf Jahre zulässig, wenn der Aufsichtsrat dies frühestens ein Jahr vor Ablauf der bisherigen Amtszeit beschließt. Gemäß § 84 Abs. 1 S. 4 AktG kann bei einer Bestellung auf weniger als fünf Jahre eine Verlängerung der Amtszeit ohne neuen Aufsichtsratsbeschluss „nur" vorgesehen werden, sofern dadurch die gesamte Amtszeit nicht mehr als fünf Jahre beträgt. Es lässt sich aufgrund des Wortes „nur" schlussfolgern, dass § 84 Abs. 1 S. 4 AktG eine Ausnahme zur Notwendigkeit eines Aufsichtsratsbeschlusses für die wiederholte Bestellung oder Verlängerung der Amtszeit des Vorstandsmitglieds nach § 84 Abs. 1 S. 2, 3 AktG regelt. Da eine Ausnahme ohne Grundsatz keinen Sinn ergibt, steht Satz 4 der Vorschrift inhaltlich in Zusammenhang mit den vorangehenden Sätzen. Wenn sich Satz 4 der Vorschrift allerdings auf die vorangehenden Sätze bezieht, kann sich wiederum Satz 5 nicht allein auf Satz 4 beziehen. Bezöge sich Satz 5 der Vorschrift alleine auf Satz 4 der Vorschrift, würde § 84 Abs. 1 S. 5 AktG eine Ausnahme enthalten, obwohl es keinen entsprechenden Grundsatz gäbe. Somit kann das „dies" in Satz 5 nicht nur die Regelung des vorangehenden Satzes meinen.

Aus dem Wortlaut des § 84 Abs. 1 S. 5 AktG lässt sich mithin keine Einschränkung der Bezugnahme entnehmen. Das „dies" bezieht sich somit auf den gesamten § 84 Abs. 1 AktG und folglich auch auf die Bestellungskompetenz des Aufsichtsrats gemäß § 84 Abs. 1 S. 1 AktG. Dem Wortlaut lässt sich auch nicht entnehmen, dass sich das „dies" in § 84 Abs. 1 S. 5 AktG inhaltlich nur auf Teile des vor diesem Satz in der Vorschrift Geregelten – etwa nur auf die Laufzeit der Bestellung von Vorstandsmitglied auf höchstens fünf Jahre – bezieht. Dem Wortlaut der Vorschrift nach ist somit ausschließlich der Aufsichtsrat der Bestellungsgesellschaft für die Anstellung der Vorstandsmitglieder zuständig.

bb. Historische Auslegung

Unter Hinweis auf die Entstehungsgeschichte der Vorschrift wird die Ansicht vertreten, dass der Verweis in § 84 Abs. 1 S. 5 AktG auf Satz 1 der Vorschrift lediglich dazu führen soll, dass die Laufzeit des Anstellungsvertrags nicht über die maximale Bestellperiode von fünf Jahren hinausreicht.[112] Bei § 84 Abs. 1 S. 5 i.V.m. S. 1 AktG handele es sich folglich nicht um eine kompetenzbegründende Norm. Da es sich bei § 84 Abs. 1 S. 5 1. Hs. AktG schon nicht um eine kompetenzbegründende Regelung handele, lasse sich der Vorschrift erst recht keine ausschließliche Anstellungskompetenz des Aufsichtsrats gegenüber Dritten entnehmen.[113]

§ 84 Abs. 1 S. 5 AktG entspricht § 75 Abs. 1 S. 4 AktG 1937. Der Gesetzgeber von 1937 wollte Belastungen für Gesellschaften verhindern, die mit langfristigen Anstellungsverträgen einhergingen.[114] Als § 75 Abs. 1 S. 4 AktG in § 84 Abs. 1 S. 5 AktG (1965) übernommen wurde, ging es dem Gesetzgeber ebenfalls um die zeitliche Befristung des Anstellungsvertrags.[115] Ein Teil des Schrifttums meint, aus diesem Willen des Gesetzgebers sei zu folgern, dass § 84 Abs. 1 S. 5 nur auf die Laufzeit der Bestellungsdauer Bezug nehme.[116]

Diese Auslegung der Vorschrift entgegen seinem Wortlaut kann methodisch jedoch nicht überzeugen. Der Wille des Gesetzgebers kommt in erster Linie im verabschiedeten Rechtstext zum Ausdruck.[117] Die Rechtsprechung des BFH[118], nach der es eine „Auslegung gegen den Wortlaut des Gesetzes" gebe, ist nicht mit der Zweiteilung von gesetzesimmanenter Rechtsfortbildung bzw. Auslegung und gesetzesübergreifender Rechtsfortbildung bzw. Ausfüllung einer Gesetzeslücke im Wege der Analogie, teleologischen Reduktion oder Extension vereinbar.[119] Der Gesetzgeber bedient sich der Sprache, um u.a. Verbote und Gebote durch Gesetz festzulegen. Der Inhalt eines Textes erschließt sich dem Leser in erster Linie über den Wortsinn. Genauso wie für eine systematische und teleologische Auslegung besteht für eine historische Auslegung einer Norm folglich nur Raum, wenn der aus dem Sprachgebrauch ergebende Wortsinn einer Norm verschiedene Deutungsmöglichkeiten zulässt.[120] § 84 Abs. 1 S. 5 AktG ist jedoch eindeutig.

---

112 *Schackmann*, Die Drittanstellung, 2002, S. 46 f. Im Ergebnis ebenso *Jooß*, Drittanstellung, 2010, S. 65 f.; *Krauss*, Status und Kündigungsschutz von arbeitnehmerähnlichen Vorstandsmitgliedern der AG, 1989, S. 163; Vetter, Festschrift Hoffmann-Becking, 2013, S. 1287, 1303.

113 Vgl. *Schackmann*, Die Drittanstellung, 2002, S. 47.

114 Amtl. Begr. RegE. zu § 75 AktG 1937, abgedruckt bei *Klausing*, 1937, § 75 AktG S. 61.

115 BegrRegE, Kropff, 1965, S. 105 f.

116 Vgl. die Nachweise in der vorhergehenden Fn. 112.

117 *Morlok*, Die vier Auslegungsmethoden – was sonst?, S. 179, 198, in: Subsumtion, 2012.

118 Vgl. BFH DStRE 2011, 469; 1999, 440; 1995, 846; BFH DStR 2010, 1886.

119 *Schenke*, DStR-Beih 2011, 54, 58.

120 *Larenz*, Methodenlehre, S. 328.

§ 84 Abs. 1 S. 5 AktG bezieht sich auf den gesamten § 84 Abs. 1 AktG und somit auch auf die Bestellungskompetenz des Aufsichtsrats. Den historischen Hintergrund der Vorschrift ließe sich nur im Rahmen einer möglicherweise gebotenen teleologischen Reduktion der Vorschrift berücksichtigen.

cc. Zwischenergebnis

Die Auslegung des § 84 Abs. 1 S. 5 i.V.m. S. 1 AktG ergibt, dass ausschließlich der Aufsichtsrat für die Anstellung von Vorstandsmitgliedern zuständig ist.

b. Teleologische Reduktion des § 84 Abs. 1 S. 5 AktG

Ist ein auch noch so sorgsam bedachtes Gesetz aufgrund einer fehlenden Einschränkung lückenhaft, kann und muss der Richter, der eine Entscheidung nicht verweigern darf, das Recht gesetzesübergreifend fortbilden.[121] So könnte der Verweis in § 84 Abs. 1 S. 5 AktG seinem Sinn und Zweck entsprechend teleologisch einzuschränken sein, sodass er einer Drittanstellung von Vorstandsmitgliedern nicht entgegensteht.

Einer teleologischen Reduktion des § 84 Abs. 1 S. 5 i.V.m. S. 1 AktG könnte allerdings § 23 Abs. 5 S. 1 AktG entgegenstehen. Gemäß § 23 Abs. 5 S. 1 AktG kann die Satzung der Gesellschaft von den Vorschriften des AktG nur abweichen, wenn es ausdrücklich zugelassen ist. „Abweichen" i.S.d. § 23 Abs. 5 S. 1 AktG bedeutet, dass eine Satzungsbestimmung einen Sachverhalt anders regelt als das AktG.[122] Eine teleologische Reduktion einer Vorschrift schränkt den Anwendungsbereich eines Gesetzes durch Rechtsfortbildung ein und stellt somit kein Abweichen i.S.d. § 23 Abs. 5 S. 1 AktG dar. Der teleologischen Reduktion steht § 23 Abs. 5 S. 1 AktG nicht entgegen.

Vorliegend stellt sich die Frage, ob die Drittanstellung von Vorstandsmitgliedern u.a. wegen einer teleologischen Reduktion des § 84 Abs. 1 S. 5 AktG – also entgegen dem Wortlaut des § 84 Abs. 1 S. 5 i.V.m. S. 1 AktG – zulässig ist. Die teleologische Reduktion einer Vorschrift setzt voraus, dass zum einen die Anwendung des Gesetzes auf einen bestimmten Sachverhalt nicht dem Sinn und Zweck der Norm entspricht. Zum anderen muss die Einschränkung der Vorschrift geboten sein „entweder durch den insoweit vorrangigen Zweck einer anderen Norm, der andernfalls nicht erreicht würde, durch die Natur der Sache

121 *Larenz*, Methodenlehre, S. 366 ff.

122 *Röhricht/Schall*, GroßKomm AktG, § 23 Rn. 176.

oder durch ein für eine bestimmte Fallgruppe vorrangiges, dem Gesetz immanentes Prinzip".[123]

Folglich ist zunächst die *ratio* des § 84 Abs. 1 S. 5 AktG zu bestimmen. Sodann kann untersucht werden, ob Sinn und Zweck der Norm ergeben, dass die Anstellungskompetenz des Aufsichtsrats auch im Verhältnis zu Dritten gilt. Sollte das zu verneinen sein, müsste schließlich untersucht werden, ob ein übergeordnetes Prinzip einer ausschließlichen Anstellungskompetenz des Aufsichtsrats entgegensteht.

aa. *Ratio* des § 84 Abs. 1 S. 5 AktG

Es gibt zwei Gründe, warum „dies" – also die Regelungen des § 84 Abs. 1 AktG im Hinblick auf die Bestellung von Vorstandsmitgliedern – auch hinsichtlich Anstellungsverträge der Vorstandsmitglieder gilt.

Erstens geht es, genauso wie in § 112 S. 1 AktG, um die Vermeidung einer abstrakten Gefährdung von Gesellschaftsinteressen. § 84 Abs. 1 S. 5 i.V.m. S. 1 AktG stellt eine Ausnahme von § 76 Abs. 1 S. 1 AktG dar, wonach grundsätzlich der Vorstand die Gesellschaft leitet. Aufgrund der Besorgnis, dass der Vorstand die erforderliche Unbefangenheit nicht aufbringt, wenn einzelne seiner Mitglieder an dem infrage stehenden Rechtsverhältnis beteiligt sind, ist der Aufsichtsrat für die Anstellung der Vorstandsmitglieder zuständig.

Zweitens geht es darum, sicherzustellen, dass die Regelung des § 84 Abs. 1 AktG im Hinblick auf die Bestellung von Vorstandsmitgliedern nicht faktisch unterlaufen wird. Gemäß § 84 Abs. 1 S. 5 1. Hs. AktG ist die Beschränkung der Bestellungsdauer gemäß § 84 Abs. 1 S. 1 AktG sinngemäß auf den Anstellungsvertrag anzuwenden, damit der Aufsichtsrat die Vorstandsmitglieder nicht deswegen wiederbestellt oder die Amtszeit der Vorstandsmitglieder verlängert, damit die Gesellschaft der weiterhin bestehenden Vergütungspflicht nicht nachkommen muss, ohne dass das Vorstandsmitglied für die Gesellschaft tätig wird.[124] Ziel des § 84 Abs. 1 S. 5 AktG ist es, die Entscheidungsfreiheit des Aufsichtsrats zu gewährleisten. Die Vorschrift verhindert, dass die Entscheidung des Aufsichtsrats über die Neubestellung des Vorstandsmitglieds durch den Fortbestand des Dienstvertrags und sich hieraus ergebenden finanziellen Belastungen beeinflusst wird.[125]

123 *Larenz*, Methodenlehre, S. 392.

124 BGHZ 3, 90, 93 f.

125 BGH NJW 1989, 2683.

bb. Keine ausschließliche Anstellungskompetenz des Aufsichtsrats nach Sinn und Zweck der Norm

Fraglich ist, ob diese Zwecke des § 84 Abs. 1 S. 5 AktG der Anstellung von Vorstandsmitgliedern bei Dritten entgegenstehen. Die Vorschrift bezweckt eine Vermeidung von Interessenkonflikten, die dadurch entstehen, dass der Vorstand an Rechtsverhältnissen der Bestellungsgesellschaft mit Vorstandsmitgliedern beteiligt ist. Da am Abschluss des Drittanstellungsvertrags der Vorstand jedoch auch dann nicht beteiligt wäre, wenn der Aufsichtsrat organschaftlich nicht gemäß § 84 Abs. 1 S. 5 AktG für die Anstellung von Vorstandsmitgliedern zuständig wäre, besteht keine Besorgnis eines Interessenkonflikts des Vorstands. Insofern kann auf die Ausführungen zu § 112 S. 1 AktG verwiesen werden.[126]

Ferner darf die Anstellung des Vorstandsmitglieds nicht die Bestellungskompetenz des Aufsichtsrats nach § 84 Abs. 1 S. 1 AktG unterlaufen. Zwar bestellt der Aufsichtsrat auch bei einer Drittanstellung die Vorstandsmitglieder, doch könnte die Drittanstellung des Vorstandsmitglieds einen faktischen Eingriff in die Entscheidungsfreiheit des Aufsichtsrats hinsichtlich der Bestellung von Vorstandsmitgliedern bedeuten.[127]

Auf den ersten Blick scheint bei einer Drittanstellung ein ähnlich gelagerter Fall wie in der Reemtsma-Entscheidung[128] gegeben zu sein, in der der BGH einen faktischen Eingriff in die Bestellungskompetenz des Aufsichtsrats bejaht hat. Der BGH entschied hinsichtlich einer GmbH, welche dem MitbestG unterfiel, dass eine Satzungsbestimmung, nach der die Gesellschafterversammlung für die Anstellung der Geschäftsführer zuständig sein soll, unzulässig ist. Verbliebe die Anstellungskompetenz auch bei der Anwendung des MitbestG bei der Gesellschafterversammlung, hätte das zur Folge, dass der Aufsichtsrat bei der Bestellung von Geschäftsführern von der Gesellschafterversammlung abhängig wäre. Zwar wäre der Aufsichtsrat nach § 31 Abs. 1 S. 1 MitbestG i.V.m. § 84 Abs. 1 S. 1 AktG für die Bestellung zuständig. Doch würde niemand der Bestellung zum Vorstand zustimmen, wenn er nicht gleichzeitig die Möglichkeit zum Abschluss eines Anstellungsvertrags mit einer angemessenen Vergütungsvereinbarung erhielte. Der BGH führte aus, dass „die Anstellung […] meist eine wesentliche Grundlage für Zustandekommen und Fortdauer der Bestellung“[129] darstelle.

---

126 Vgl. Zweiten Teil D.II.1 (S. 52).

127 Ablehnend: *Denzer*, Konzerndimensionale Beendigung der Vorstands- und Geschäftsführerstellung, 2005, S. 238 f.; *Jooß*, Drittanstellung, 2010, S. 122 f.

128 BGHZ 89, 48.

129 BGHZ 89, 48, 53 (Reemtsma).

Hinge die Anstellung von einer Entscheidung der Gesellschafterversammlung ab, sei offensichtlich, dass dies die Bestellungskompetenz des Aufsichtsrats aushebele. Die Kompetenz der Gesellschafterversammlung zum Abschluss des Anstellungsvertrags unterlaufe § 31 MitbestG, wonach die Arbeitnehmer über den Aufsichtsrat als Wahl- und Kontrollorgan an den Entscheidungen im Unternehmen teilnehmen.[130] Es bestehe ein enger sachlicher Zusammenhang zwischen Bestellung und Anstellung.

Die Entscheidung des Aufsichtsrats, eine Person als Vorstandsmitglied zu bestellen, wird jedoch anders als im Sachverhalt der Reemtsma-Entscheidung bei Vorliegen einer Drittanstellung nicht präjudiziert. Da das Vorstandsmitglied von einem Dritten vergütet wird, besteht bei Nichtvorliegen von Ausgleichsmechanismen zwischen der Bestellungs- und der Drittanstellungsgesellschaft zwar ein Anreiz für die Bestellungsgesellschaft, die drittangestellte Person als Vorstandsmitglied zu bestellen. Hiermit geht jedoch kein Eingriff in die Bestellungskompetenz des Aufsichtsrats einher. Zwar wird der aussichtsreiche Kandidat auch bei einer Drittanstellung die Bestellung als Vorstandsmitglied regelmäßig ablehnen, wenn ihm nicht gleichzeitig ein Anstellungsvertrag angeboten wird. Der Aufsichtsrat hat jedoch die Möglichkeit, im Namen der Bestellungsgesellschaft dem potentiellen Vorstandsmitglied einen Anstellungsvertrag anzubieten. Im Hinblick auf seine Kompetenz, die Vorstandsmitglieder zu bestellen, befindet sich der Aufsichtsrat nicht in einem Abhängigkeitsverhältnis zur Drittanstellungsgesellschaft. Die Drittanstellung unterläuft nicht die Bestellungskompetenz des Aufsichtsrats. Eine ausschließliche Anstellungskompetenz des Aufsichtsrats ließe sich folglich nicht damit rechtfertigen, dass anderenfalls in die Bestellungskompetenz des Aufsichtsrats eingegriffen werde.

Der Aufsichtsrat ist zwar im Verhältnis zur Hauptversammlung und zum Vorstand ausschließlich für die Anstellung von Vorstandsmitgliedern zuständig. Stellte man allein auf die *ratio* des § 84 Abs. 1 S. 5 AktG ab, bestünde jedoch keine ausschließliche Anstellungskompetenz des Aufsichtsrats im Verhältnis zu Dritten.

cc. Verstoß gegen die allgemeine Vertragsfreiheit

Dass das Vorstandsmitglied sich durch einen Dritten anstellen lassen kann, entspricht der allgemeinen Vertragsfreiheit, nach der es jedermann gestattet ist, Verträge zu schließen, die sowohl hinsichtlich des Vertragspartners als auch

130 Vgl. BGHZ 89, 48, 53 (Reemtsma).

des Vertragsgegenstandes frei bestimmt werden können.[131] Die Vertragsfreiheit ist Teil der Privatautonomie und Ausdruck der allgemeinen Handlungsfreiheit gemäß Art. 2 Abs. 1 GG.[132] Auch wenn die Privatautonomie notwendigerweise begrenzt ist und der rechtlichen Ausgestaltung bedarf, steht die Vertragsfreiheit nicht zur beliebigen Disposition des Gesetzgebers.[133] Die Vertragsfreiheit ist vor willkürlichen Eingriffen des Staates geschützt. Die Drittanstellung von Vorstandsmitgliedern darf folglich nicht grundlos verboten werden. Fraglich ist, ob mit einem möglichen Verbot der Drittanstellung von Vorstandsmitgliedern gemäß § 84 Abs. 1 S. 5 i.V.m. S. 1 AktG ein legitimer Zweck verfolgt würde.

Es liegt nahe, dass die Gründe, aus denen ausschließlich der Aufsichtsrat für die Bestellung von Vorstandsmitgliedern zuständig ist, auch für die Anstellungskompetenz des Aufsichtsrats gelten.

Da das Vorstandsmitglied zusammen mit den anderen Vorstandsmitgliedern u.a. zur Leitung der Gesellschaft berechtigt ist, entspräche die Bestellung des Vorstandsmitglieds durch einen Dritten einem unzulässigen Vertrag zulasten der Gesellschaft, für welche das Vorstandsmitglied tätig werden soll. Der Anstellungsvertrag begründet jedoch weder ein Recht zur Führung der Geschäfte der Bestellungsgesellschaft noch die Befugnis, die Gesellschaft zu vertreten.[134] Primär- und Sekundärpflichten, die sich aus dem Anstellungsvertrag ergeben, bestehen ausschließlich zwischen den Vertragsparteien. Beim Drittanstellungsvertrag handelt es sich somit nicht um einen Vertrag zulasten Dritter.

Dass gemäß § 84 Abs. 1 Abs. 1 AktG ausschließlich die Gesellschaft, für welche das Vorstandsmitglied tätig werden soll, für die Bestellung des Vorstandsmitglieds zuständig ist, entspricht der Verbandssouveränität der Gesellschaft. Das Prinzip der Verbandssouveränität besagt, dass Fremdeinflüsse auf juristische Personen unzulässig sind, wenn der Einfluss des Dritten so stark ist, dass nicht mehr davon ausgegangen werden kann, dass die wesentlichen Fragen der Gesellschaft von den Organen und Organmitgliedern entschieden werden.[135] Durch

---

131 BVerfGE 65, 196, 210; 74, 129, 151 f.

132 BVerfGE 8, 274, 327 ff.; 60, 329, 339; 95, 267, 303 f.

133 BVerfGE 89, 214, 231.

134 Vgl. Zweiten Teil D.I.2 (S. 49).

135 *Liebscher*, MünchKomm GmbHG, § 45 Rn. 41 m.w.N.; Zum Prinzip der Verbandssouveränität siehe: *Römermann*, Michalski GmbHG, § 45 Rn. 19 ff.; *Schubel*, Verbandssouveränität und Binnenorganisation der Handelsgesellschaften, 2003, S. 563 ff.; *Teichmann*, Gestaltungsfreiheit in Gesellschaftsverträgen, 1970, S. 189 ff. *Wiedemann*, Festschrift Schilling, 1973, S. 105 ff.; *Schindler*, Ziemons/Jaeger GmbHG, § 45 Rn. 24; *Zöllner*, Baumbach/Hueck, § 45 Rn. 7.

den Bestellungsbeschluss wählt der Aufsichtsrat aus, wer Vorstandsmitglied werden soll. Die Auswahl der Vorstandsmitglieder kann von erheblicher Bedeutung für die Gesellschaft sein, da der Vorstand u.a. über Zielkonzeption, Organisation, Führungsgrundsätze und Geschäftspolitik nach seinem unternehmerischen Ermessen entscheidet.[136] Der Anstellungsvertrag hat jedoch keine korporationsrechtliche Wirkung und begründet nicht das Recht, zusammen mit den anderen Vorstandsmitgliedern die Gesellschaft zu leiten. Die Anstellung des Vorstandsmitglieds dient in erster Linie der persönlichen Absicherung des Vorstandsmitglieds. Ob die Bestellungsgesellschaft oder ein Dritter für die wirtschaftliche Absicherung des Vorstandsmitglieds sorgt, ist für die organschaftliche Stellung des Vorstandsmitglieds und den mit der Stellung einhergehenden Rechten und Pflichten unerheblich. Bei der Anstellung von Vorstandsmitgliedern handelt es sich nicht um eine so wesentliche Angelegenheit für die Bestellungsgesellschaft, dass nur sie die Anstellung vornehmen könnte. Eine ausschließliche Anstellungskompetenz des Aufsichtsrats lässt sich somit auch nicht mit der Verbandssouveränität der Gesellschaft begründen.

c. Zwischenergebnis

§ 84 Abs. 1 S. 5 i.V.m. S. 1 AktG ist seinem Sinn und Zweck entsprechend teleologisch zu reduzieren, sodass die Vorschrift der Drittanstellung von Vorstandsmitglied nicht entgegensteht. Das gebietet die allgemeine Vertragsfreiheit gemäß Art. 2 Abs. 1 GG. Im Verhältnis zur Hauptversammlung und zum Vorstand der Gesellschaft ist zwar ausschließlich der Aufsichtsrat gemäß § 84 Abs. 1 S. 5 i.V.m. S. 1 AktG für die Anstellung der Vorstandsmitglieder zuständig. Die Vorschrift wirkt jedoch nicht im Verhältnis zu Dritten. Bei § 84 Abs. 1 S. 5 AktG handelt es sich um eine Regelung, die genauso wie § 112 AktG nur im Verhältnis der Gesellschaftsorgane zueinander gilt.

3. Kompetenz des Aufsichtsrats gemäß § 84 Abs. 3 S. 1 AktG

Gemäß § 84 Abs. 3 S. 1 AktG kann der Aufsichtsrat die Bestellung des Vorstandsmitglieds widerrufen, wenn ein wichtiger Grund vorliegt. Da es sich bei der Bestellung des Vorstandsmitglieds um einen einseitigen Organisationsakt der Gesellschaft handelt, ist es konsequent, dass gemäß § 84 Abs. 3 AktG ausschließlich die Bestellungsgesellschaft und nicht auch das Vorstandsmitglied das Recht zum Widerruf der Bestellung hat. Die Abberufungskompetenz des

136 *Mertens/Cahn*, KölnKomm, § 84 Rn. 9.

Aufsichtsrats gemäß § 84 Abs. 3 S. 1 AktG könnte durch eine Beendigung des Drittanstellungsvertrags unterlaufen werden.

Die Drittanstellung ist insofern unproblematisch, als auch bei einer Anstellung des Vorstandsmitglieds durch einen Dritten nur der Aufsichtsrat der Bestellungsgesellschaft das Vorstandsmitglied abberufen kann. Die Drittanstellung birgt jedoch die Gefahr, dass die Drittanstellungsgesellschaft durch eine Beendigung des Drittanstellungsvertrags – die Zulässigkeit einer solchen Beendigung unterstellt – eine Amtsniederlegung des Vorstandsmitglieds herbeiführt. Das Vorstandsmitglied könnte zur Amtsniederlegung u.a. auch dadurch veranlasst werden, dass die Drittanstellungsgesellschaft keine Vergütung mehr zahlt. Somit kommt ein Verstoß gegen die Abberufungskompetenz des Aufsichtsrats in Betracht.

Bevor auf die Möglichkeit der Vertragspartner, das Drittanstellungsverhältnis zu beenden, eingegangen wird, muss geklärt werden, ob und inwiefern sich die Beendigung des Anstellungsvertrags auf das Bestellungsverhältnis auswirkt bzw. auswirken kann. Wurde der Anstellungsvertrag beendet, könnte dem Vorstandsmitglied ein Recht zur Amtsniederlegung zustehen.

a. *Auswirkung der Beendigung des Anstellungsvertrags auf das Bestellungsverhältnis*

Früher wurde vertreten, dass mit der Kündigung des zwischen der Bestellungsgesellschaft und der Drittanstellungsgesellschaft abgeschlossenen Anstellungsvertrags auch die Bestellung automatisch endet.[137] Diese Auffassung wurde aufgrund der damals vertretenen Einheitstheorie hinsichtlich Anstellung und Bestellung befürwortet, ist jedoch auf Grundlage der vorzugswürdigen Trennungstheorie heute nicht mehr haltbar.[138]

Wegen der Beendigung des Anstellungsvertrags könnte das Vorstandsmitglied jedoch berechtigt sein, sein Amt niederzulegen. Auch wenn sich hierzu keine Regelung im Gesetz finden lässt, ist ein Recht des Vorstandsmitglieds zur Amtsniederlegung allgemein anerkannt.[139] Dem Vorstandsmitglied können nämlich

---

137 RGZ 140, 314, 315; 144, 384, 386; *Fleck*, WM 1981, Sonderbeilage Nr. 3, S. 9; *Hueck*, DB 1954, 274, 276; *Säcker*, BB 1979, 1321, 1323.

138 *Fleck*, ZHR 149 (1985), 387, 390; *Fleischer*, Spindler/Stilz Akt, § 84 Rn. 92; *Jooß*, Drittanstellung, 2010, S. 110 f.; *Thüsing*, Hdb. des VorstandsR, § 5 Rn. 1.

139 BGHZ 121, 257 ff.; 78, 82; BGH NJW 1978, 1435, 1436; AG 1984, 266; BayOLG DStR 2000, 290 f. mit Anm. Schaub (291); *Bauer*, DB 1992, 1413, 1421 f.; *Bürgers/Israel*, Bürgers/Körber, § 84 Rn. 41; *Deilmann*, NZG 2005, 54; *Fleischer*, Spindler/Stilz Akt, § 84 Rn. 141 ff.; *Lücke*, Vorstand der AG (Beck'sches MandatsHdb.), § 2 Rn. 58 ff;

nicht unter allen Umständen die mit der Organstellung einhergehenden Pflichten zugemutet werden.[140] Umstritten ist allerdings, ob es für die Amtsniederlegung eines wichtigen Grundes bedarf. Auch wenn die Beendigung des (Dritt-)Anstellungsvertrags einen solchen wichtigen Grund für die Amtsniederlegung darstellen sollte, könnte eine Entscheidung im Hinblick auf die Frage, ob für die Amtsniederlegung überhaupt ein wichtiger Grund notwendig ist, nicht dahinstehen. Wäre nämlich das Vorstandmitglied auch bei Nichtvorliegen eines wichtigen Grundes berechtigt, sein Amt niederzulegen, verstieße die Beendigung des Drittanstellungsvertrags in keinem Fall gegen die Abberufungskompetenz des Aufsichtsrats gemäß § 84 Abs. 1 S. 1 AktG. Zwar würde das Vorstandsmitglied durch die Beendigung des Drittanstellungsvertrags veranlasst, sein Amt niederzulegen, doch wäre das Vorstandsmitglied hierzu ohnehin jederzeit befugt. Aus diesem Grund wird vorliegend vorab der Frage nachgegangen, ob es für die Amtsniederlegung eines wichtigen Grundes bedarf.

aa. Notwendigkeit eines wichtigen Grundes für das Recht zur Amtsniederlegung

Ein wichtiger Grund wird in der Literatur für eine Amtsniederlegung teilweise als nicht notwendig erachtet, da in der Praxis regelmäßig Rechtsunsicherheit hinsichtlich des Vorliegens eines solchen Grundes bestehe. Die Amtsniederlegung sei somit anfällig für über Jahre andauernde Rechtsstreitigkeiten.[141] Der mit dem Rechtsstreit einhergehende Schwebezustand werde verhindert, wenn das Vorstandsmitglied sein Amt auch grundlos niederlegen könnte.

Diese Ansicht schießt jedoch über das Ziel hinaus.[142] Klare Verhältnisse liegen nämlich auch vor, wenn offensichtlich kein wichtiger Grund für eine Amtsniederlegung gegeben ist. Dass auch in diesen Fällen das Vorstandsmitglied sein Amt grundlos niederlegen können soll, lässt sich nicht mit einem Verweis auf ein Bedürfnis nach Rechtssicherheit begründen. Ein vollständiger Verzicht auf einen wichtigen Grund hinsichtlich der Amtsniederlegung ist folglich nicht geboten.

Im Übrigen wird dem Aspekt der Rechtssicherheit ausreichend Rechnung getragen, wenn die Wirksamkeit der Amtsniederlegung bei Zweifel am Vorliegen

---

Schumann, NZG 2002, 706 ff.; Vgl. umfassend zum Recht zur Amtsniederlegung: *Link*, Die Amtsniederlegung durch Gesellschaftsorgane, 2003.

140 Zu den Pflichten der Vorstandsmitglieder, vgl. Ersten Teil D.I.1 (S. 48).

141 *Mertens/Cahn*, KölnKomm AktG, § 84 Rn. 199.

142 *Link*, Die Amtsniederlegung durch Gesellschaftsorgane, 2003, S. 70.

ihrer materiellen Voraussetzungen bis zu dem Zeitpunkt angenommen wird, bis ihre Rechtswidrigkeit rechtskräftig festgestellt ist.[143] Gleiches gilt gemäß § 84 Abs. 3 S. 4 AktG für den Widerruf der Bestellung durch den Aufsichtsrat der Gesellschaft.[144] Der Zweck dieser Vorschrift, für die Dauer des Rechtsstreits einen Schwebezustand zu vermeiden,[145] gilt auch für das Recht des Vorstandsmitglieds, sein Amt niederzulegen. Ist kein wichtiger Grund gegeben, ist die Amtsniederlegung rechtswidrig. Die fehlende Berechtigung des Vorstandsmitglieds, sein Amt niederzulegen, führt allerdings für den Zeitraum des Rechtsstreits nicht zur Unwirksamkeit der Amtsniederlegung. Während des Rechtsstreits gehen Rechtmäßigkeit und Wirksamkeit der Amtsniederlegung somit nicht zwangsläufig Hand in Hand. Damit geht allerdings keine Modifizierung der materiellen Voraussetzungen einher. Das Vorstandsmitglied ist nur bei Vorliegen eines wichtigen Grundes zur Niederlegung seines Amtes berechtigt.

bb. Wichtiger Grund für eine Amtsniederlegung

Fraglich ist, ob die Beendigung des Anstellungsvertrags dazu führt, dass das Vorstandsmitglied sein Amt niederlegen kann. Gegen ein Recht zur Amtsniederlegung wegen der Beendigung des Anstellungsvertrags scheint zu sprechen, dass das organschaftliche Bestellungsverhältnis und der schuldrechtliche Anstellungsvertrag nebeneinanderstehen und sich nicht gegenseitig bedingen. Gleichwohl besteht eine gewisse Interdependenz zwischen den beiden Rechtsverhältnissen. Der Anstellungsvertrag konkretisiert und ergänzt das organschaftliche Bestellungsverhältnis. Insbesondere ergeben sich aus dem schuldrechtlichen Vertrag regelmäßig der Vergütungs- und der Urlaubsanspruch des Vorstandsmitglieds. Ist ein Vorstandsmitglied nicht angestellt, kann ihm daher nicht zugemutet werden, weiterhin im Amt zu bleiben. Das Vorstandsmitglied hat bei einer Beendigung des Anstellungsvertrags ein Recht zur Amtsniederlegung.

---

143 BGHZ 78, 82, 84; *Koch*, Hüffer/Koch, § 84 Rn. 45.

144 § 84 Abs. 3 S. 4 AktG schreibt vor, dass der Widerruf wirksam ist, bis seine *Unwirksamkeit* rechtskräftig festgestellt ist. Das ist jedoch widersprüchlich. Gemäß § 84 Abs. 3 S. 4 AktG ist der Widerruf für den Zeitraum des Rechtsstreits wirksam. Dem Urteil der Feststellungsklage liegt der Sachverhalt der letzten mündlichen Verhandlung zugrunde. Wie soll dann die Unwirksamkeit jemals festgestellt werden? Es kommt vielmehr auf die *Rechtswidrigkeit* des Widerrufs der Bestellung an.

145 Amtl. Begr. RegE. zu § 75 AktG 1937, abgedruckt bei *Klausing*, § 75 AktG, S. 62; *Fleischer*, Spindler/Stilz Akt, § 84 Rn. 129.

b. *Auswirkung der Beendigung des Drittanstellungsvertrags auf das Bestellungsverhältnis*

Es stellt sich die Frage, ob ein Recht zur Amtsniederlegung auch dann besteht, wenn der Drittanstellungsvertrag gekündigt wird. *Jooß* geht davon aus, dass die Beendigung des Anstellungsvertrags dem Vorstandmitglied nicht das Recht gibt, ohne Weiteres sein Amt niederzulegen.[146] Es lasse sich nämlich dem organschaftlichen Loyalitätsverhältnis zwischen dem Vorstandsmitglied und seiner Bestellungsgesellschaft die Pflicht für das Vorstandsmitglied sowie für die Bestellungsgesellschaft entnehmen, ernsthafte Vertragsverhandlungen hinsichtlich einer Anstellung aufzunehmen. Während der Vertragsverhandlungen sei das Vorstandsmitglied zur Fortführung der Vorstandstätigkeit verpflichtet. Die Beendigung des Drittanstellungsvertrags bedeute folglich nur das Ende der Drittanstellung, während das korporationsrechtliche Bestellungsverhältnis zwischen Vorstandsmitglieder und der Gesellschaft unberührt bleibe.[147] Mit dieser Argumentation verneint er eine Verletzung der Abberufungskompetenz des Aufsichtsrats, wenn der Drittanstellungsvertrag durch die Drittanstellungsgesellschaft gekündigt wird.[148]

Die Bestellungskompetenz des Aufsichtsrats ist allerdings nur dann nicht verletzt, wenn das Vorstandsmitglied im Hinblick auf den Abschluss eines Anstellungsvertrags nicht nur verhandeln muss, sondern bei Vorliegen bestimmte Voraussetzungen sogar verpflichtet wäre, ein Anstellungsangebot anzunehmen. Ein solcher Kontrahierungszwang könnte hinsichtlich solcher Angebote bestehen, die entweder bei einer objektiven Betrachtungsweise aus seiner Sicht besonders gut oder zumindest angemessen sind. Für das Vorstandsmitglied bestünde sodann ein Kontrahierungszwang im Hinblick auf Angebote, die den Umfang der Vorstandstätigkeit sowie die Fähigkeiten des Vorstandsmitglieds in angemessener Weise berücksichtigen. Welche Umstände für die Beurteilung der Angemessenheit relevant sind, kann man zwar mit einem Verweis auf die Verkehrssitte sowie, was die Vorstandsvergütung angeht, im Hinblick auf die umfassende Literatur und Rechtsprechung zu § 87 Abs. 1 AktG beurteilen.

146 *Jooß*, Drittanstellung, 2010, S. 122 f.; Zustimmend: *Reuter*, AG 2011, 274, 278.

147 *Jooß*, Drittanstellung, 2010, S. 122 f. Wohl zustimmend: LAG Köln ZIP 2006, 1012: „Vertritt man die Ansicht, dass die Drittanstellung unzulässig ist, […] hätte [im Fall der Kündigung des Drittanstellungsvertrags] der Kläger (das Vorstandsmitglied) ggf. einen Anspruch gegenüber der Firma (der Bestellungsgesellschaft) auf Abschluss des Dienstvertrages sowie möglicherweise Schadensersatzansprüche wegen des Nichtabschlusses des Dienstvertrages.“.

148 *Jooß*, Drittanstellung, 2010, S. 122 f.

Durch die Zustimmung des Vorstandsmitglieds zur Bestellung kommt jedoch nicht der Wille zum Ausdruck, gegebenenfalls einen Anstellungsvertrag mit der bestellenden Gesellschaft abzuschließen. Bei einer „Ausleihung“ des Managers an eine abhängige Gesellschaft wird das Vorstandsmitglied regelmäßig zur Übernahme der Vorstandstätigkeit von der Drittanstellungsgesellschaft aufgefordert. Das Vorstandsmitglied könnte dieser Aufforderungen nachkommen, allein um seine Aufstiegschancen im Unternehmen bei einer Rückkehr in das Unternehmen der Drittanstellungsgesellschaft zu verbessern. Das Vorstandsmitglied will dann nicht zwingend bei einer Kündigung des Drittanstellungsvertrags weiterhin für die Bestellungsgesellschaft tätig werden. Somit kann bei einer Managerüberlassung nicht *per se* davon ausgegangen werden, dass das Vorstandsmitglied eine schuldrechtliche Rechtsbeziehung mit der Bestellungsgesellschaft eingehen will.

Zudem beträfe der Kontrahierungszwang nicht nur die Vertragspartnerwahl, sondern auch den Inhalt des Anstellungsvertrags, da das Vorstandsmitglied zum Vertragsschluss gezwungen würde, wenn das Vertragsangebot der Verkehrssitte entspräche. Insbesondere können die Vergütung im Drittanstellungsvertrag und die von der Bestellungsgesellschaft angebotene Vergütung divergieren. Gegebenenfalls ist das Vorstandsmitglied nicht bereit, zu den angebotenen Konditionen weiterhin für die Bestellungsgesellschaft tätig zu werden.

Die Meinung von *Jooß* führt zu einem nicht hinnehmbaren Kontrahierungszwang für das Vorstandsmitglied und die Bestellungsgesellschaft. Dieser Kontrahierungszwang ist mit der in Art. 2 Abs. 1 GG verankerten negativen Vertragsfreiheit unvereinbar. Gemäß Art. 2 Abs. 1 GG besteht keine Pflicht für das Vorstandsmitglied und der Bestellungsgesellschaft einen Anstellungsvertrag abzuschließen, wenn der Drittanstellungsvertrag beendet wurde.

c. Vorzeitige Beendigung des Drittanstellungsvertrags

Da das Vorstandsmitglied das Recht hat, sein Amt niederzulegen, wenn der Drittanstellungsvertrag beendet wird, stellt sich die Frage, ob die Drittanstellungsgesellschaft und das Vorstandsmitglied überhaupt ohne Zustimmung des Aufsichtsrats der Bestellungsgesellschaft den Drittanstellungsvertrag beenden können. Zur Wahrung der Abberufungskompetenz des Aufsichtsrats könnte die Zustimmung des Aufsichtsrats der Bestellungsgesellschaft notwendig sein.

aa. Vertrag zugunsten Dritter

Handelte es sich beim Drittanstellungsvertrag um einen Vertrag zwischen dem Vorstandsmitglied und der Anstellungsgesellschaft zugunsten der Bestellungsgesellschaft,[149] könnte sich gemäß § 328 Abs. 2 3. Var. BGB ein Verbot der Kündigung des Anstellungsvertrags ohne Zustimmung der Bestellungsgesellschaft in Ermangelung ausdrücklicher Vereinbarungen aus den Umständen, insbesondere aus dem Zweck des Vertrags ergeben. Ein Vertrag zugunsten Dritter setzt gemäß § 328 Abs. 1 BGB allerdings voraus, dass durch den Vertrag eine Leistung an einen Dritten derart bedungen wurde, dass der Dritte unmittelbar das Recht erwirbt, die Leistung zu fordern. Der Umstand, dass die Vorstandstätigkeit unmittelbar der Bestellungsgesellschaft zugutekommt, ist lediglich ein Indiz für das Vorliegen eines Vertrags zu ihren Gunsten. Maßgeblich ist, ob aus Sicht der Vertragspartner die Bestellungsgesellschaft befugt sein soll, die vertraglichen Pflichten des Vorstandsmitglieds gegenüber der Drittanstellungsgesellschaft durchzusetzen. Es kann zwischen der Pflicht des Managers zur Übernahme des Vorstandsamts und der Pflicht zum konkreten Tätigwerden als Vorstandsmitglied unterschieden werden.

Ob sich aus dem Anstellungsvertrag eine Pflicht des Managers zur Übernahme des Vorstandsamts ergibt, hängt von der konkreten Ausgestaltung des Anstellungsvertrags ab.[150] Wenn eine solche Pflicht zwischen Anstellungsgesellschaft und dem Manager vereinbart wurde, entspricht es regelmäßig nicht den Interessen der Vertragsparteien, dass die Bestellungsgesellschaft die Übernahme des Vorstandsamts einfordern kann. Ein solcher Vertrag zugunsten Dritter würde aus Sicht der Vertragsparteien häufig ohne Grund zu einem Recht der Bestellungsgesellschaft führen und zugleich das Vorstandsmitglied sein Recht nehmen, eine Bestellung der Bestellungsgesellschaft gegenüber abzulehnen. Es müssten besondere Umstände vorliegen, sodass dies von den Vertragsparteien gewollt ist.

Dem Anstellungsvertrag lässt sich auch nicht notwendigerweise entnehmen, für welche Gesellschaft der Manager tätig werden soll, sodass unter Umständen aus dem Vertrag nicht erkennbar ist, welche Gesellschaft hinsichtlich der Übernahme der Vorstandstätigkeit als begünstigter Dritte infrage kommen könnte. So kann etwa der Anstellungsvertrag eines Interimsmanagers abgeschlossen

149 Einen Vertrag zugunsten Dritter bejahend BGH DB 1972, 2358; *Krieger*, Personalentscheidungen des Aufsichtsrats, 1981, S. 187; a.A. *Denzer*, Konzerndimensionale Beendigung der Vorstands- und Geschäftsführerstellung, 2005, S. 238 f.

150 Vgl. Ersten Teil C.V (S. 41).

werden, ohne dass für den Interimsmanager und die Interimsmanagergesellschaft absehbar ist, für welche Gesellschaft der Interimsmanager zukünftig als Vorstandsmitglied tätig werden soll.

Aus dem Drittanstellungsvertrag könnte sich die Pflicht für das Vorstandsmitglied ergeben, die Bestellungsgesellschaft ordnungsgemäß gegebenenfalls zusammen mit den übrigen Vorstandsmitgliedern zu leiten.[151] Eine vertragliche Pflicht des drittangestellten Vorstandsmitglieds, das Unternehmen der Bestellungsgesellschaft gegebenenfalls zusammen mit den übrigen Vorstandsmitgliedern ordnungsgemäß zu führen, ist allerdings nur akzessorisch gegenüber der entsprechenden organschaftlichen Pflicht. Kommt es nicht zu einer Bestellung des Managers als Vorstandsmitglied, hat die vertragliche Pflicht keinen Anwendungsbereich, und wird das Bestellungsverhältnis beendet, geht die vertragliche Pflicht des Managers, das Vorstandsamt ordnungsgemäß auszufüllen, ins Leere. Auch der Inhalt der vertraglichen Pflicht bestimmt sich allein nach den korporationsrechtlichen Pflichten. Somit besteht kein Grund für die Vertragspartner, der Bestellungsgesellschaft vertraglich ein Recht einzuräumen, vom drittangestellten Vorstandsmitglied die ordnungsgemäße Unternehmensführung zu verlangen. Der Drittanstellungsvertrag begründet somit Pflichten ausschließlich im Verhältnis der Vertragspartner, nicht jedoch gegenüber der Bestellungsgesellschaft. Beim Drittanstellungsvertrag des Vorstandsmitglieds handelt es sich nicht um einen Vertrag zwischen dem Vorstandsmitglied und der Drittanstellungsgesellschaft zugunsten der Bestellungsgesellschaft gemäß § 328 BGB.

bb. Erfordernis der Zustimmung des Aufsichtsrats im Hinblick auf die Beendigung des Drittanstellungsvertrags

Die Kündigung des Drittanstellungsvertrags durch das Vorstandsmitglied oder die Drittanstellungsgesellschaft oder die einvernehmliche Aufhebung des Drittanstellungsvertrags durch die Vertragspartner bedarf der Zustimmung des Aufsichtsrats der Bestellungsgesellschaft, wenn andernfalls die Abberufungskompetenz des Aufsichtsrats nach § 84 Abs. 3 AktG unterlaufen würde. So hat der BGH im Poullain-Urteil[152] entschieden, dass eine einvernehmliche Auflösung des Anstellungsvertrags, an der das für die Bestellung zuständige Gesellschaftsorgan nicht mitgewirkt hat, unwirksam ist. Zwar betraf die BGH-Entscheidung nur die Kompetenzverteilung der Gesellschaftsorgane im Verhältnis zueinander, da der BGH die Wirksamkeit des Auflösungsvertrags aufgrund der fehlenden

151 Vgl. Ersten Teil C.IV (S. 40).
152 BGHZ 79, 38.

Kompetenz des Präsidialausschusses der GmbH verneinte. Die im Rahmen der Drittanstellung entscheidende Frage, ob auch ein Dritter das Recht hat, den Anstellungsvertrag zu beenden, kann jedoch nicht anders beantwortet werden. Die Beendigung des Drittanstellungsvertrags führt dazu, dass das Vorstandsmitglied sein Amt niederlegen kann.[153] Hierdurch wird genauso wie im Poullain-Fall des BGH die Kompetenz des für die Abberufung zuständigen Gesellschaftsorgans unterlaufen.

Eine Zustimmung des Aufsichtsrats der Bestellungsgesellschaft zu einer Beendigung des Drittanstellungsvertrags wäre nur dann nicht notwendig, wenn der Aufsichtsrat durch die Bestellung des drittangestellten Managers als Vorstandsmitglied die Gefahr billigte, dass das Vorstandsmitglied aufgrund der Beendigung des Drittanstellungsvertrags sein Amt niederlegt. Fraglich ist jedoch, ob allein in der Bestellung als Vorstandsmitglied schon eine vorweggenommene Zustimmung zu einer möglichen Beendigung des Drittanstellungsvertrags zu sehen ist.

Das Vorstandsmitglied gibt bei seiner Bestellung das Versprechen ab, für die zwischen dem Vorstandsmitglied und der Bestellungsgesellschaft vereinbarte Zeit im Amt zu bleiben. Die Bestellungsgesellschaft hat einen rechtlichen Anspruch darauf, dass das Vorstandsmitglied für sie tätig wird. Dieser Anspruch würde eingeschränkt, wenn das Vorstandsmitglied das Amt bei einer Beendigung des Drittanstellungsvertrags niederlegen könnte. Es kann daher nicht ohne weitere angenommen werden, dass der Aufsichtsrat diese Gefahr einer vorzeitigen Beendigung des Bestellungsverhältnisses akzeptiert bzw. den Anspruch der Bestellungsgesellschaft gegen das Vorstandsmitglied auf Ausübung des Vorstandsamts für die vereinbarte Zeit einschränken will. Auch das unmittelbar bei der Bestellungsgesellschaft angestellte Vorstandsmitglied darf das Amt nur im Einvernehmen mit dem Aufsichtsrat ohne wichtigen Grund niederlegen. Wurde nicht ausdrücklich etwas anderes zwischen der Bestellungsgesellschaft und dem Vorstandsmitglied oder zwischen der Bestellungsgesellschaft und der Drittanstellungsgesellschaft vereinbart, bedarf die Beendigung des Drittanstellungsvertrags somit der Zustimmung des Aufsichtsrats der Bestellungsgesellschaft. Von der bloßen Bestellung des Vorstandsmitglieds in Kenntnis der Drittanstellung kann nicht darauf geschlossen werden, dass der Aufsichtsrat den Anspruch der Bestellungsgesellschaft gegen das Vorstandsmitglied auf Tätigwerden für die Bestellungsgesellschaft einschränkt.

153 Vgl. Zweiten Teil D.II.3.a.bb (S. 66).

Die Beendigung des Drittanstellungsvertrags durch das Vorstandsmitglied oder durch die Drittanstellungsgesellschaft ist somit ohne Zustimmung des Aufsichtsrats der Bestellungsgesellschaft grundsätzlich unzulässig. Nachfolgend wird untersucht, ob und inwiefern es von diesem Zustimmungserfordernis Ausnahmen anzuerkennen sind.

(1). Pflicht des Vorstandsmitglieds, im Amt zu bleiben

Das Zustimmungserfordernis gilt von vornherein nur, soweit die Beendigung des Drittanstellungsvertrags eine Amtsniederlegung zur Folge haben kann. Andernfalls wäre die Abberufungskompetenz des Aufsichtsrats nicht unterlaufen. Eine Beendigung des Drittanstellungsvertrags ohne Zustimmung des Aufsichtsrats der Bestellungsgesellschaft ist somit möglich, wenn sich das Vorstandsmitglied verpflichtet, trotz der Beendigung des Drittanstellungsvertrags im Amt zu bleiben. Ein Grund für das Vorstandsmitglied trotz Beendigung des Drittanstellungsvertrags im Amt zu bleiben, könnte zum Beispiel bestehen, wenn die Bestellungsgesellschaft dem Vorstandsmitglied für den Fall der Beendigung des Drittanstellungsvertrags, einen Anstellungsvertrag angeboten hat.

Ferner ist für die Kündigung von Teilen des Drittanstellungsvertrags keine Zustimmung des Aufsichtsrats erforderlich, wenn der gekündigte Teil nicht die Vorstandstätigkeit betrifft, sondern das Vorstandsmitglied zum Beispiel zu weiteren Leistungen gegenüber der Drittanstellungsgesellschaft verpflichtet. Die Kündbarkeit dieser Vertragsbestandteile ohne Zustimmung der Bestellungsgesellschaft gilt jedoch nur, sofern sich der Vertragsinhalt von dem Inhalt, welcher die Vorstandstätigkeit zum Gegenstand hat, trennen lässt.[154]

(2). Außerordentliches Kündigungsrecht der Drittanstellungsgesellschaft

Fraglich ist, ob auch eine außerordentliche Kündigung durch die Drittanstellungsgesellschaft die Zustimmung des Aufsichtsrats der Bestellungsgesellschaft erfordert. Beim außerordentlichen Kündigungsrecht handelt es sich nämlich um ein „unverzichtbares Freiheitsrecht“.[155] Vertragsparteien von Dauerschuldverhältnissen müssen sich von dem Vertrag lösen können, wenn die Fortführung des Vertrags für eine der Parteien unzumutbar ist. Die Ausübung des außerordentlichen Kündigungsrechts kann somit nicht von einer Zustimmung eines Dritten abhängen. Will die Bestellungsgesellschaft, vertreten durch ihren

154 LAG Köln ZIP 2006, 1012.

155 *Meyer-Pritzl*, Historisch Kritischer Kommentar, § 313–314 Rn. 74; vgl.: BGHZ 29, 171, 172; 41, 104, 108.

Aufsichtsrat, ein Vorstandsmitglied in Kenntnis der Drittanstellung bestellen, muss er die Gefahr akzeptieren, dass das Vorstandsmitglied sein Amt niederlegt, wenn die Drittanstellungsgesellschaft den Drittanstellungsvertrag außerordentlich kündigt. Hinsichtlich des außerordentlichen Kündigungsrechts billigt der Aufsichtsrat die Beendigung des Drittanstellungsvertrags im Zeitpunkt der Bestellung.

Fraglich ist, ob die Hinnahme der vorzeitigen Beendigung des Bestellungsverhältnisses durch den Aufsichtsrat mit der Abberufungskompetenz des Aufsichtsrats nach § 84 Abs. 3 AktG vereinbar ist. Wegen § 23 Abs. 5 AktG kann die Abberufungskompetenz weder eingeschränkt noch aufgehoben oder auf einen Dritten übertragen werden.[156]

Doch auch wenn das Vorstandsmitglied drittangestellt ist, kann der Aufsichtsrat die Bestellung des Vorstandsmitglieds gemäß § 84 Abs. 3 AktG bei Vorliegen eines wichtigen Grundes widerrufen. Ferner kann der Aufsichtsrat das Vorstandsmitglied ermächtigen, das Amt auch dann niederzulegen, wenn kein wichtiger Grund für eine Amtsniederlegung gegeben ist. So macht es hinsichtlich der Abberufungskompetenz des Aufsichtsrats keinen Unterschied, ob der Aufsichtsrat dem Vorstandsmitglied das Recht einräumt, das Bestellungsverhältnis ohne wichtigen Grund zu beenden, oder ob er der Drittanstellungsgesellschaft die Möglichkeit eröffnet, durch eine außerordentliche Kündigung des Drittanstellungsvertrags das Recht des Vorstandsmitglieds zur Amtsniederlegung zu begründen. Auch führt die Kündigung des Drittanstellungsvertrags nicht zwangsläufig zu einer Amtsniederlegung. Es besteht die Möglichkeit, dass sich das Vorstandsmitglied bei der Bestellungsgesellschaft anstellen lässt. Schließlich ist die Gefahr, dass das Vorstandsmitglied aufgrund einer außerordentlichen Kündigung das Amt niederlegt, überschaubar, da eine außerordentliche Kündigung aufgrund ihrer strengen Voraussetzungen nur ausnahmsweise möglich ist. Die mit der Drittanstellung einhergehende Gefahr, dass das Vorstandsmitglied aufgrund einer außerordentlichen Kündigung des Drittanstellungsvertrags sein Amt niederlegt, führt nicht zu einem Verstoß gegen die Abberufungskompetenz des Aufsichtsrats nach § 84 Abs. 3 AktG.

cc. Das außerordentliche Kündigungsrecht des Vorstandsmitglieds

Fraglich ist, ob auch dem Vorstandsmitglied ein außerordentliches Kündigungsrecht zusteht. Sollte dies bejaht werden, könnten die Interessen der Bestellungsgesellschaft dadurch beeinträchtigt sein, dass das Vorstandsmitglied aufgrund

156 *Kort*, GroßKomm AktG, § 84 Rn. 128.

eines Verhaltens der Drittanstellungsgesellschaft gemäß § 626 BGB den Anstellungsvertrag außerordentlich kündigen kann.[157] Ein wichtiger Kündigungsgrund wäre zum Beispiel gegeben, wenn die Drittanstellungsgesellschaft die Zahlung der Vorstandsvergütung gänzlich oder teilweise einstellt.[158]

Allerdings gelten die Ausführungen hinsichtlich des außerordentlichen Kündigungsrechts der Drittanstellungsgesellschaft entsprechend. Die außerordentliche Kündigung setzt einen wichtigen Grund voraus, sodass die außerordentliche Kündigung nur ausnahmsweise relevant wird. Ferner muss der Aufsichtsrat die Gefahr, dass das Vorstandsmitglied den Drittanstellungsvertrag außerordentliche kündigt, akzeptieren, wenn es sich auf die Drittanstellung des Vorstandsmitglieds einlässt.

Im Übrigen ist die Gefahr einer Beeinträchtigung der Interessen der Bestellungsgesellschaft begrenzt, wenn zwischen der Bestellungsgesellschaft und der Drittanstellungsgesellschaft ein Vertrag abgeschlossen wurde, der die Überlassung des Angestellten an die Bestellungsgesellschaft zum Gegenstand hat. Aus diesem Vertrag ergibt sich die Nebenpflicht, dass sich die Drittanstellungsgesellschaft jeglicher Handlungen enthält, die sich auf das Bestehen und den Inhalt des Bestellungsverhältnisses negativ auswirken bzw. auswirken können. Folglich darf die Drittanstellungsgesellschaft dem Vorstandsmitglied keinen Anlass geben, sich außerordentlich vom Anstellungsvertrag zu lösen.

Die Gefahr, dass das Vorstandsmitglied auch sein Amt niederlegt, wenn es den Drittanstellungsvertrag außerordentlich kündigt, führt somit nicht zur Unzulässigkeit der Drittanstellung.

d. Beendigung des Drittanstellungsvertrags aufgrund Zeitablaufs

Die Beendigung des Drittanstellungsvertrags aufgrund Zeitablaufs verstößt nicht gegen die Abberufungskompetenz der Bestellungsgesellschaft, wenn der Aufsichtsrat im Zeitpunkt der Bestellung des Vorstandmitglieds von der Befristung des Drittanstellungsvertrags wusste. Auch wenn der Anstellungsvertrag mit der Bestellungsgesellschaft abgeschlossen wird, kann der Anstellungsvertrag befristet werden. Der Aufsichtsrat bestellt das Vorstandsmitglied für den im Anstellungsvertrag vorgesehenen Zeitraum.

Die Bestellungskompetenz des Aufsichtsrats wäre jedoch dann unterlaufen, wenn der Aufsichtsrat von der Befristung des Drittanstellungsvertrags erst nach der Bestellung des Vorstandsmitglieds erführe. Hier kann auf die Argumentation

---

157 *Krieger*, Festschrift Hoffmann-Becking, 2013, S. 711, 729.

158 BAG DB 2002, 2273.

betreffend die vorzeitige Beendigung des Drittanstellungsvertrags verwiesen werden.[159] Die Abberufungskompetenz des Aufsichtsrats, der im Zeitpunkt der Bestellung des Vorstandsmitglieds in den Fortbestand des Drittanstellungsvertrags während der gesamten vorgesehenen Dauer der Vorstandstätigkeit vertraut hat, würde unterlaufen, wenn aufgrund der Befristung des Drittanstellungsvertrags das Vorstandsmitglied vorzeitig sein Amt niederlegen könnte. Wurde die Bestellungsgesellschaft vor der Bestellung über die Befristung des Drittanstellungsvertrags nicht in Kenntnis gesetzt, ist die Befristung genauso wie die ordentliche Kündigung, die ohne Zustimmung des Aufsichtsrats der Bestellungsgesellschaft erteilt wurde, unwirksam. Auch ist eine Befristung des nach der Bestellung abgeschlossenen Drittanstellungsvertrags unwirksam, wenn die Bestellungsgesellschaft nicht zustimmt. Gleiches gilt im Übrigen für eine auflösende Bedingung des Drittanstellungsvertrags.

e. *Zwischenergebnis*

Die Abberufungskompetenz des Aufsichtsrats steht der Zulässigkeit der Drittanstellung von Vorstandsmitgliedern nicht entgegen. Allerdings bedürfen die ordentliche Kündigung und die einvernehmliche Auflösung des Drittanstellungsvertrags durch die Vertragspartner grundsätzlich der Zustimmung des Aufsichtsrats. Bestellt der Aufsichtsrat das Vorstandsmitglied in Kenntnis der Drittanstellung, akzeptiert er nur die Gefahr, dass das Vorstandsmitglied sein Amt niederlegt, wenn der Drittanstellungsvertrag außerordentlich gekündigt wird.

4. *Bedeutung des MitbestG*

Die Drittanstellung von Vorstandsmitgliedern verstößt nicht gegen die Bestellungs- und Abberufungskompetenz des Aufsichtsrats. Fraglich ist jedoch, ob die Drittanstellung gegen § 31 MitbestG verstößt, wenn die Bestellungsgesellschaft dem MitbestG unterfällt.[160] Aufgrund des unternehmerischen Mitbestimmungsrechts der Arbeitnehmer könnte ausschließlich der Aufsichtsrat für die Anstellung der Vorstandsmitglieder zuständig sein.

Die Anwendung des MitbestG führt zu einer paritätischen Besetzung des Aufsichtsrats. Kapitalgeber und Arbeitnehmer stellen jeweils die Hälfte der Aufsichtsratsmitglieder. Die Arbeitnehmer wirken so mittelbar u.a. an der Kontrolle des Vorstands sowie der Auswahl der Vorstandsmitglieder mit. Sollte die

---

159 Vgl. Zweiten Teil D.II.3.c (S. 68).

160 So *Kort*, GroßKomm AktG, § 84 Rn. 322; *Mertens/Cahn*, KölnKomm AktG, § 84 Rn. 56; vgl. *Fleck*, ZHR 149 (1985), 387, 388 f.

Drittanstellung die Organisations- und Kontrollbefugnisse des Aufsichtsrats beeinträchtigen, würde das in der Tat die unternehmerische Mitbestimmung der Arbeitnehmer unterlaufen. Wie jedoch zuvor gezeigt, verletzt die Drittanstellung von Vorstandsmitgliedern nicht die Bestellungs- und Abberufungskompetenz des Aufsichtsrats.

Die Anwendung des MitbestG führt bei der AG nicht zu einer Modifikation der Personalhoheit des Aufsichtsrats hinsichtlich Vorstandsmitglieder. Das ergibt sich schon daraus, dass § 31 Abs. 1 S. 1 MitbestG auf die allgemeinen aktienrechtlichen Kompetenzvorschriften, namentlich §§ 84, 85 AktG verweist. Es wird zwar das Abstimmungsverfahren im Aufsichtsrat gemäß § 31 Abs. 2–5 AktG modifiziert; was jedoch die aktienrechtliche Kompetenzordnung anbelangt, ergeben sich keinerlei Unterschiede. Es ist für die Frage, ob die Drittanstellung von Vorstandsmitgliedern zulässig ist, unerheblich, ob die Bestellungsgesellschaft dem MitbestG unterfällt oder nicht.[161] Gleiches gilt im Übrigen bei der Anwendung des Drittelbeteiligungsgesetzes sowie des Montan-Mitbestimmungsgesetzes.

III. Kein Verstoß gegen die innere Ordnung des Aufsichtsrats

1. Kein Fall der Übertragung i.S.d. § 107 Abs. 3 S. 1 AktG

Die Drittanstellung von Vorstandsmitgliedern wäre mit der aktienrechtlichen Kompetenzordnung unvereinbar, wenn sie einen Verstoß gegen die innere Ordnung des Aufsichtsrats der Bestellungsgesellschaft bedeuten würde. Gemäß § 107 Abs. 3 S. 1 AktG kann der Aufsichtsrat aus seiner Mitte einen oder mehrere Ausschüsse bestellen. Während hinsichtlich der Bestellung von Vorstandsmitgliedern gemäß § 107 Abs. 3 S. 3 AktG ein Übertragungsverbot besteht, kann der Aufsichtsrat seine Anstellungskompetenz auf einen solchen Ausschuss delegieren.[162] Im Schrifttum wird die Unzulässigkeit der Drittanstellung damit begründet, dass ein solcher Ausschuss, anders als im GmbH-Recht, lediglich aus einer personellen Teilmenge des Aufsichtsrats gebildet werden kann, es sich bei der Drittanstellungsgesellschaft jedoch um ein von der Bestellungsgesellschaft losgelösten, gesellschaftsfremden Dritten handelt.[163]

---

161 Ebenso *Denzer*, Konzerndimensionale Beendigung der Vorstands- und Geschäftsführerstellung, 2005, S. 239.

162 *Hambloch-Gesinn/Gesinn*, Hölters, § 107 Rn. 157; *Theobald*, Festschrift Raiser, 2005, S. 421, 431 f.

163 *Theobald*, Festschrift Raiser, 2005, S. 421, 432 ff.

Bei einer Drittanstellung werden jedoch keine Kompetenzen übertragen. Da der Dritte nicht aufgrund abgeleiteter Rechte, sondern kraft seiner eigenen Rechtsmacht tätig wird, handelt es sich bei der Drittanstellung nicht um einen Fall des § 107 Abs. 3 S. 1 AktG. Es besteht zwar Einigkeit darüber, dass sich eine echte externe Kompetenzübertragung mit der aktienrechtlichen Kompetenzordnung nicht vereinbaren lässt.[164] § 107 Abs. 3 S. 1 AktG betrifft jedoch nur die Organkompetenz und normiert keine ausschließliche Zuständigkeit der Bestellungsgesellschaft. Die Vorschrift stellt sicher, dass die Kontrollrechte und -pflichten sowie die Personalhoheit des Aufsichtsrats im Hinblick auf die Vorstandsmitglieder von den für diese Aufgaben vorgesehenen Personen ausgeübt werden. § 107 AktG regelt nur die Binnenordnung des Aufsichtsrats und setzt somit Kompetenzen des Organs voraus, begründet sie jedoch nicht.[165]

2. *Kein Verstoß gegen das Delegationsverbot i.S.d. § 107 Abs. 3 S. 3 AktG*

Ferner könnte die Drittanstellung von Vorstandsmitgliedern mit dem Delegationsverbot nach §§ 107 Abs. 3 S. 3 i.V.m. 84 Abs. 1 S. 1 AktG hinsichtlich der Bestellung von Vorstandsmitgliedern unvereinbar sein. Der Aufsichtsrat kann sich gemäß § 107 Abs. 3 S. 3 AktG als Gesamtorgan nicht der Aufgabe entledigen, den Vorstand personell zu besetzen. Da jedoch auch bei der Drittanstellung der Aufsichtsrat den Vorstand bestellt, verstößt die Drittanstellung nicht gegen das Übertragungsverbot nach § 107 Abs. 3 S. 3 AktG.

IV. Kein Verstoß gegen § 77 Abs. 1 AktG

Die Drittanstellung von Vorstandsmitgliedern wäre unzulässig, wenn sie einen Verstoß gegen die innere Ordnung des Vorstands, namentlich gegen den Grundsatz der Gesamtgeschäftsführung i.S.d. § 77 Abs. 1 AktG zur Folge hätte. Besteht der Vorstand aus mehreren Personen, sind gemäß § 77 Abs. 1 AktG sämtliche Vorstandsmitglieder gemeinschaftlich zur Geschäftsführung befugt. Die Vorschrift normiert das Prinzip der Gesamtgeschäftsführung.[166] Auch wenn es möglich ist, in der Satzung oder Geschäftsordnung der Stimme eines Vorstandsmitglieds, regelmäßig der Stimme des Vorstandsvorsitzenden, im Falle einer

---

164 BGHZ 89, 48, 54 (Reemtsma); *Baums*, Der Geschäftsleitervertrag, S. 66, 73; *Theobald*, Festschrift Raiser, 2005, S. 421, 431 ff.

165 *Reuter*, AG 2011, 274, 279.

166 BegrRegE, Kropff, 1965, S. 99; *Bürgers/Israel*, Bürgers/Körber, § 77 Rn. 1; *Fleischer*, Spindler/Stilz Akt, § 77 Rn. 1; *Mertens/Cahn*, KölnKomm AktG, § 77 Rn. 8.

Stimmgleichheit den Ausschlag zu geben,[167] hat die Stimme eines Vorstandsmitglieds grundsätzlich nicht mehr Gewicht als die Stimme eines anderen Vorstandsmitglieds.

Im Hinblick auf die Drittanstellung ist es nicht unwahrscheinlich, dass das drittangestellte Vorstandsmitglied, das vor seiner Bestellung als Vorstandsmitglied im Unternehmen der Drittanstellungsgesellschaft tätig war, über die Geschäftspolitik und die strategischen Ziele der Drittanstellungsgesellschaft besser informiert ist als die sonstigen Vorstandsmitglieder. Wird der Manager von der Drittanstellungsgesellschaft in die Bestellungsgesellschaft entsandt, um Projekte durchzusetzen, die von der Drittanstellungsgesellschaft ausgearbeitet wurden, könnte der Meinung des fremdangestellten Vorstandsmitglieds bei der Entscheidungsfindung in der Praxis ein stärkeres Gewicht zukommen als den übrigen Vorstandsmitgliedern. Doch führt dies nicht zur Unzulässigkeit der Drittanstellung.[168] Zum einen ist das fremdangestellte Vorstandsmitglied keineswegs zwingend über Belange der Drittanstellungsgesellschaft besser informiert als die nicht drittangestellten Vorstandsmitglieder. Zum anderen handelt es sich lediglich um eine faktische Stärke des drittangestellten Vorstandsmitglieds, d.h. die Einflussmöglichkeiten des Vorstandsmitglieds beruhen auf tatsächlichen Umständen und sind nicht juristisch verankert. Da eine solche faktische Stärke zu keinem Verstoß gegen das Prinzip der Gesamtgeschäftsführung des Vorstands führt, verstößt die Drittanstellung nicht gegen § 77 Abs. 1 AktG.

V. Zwischenergebnis

Weder die Bestellungs- noch die Abberufungskompetenz des Aufsichtsrats im Hinblick auf Vorstandsmitglieder haben die Unzulässigkeit der Drittanstellung zur Folge. Ferner verstößt die Drittanstellung von Vorstandsmitgliedern nicht gegen die innere Ordnung des Aufsichtsrats der Bestellungsgesellschaft nach § 107 Abs. 3 S. 3 AktG oder gegen das Prinzip der Gesamtgeschäftsführung. Die aktienrechtliche Kompetenzordnung steht der Zulässigkeit der Drittanstellung folglich nicht entgegen. Allerdings bedürfen die ordentliche Kündigung des Drittanstellungsvertrags sowie die einvernehmliche Aufhebung des Drittanstellungsverhältnisses durch die Vertragspartner der Zustimmung des Aufsichtsrats.

---

167 BGHZ 89, 48, 59 (Reemtsma); *Hoffmann-Becking*, ZGR 1998, 497, 518; *Mertens/Cahn*, KölnKomm AktG, § 77 Rn. 12.

168 Ebenso hinsichtlich Doppelmandaten *Semler*, Festschrift Stiefel, 1987, S. 719, 738 f.

E. (Kein) Verstoß gegen die Kapitalerhaltung gemäß §§ 57 ff. AktG

Handelt es sich bei der Drittanstellungsgesellschaft um eine Aktiengesellschaft und bei der Bestellungsgesellschaft um eine Aktionärin der Drittanstellungsgesellschaft, verstößt die Entsendung eines Angestellten in den Vorstand der Bestellungsgesellschaft gegen das Prinzip der Kapitalerhaltung nach § 57 AktG, wenn zwischen der Bestellungs- und Drittanstellungsgesellschaft kein Ausgleich für die Vorstandsvergütung vereinbart wurde. § 57 AktG soll nämlich im Interesse der Gläubiger und zukünftigen Aktionäre der Gesellschaft sicherstellen, dass das im Handelsregister ausgewiesene Vermögen, das von den Aktionären einmal geleistet wurde, nicht an die Anteilseigner ausgeschüttet, sondern ausschließlich zur Erfüllung von Verbindlichkeiten eingesetzt wird.[169] Da die unentgeltliche Entsendung des Managers in den Vorstand des Aktionärs eine Leistung an den Aktionär darstellt, ist die Überlassung unzulässig und eine Verpflichtung zur Überlassung unwirksam.

Eine Leistung an den Aktionär ist lediglich dann zulässig, wenn diese gemäß § 57 Abs. 1 S. 2 AktG durch einen vollwertigen Gegenleistungs- oder Rückgewähranspruch gegen den Aktionär gedeckt ist. Ein solcher Anspruch kann aufgrund einer Erstattungs- bzw. Umlagevereinbarung begründet sein. In Betracht kommt auch eine Schuldübernahme für alle auf der Drittanstellung beruhenden Leistungen. Folglich stehen §§ 57 ff. AktG der Zulässigkeit der Drittanstellung nicht *per se* entgegen. Ist die Bestellungsgesellschaft allerdings Aktionärin der Drittanstellungsgesellschaft, bedarf es eines nach objektiven Maßstäben angemessenen Ausgleichs für die Vorstandsvergütung.

F. Pflichtenkollision und Interessenkonflikt

Der Vorstand einer AG ist kraft seines Amtes verpflichtet, im Interesse seiner (Bestellungs-)Gesellschaft zu handeln. Er darf Fremdeinflüssen nicht nachgeben, wenn diese nicht mit den Interessen der Bestellungsgesellschaft vereinbar sind. Die Drittanstellung von Vorstandsmitgliedern ist für die Bestellungsgesellschaft hinsichtlich einer unabhängigen Interessenwahrnehmung der Führungsaufgaben durch das drittangestellte Vorstandsmitglied problematisch. Die Anstellung des Vorstandsmitglieds bei einem Dritten kann für das Vorstandsmitglied zu einem Anreiz führen und möglicherweise sogar die Pflicht begründen, seine Amtsführung an den Interessen der Drittanstellungsgesellschaft auszurichten.

169 *Bayer*, MünchKomm AktG, § 57 Rn. 1.

Die unabhängige Interessenwahrnehmung des drittangestellten Vorstandsmitglieds könnte durch mögliche Pflichtenkollisionen und Interessenkonflikte gefährdet sein.[170] Eine Pflichtenkollision ist gegeben, wenn sich aus dem Bestellungsverhältnis für das Vorstandsmitglied eine rechtliche Pflicht zu einem konkreten Handeln bzw. Unterlassen zugunsten der Bestellungsgesellschaft ergibt, während sich dem Drittanstellungsvertrag eine entgegengesetzte Pflicht entnehmen lässt. Eine solche Pflichtenkollision könnte insbesondere entstehen, wenn das Vorstandsmitglied an Weisungen der Drittanstellungsgesellschaft gebunden wäre.[171] Bei einem Interessenkonflikt besteht für das Vorstandsmitglied hingegen nicht aufgrund rechtlicher Pflichten, sondern aufgrund faktischer Gegebenheiten ein Anreiz, sich im Interesse der Drittanstellungsgesellschaft zu verhalten. Interessenkonflikte können wie Pflichtenkollisionen nicht losgelöst von der zugrunde liegenden Pflichtenbindung untersucht werden. Rechtlich sind Interessenkonflikte des Vorstandsmitglieds nämlich nur dann relevant, wenn bei Wahrnehmung des fremden Interesses eine Verletzung der im Bestellungs- oder Anstellungsverhältnis begründeten Pflichten gegeben ist. Es stellt sich die Frage, ob das Vorstandsmitglied aufgrund der Anstellung bei einem Dritten Pflichtenkollisionen ausgesetzt sein kann. Interessenkonflikte hingegen sind zwar aufgrund ihrer faktischen Existenz *a priori* nicht vermeidbar,[172] doch verbleibt die Frage, ob und ab welcher Intensität des Interessenkonflikts die betroffene Person von der Geschäftsführung generell oder hinsichtlich bestimmter Maßnahmen des Vorstands ausgeschlossen wird.

I. Pflichtenkollision

Eine echte Kollision liegt vor, wenn das Vorstandsmitglied bei Befolgung der einen Pflicht zwangsläufig die andere Pflicht verletzt. Man denke zum Beispiel an Residenzpflichten hinsichtlich unterschiedlicher Orte oder an eine Auskunftspflicht im Interesse der Drittanstellungsgesellschaft, die mit einer korporationsrechtlichen Schweigepflicht kollidiert. Auch können Weisungen der Drittanstellungsgesellschaft zu einer Pflichtenkollision führen, wenn eine Befolgung der Weisung nicht mit den Interessen der Bestellungsgesellschaft vereinbar ist.

---

170 So auch: *Anders*, Vorstandsdoppelmandate, S. 134 f.; *Poelzig/Thole*, ZGR 2010, 836, 840; *Vetter*, Festschrift Hoffmann-Becking, 2013, S. 1297, 1306; *Werner*, ZHR 145 (1981), 252, 257.

171 Vgl. *Theobald*, Festschrift Raiser, S. 421, 423 f.

172 *Lutter*, Festschrift Priester, 2007, S. 417.

1. *Vorrang des Bestellungsverhältnisses gegenüber dem Anstellungsverhältnis*

Aufgrund eines Vorrangs des Bestellungsverhältnisses gegenüber dem Anstellungsverhältnis könnten vertragliche Pflichten, die mit der organschaftlichen Stellung des Vorstandsmitglieds unvereinbar sind, unwirksam sein.

a. *Gesetzliche Überlagerung der schuldrechtlichen Privatautonomie*

Dem Anstellungsverhältnis liegt ein schuldrechtlicher Vertrag zugrunde, der grundsätzlich der Disposition der Vertragspartner unterliegt. Zugleich wird diese Regelungsfreiheit an zahlreichen Stellen durch das Gesetz überlagert. Schon *Martens* hat ausgeführt, dass alle die Zuständigkeit und die Pflichten des Vorstands regelnden Vorschriften ein dicht geknüpftes Netz bildeten, das über die dienstvertragsrechtliche Regelungsfreiheit gespannt sei.[173]

Einen Fall, in dem das Anstellungsverhältnis durch die korporationsrechtliche Rechtsbeziehung überlagert wird, regelt § 87 Abs. 1 S. 1 AktG, wonach der Aufsichtsrat bei der Festsetzung der Gesamtbezüge des einzelnen Vorstandsmitglieds dafür zu sorgen hat, dass diese in einem angemessenen Verhältnis zu den Aufgaben und Leistungen des Vorstandsmitglieds sowie zur Lage der Gesellschaft stehen und die übliche Vergütung nicht ohne besondere Gründe übersteigen.[174] § 87 Abs. 1 S. 1 AktG dient dem Schutz der Gesellschaft vor übermäßigen Bezügen.[175] Von den Anforderungen an die Vergütung können Bestellungsgesellschaft und das Vorstandsmitglied vertraglich nicht abweichen. Im Verhältnis der Gesellschaft zu sonstigen bei der Gesellschaft angestellten Personen, wie etwa Arbeitnehmern, besteht eine solche Beschränkung der Privatautonomie nicht. Somit knüpft § 87 AktG an die Organstellung des Vorstandsmitglieds an. § 87 AktG bringt zum Ausdruck, dass das korporationsrechtliche Bestellungsverhältnis gegenüber dem Anstellungsverhältnis vorrangig ist.

Der Vorrang des Bestellungsverhältnisses ergibt sich auch daraus, dass die Maximaldauer des Bestellungsverhältnisses von fünf Jahren gemäß § 84 Abs. 1 S. 5 AktG auch für die Dauer des Anstellungsvertrags gilt.[176] Gemäß § 84 Abs. 1 S. 1 AktG kann ein Vorstandsmitglied auf höchstens fünf Jahre bestellt werden. Der Vertrag kann jedoch gemäß § 84 Abs. 1 S. 5 2. Hs. AktG vorsehen, dass er

---

173 Festschrift Werner, 1984, S. 495, 508.

174 Vgl. *Martens*, Festschrift Werner, 1984, S. 495, 508.

175 *Koch*, Hüffer/Koch, § 87 Rn. 1; *Kort*, GroßKomm AktG, § 87 Rn. 1; *Mertens/Cahn*, KölnKomm AktG, § 87 Rn. 2.

176 *Martens*, Festschrift Werner, 1984, S. 495, 508; vgl. Zweiten Teil D.II.2.b.aa (S. 59).

für den Fall einer Verlängerung der Amtszeit bis zu deren Ablauf weiter gilt. Es wird gewährleistet, dass der Aufsichtsrat in regelmäßigen Abständen eine Entscheidung über die Weiterbeschäftigung des Vorstands fällt.[177] Auch wenn eine längere Vertragsdauer vereinbart wurde, gilt die gesetzliche Höchstfrist.[178] Wenn im Anstellungsvertrag keine Regelung hinsichtlich der Vertragsdauer getroffen wurde, bedarf es keiner gesonderten Kündigung des Anstellungsvertrags nach fünf Jahren, da der Vertrag automatisch endet.[179] Ferner wird § 625 BGB, wonach sich das Dienstverhältnis auf unbestimmte Zeit verlängert, sollte nach dem Ablauf der Dienstzeit mit Wissen des anderen Teils die Tätigkeit fortgesetzt werden, durch die Sonderregelung des § 84 Abs. 1 AktG verdrängt.[180] Freilich sind trotz der sinngemäßen Anwendung der zeitlichen Beschränkung der Bestellung auf den Anstellungsvertrag Konstellationen denkbar, in denen der Anstellungsvertrag für sich allein besteht, so zum Beispiel, wenn der Vorstandsmitglied wegen eines wichtigen Grundes abberufen wird, der wichtige Grund für die Abberufung indessen nicht zu einer Kündigung des Anstellungsvertrags berechtigt.[181] In § 84 Abs. 1 AktG wird allerdings eine zeitliche Abhängigkeit des Anstellungsvertrags von der Entwicklung des Bestellungsverhältnisses deutlich.

b. Delegationsmöglichkeit im Hinblick auf die Bestellungs- und Anstellungskompetenz

Auch in § 107 Abs. 3 AktG wird deutlich, dass das Korporationsverhältnis gegenüber dem schuldrechtlichen Anstellungsverhältnis vorrangig ist.[182] Auch wenn der Aufsichtsrat hinsichtlich der Vorstandsvergütung in seiner Gesamtheit eine Entscheidung fällen muss, kann er grundsätzlich gemäß § 107 Abs. 3

---

177 Vgl. Zweiten Teil D.II.2.b.aa (S. 59).

178 *Koch*, Hüffer/Koch, § 84 Rn. 20; BAG NZA 2009, 1205 Rn. 14 m.w.N.

179 *Spindler*, MünchKomm AktG, § 84 Rn. 80; *Krieger*, Personalentscheidungen des Aufsichtsrats, 1981, S. 123; *Seibt*, K. Schmidt/Lutter, § 84 Rn. 28.

180 OLG Karlsruhe AG 1996, 224, 227; *Koch*, Hüffer/Koch, § 84 Rn. 25; *Kort*, GroßKomm AktG, § 84 Rn. 340; *Oltmanns*, Heidel AktG, § 84 Rn. 14; *Spindler*, MünchKomm AktG, § 84 Rn. 80; So auch *Krieger*, Personalentscheidungen des Aufsichtsrats, 1981, S. 171 f., der allerdings darauf hinweist, dass an der Anwendung des § 625 BGB bei gleichzeitiger Verlängerung der Bestellung keine Bedenken bestehen. Das wird jedoch nur dann relevant, wenn der Bestellungsbeschluss nicht auch konkludent die Verlängerung des Anstellungsvertrags mitumfasst. Gegen eine generelle Unanwendbarkeit des § 625 BGB zwischen Vorstandsmitglied und seiner Gesellschaft.

181 Für die Abberufung des Vorstandsmitglieds sowie für die Kündigung des Anstellungsvertrags gelten verschiedene Anforderungen: vgl. Zweiter Teil D.I.2 (S. 49).

182 *Martens*, Festschrift Werner, 1984, S. 495, 506 f.

S. 1 AktG seine Anstellungskompetenz auf einen Ausschuss delegieren, während an der Bestellungsentscheidung gemäß §§ 107 Abs. 3 S. 3, 84 Abs. 1 AktG alle Aufsichtsratsmitglieder beteiligt sein müssen.

c. *Satzungsstrenge gemäß § 23 Abs. 5 AktG*

Dass mit der organschaftlichen Stellung des Vorstandsmitglieds unvereinbare Vertragsklauseln unwirksam sind, könnte sich auch aus § 23 Abs. 5 AktG ergeben. Gemäß § 23 Abs. 5 S. 1 AktG kann die Satzung von den Vorschriften des AktG nur abweichen, wenn es ausdrücklich zugelassen ist. Somit ist die Satzungsautonomie der Gesellschaft gemäß § 23 Abs. 5 AktG beschränkt. Vorliegend stellt sich jedoch nicht die Frage nach der Vereinbarkeit der Satzung mit aktienrechtlichen Vorschriften, sondern in welchem Verhältnis Anstellungsvertrag und Bestellungsverhältnis zueinanderstehen.

Dennoch könnte sich aus § 23 Abs. 5 AktG ergeben, dass die Geschäftsführungsrechte und Geschäftsführungspflichten, die sich dem AktG entnehmen lassen, generell nicht modifiziert werden können. Die Satzungsstrenge bezweckt die Sicherstellung der Handelbarkeit von Aktien dadurch, dass die Standards des AktG hinsichtlich innerer Organisation, Willensbildung ihrer Organe sowie hinsichtlich des Aktionär- und Gläubigerschutzes eingehalten werden.[183] Die Standards des AktG wären auch dann nicht gewährleistet, wenn der Anstellungsvertrag von aktienrechtlichen Bestimmungen abweichen könnte. Vorschriften des AktG sind nicht dispositiv.[184] Es ist mit dem Sinn und Zweck des § 23 Abs. 5 S. 1 AktG unvereinbar, dass im Anstellungsvertrag die Geschäftsführungsrechte und Geschäftsführungspflichten, die sich aus dem AktG ergeben, geändert werden.[185]

d. *Zwischenergebnis*

Obgleich das organschaftliche Bestellungsverhältnis und der Anstellungsvertrag des Vorstandsmitglieds rechtlich nebeneinanderstehen, sind beide Rechtsverhältnisse voneinander nicht völlig unabhängig und gleichwertig. Hinsichtlich der Rechte und Pflichten des Vorstandsmitglieds ist das Organverhältnis dem Anstellungsverhältnis gegenüber vorrangig, sodass der organschaftlichen Stellung des Vorstandsmitglieds entgegenstehenden Vereinbarungen im Anstellungsvertrag

---

183 *Röhricht/Schall*, GroßKomm AktG, § 23 Rn. 174.
184 *Röhricht/Schall*, GroßKomm AktG, § 23 Rn. 173.
185 *Theobald*, Festschrift Raiser, S. 421, 427.

unwirksam sind.[186] Fraglich ist allerdings, ob die Geschäftsführungspflichten und -rechte des Vorstandsmitglieds auch einer Drittanstellung entgegenstehen.

2. *Kollision zwischen dem Bestellungsverhältnis und dem Drittanstellungsvertrag*

Die Drittanstellung könnte wegen möglicher Konflikte zwischen dem Drittanstellungsvertrag auf der einen und der autonomen Leitungsmacht des Vorstands i.S.d. § 76 Abs. 1 AktG auf der anderen Seite unzulässig sein.[187] Fraglich ist, ob das Vorstandsmitglied aufgrund der Drittanstellung „Diener zweier Herren" ist, was sich mit der autonomen Leitungsmacht nicht vereinbaren ließe.[188] Ferner könnte die Treupflicht des Vorstandsmitglieds der Zulässigkeit der Drittanstellung entgegenstehen.

a. *Eigenverantwortlichkeit der Vorstandsmitglieder*

aa. Vereinbarkeit des Drittanstellungsvertrags mit der Leitungsautonomie nach § 76 Abs. 1 AktG

Die autonome Leitungsbefugnis des Vorstands ist zwingendes Recht. § 76 Abs. 1 AktG kann nicht in der Satzung oder individualvertraglich, etwa durch einen Drittanstellungsvertrag, modifiziert werden. Der Vorstand kann seine Leitungsbefugnis nicht einschränken.[189] Zugleich bedeutet das jedoch nicht, dass jede Form der Vertragsvereinbarung mit einem Dritten betreffend die Geschäftsführung unzulässig wäre. So stellt eine Beschränkung des Handlungsspielraums nicht stets einen Verlust zukünftigen Ermessens dar, sondern kann auch eine

---

186 BGHZ 79, 39, 41 ff. (Poullain); BGH NJW 1989, 2683 f.; *Beiner*, Der Vorstandsvertrag, 2014, Rn. 171; *Fleck*, ZHR 149 (1985), 387, 390, 398 f.; *Gissel*, Arbeitnehmerschutz für den GmbH-Geschäftsführer, 1987, S. 65; *Henssler*, RdA 1992, 289, 292, 297 f.; *Hohlfeld*, GmbHR 1987, 255; *Martens*, Festschrift Hilger/Stumpf, 1983, S. 437, 442 f.; *ders*, Festschrift Werner, 1984, S. 495, 506 f.; *Schäfer*, Die Organstellung, 2003, S. 124 ff.; a.A. *Van Venroy*, GmbHR 1982, 175, 178.

187 Vgl. *Happ*, Aktienrecht, 2014, 8.08 Rn. 6; *Koch*, Hüffer/Koch, § 84 Rn. 18; *Kort*, GroßKomm AktG, § 84 Rn. 321; *Mertens/Cahn*, KölnKomm AktG, § 84 Rn. 56; *Mutter*, Marsch-Barner/Schäfer Hdb. börsennotierte AG, § 19 Rn. 79; *Spindler*, MünchKomm AktG, § 84 Rn. 76; *Theobald*, Festschrift Raiser, 2005, S. 421, 423 ff.; *Wiesner*, MünchHdb. GesR, Bd. 4, § 21 Rn. 3 f.

188 *Bauer/Arnold*, DB 2006, 260, 265; *Mertens/Cahn*, KölnKomm AktG, § 84 Rn. 56; *Spindler*, MünchKomm AktG, § 84 Rn. 76; *ders.*, Festschrift Hopt, Bd. 1, 2010, S. 1407, 1418 f.

189 *Mayer-Uellner*, AG 2011, 193, 195.

vorweggenommene Ermessensentscheidung der Gegenwart sein.[190] Dies gilt insbesondere dann, wenn die Gesellschaft bereits in der Gegenwart von dem Vertragsverhältnis mit dem Dritten, wie etwa bei Wettbewerbsverboten, strategische Allianzen oder Gemeinschaftsunternehmen profitiert.[191] Bei dem Abschluss des Drittanstellungsvertrags handelt es sich jedoch nicht um eine solche zulässige Ausübung des Leitungsermessens.[192] Da der Drittanstellungsvertrag nämlich nicht mit dem Vorstandsmitglied in seiner organschaftlichen Stellung oder gar mit der Bestellungsgesellschaft abgeschlossen wird, sondern das Vorstandsmitglied als Person betrifft, übt das Vorstandsmitglied bei Abschluss des Drittanstellungsvertrags nicht sein Leitungsermessen i.S.d. § 76 Abs. 1 AktG aus. Das Vorstandsmitglied wird weder als Amtswalter noch im Interesse der Gesellschaft tätig. Deswegen schließt auch nicht der Gesamtvorstand, sondern das einzelne Vorstandsmitglied den Drittanstellungsvertrag mit der Drittanstellungsgesellschaft ab.

Aufgrund des Vorrangs des Korporationsverhältnisses gegenüber dem schuldrechtlichen Vertrag sind vertragliche Bestimmungen, denen die Leitungsautonomie des Vorstands nach § 76 Abs. 1 AktG entgegensteht, unwirksam. Die Pflicht zur eigenverantwortlichen Leitung der Gesellschaft gilt nämlich nicht nur im Innenverhältnis der Gesellschaft, sondern auch im Verhältnis zu gesellschaftsexternen Dritten.[193] Die Pflicht des Vorstands zur unabhängigen Leitung des Unternehmens bildet gemäß § 23 Abs. 5 AktG für jedermann zwingendes Recht. Gegen die Satzungsstrenge würde verstoßen, wenn der Vorstand mit einem Dritten die autonome Leitungsmacht des Vorstands modifizieren könnte. Somit gilt der Vorrang des Bestellungsverhältnisses gegenüber dem Anstellungsvertrag auch im Verhältnis zu Dritten.[194] Vertragliche Vereinbarungen im Drittanstellungsvertrag, die im Widerspruch zur unabhängigen Leitungsmacht i.S.d. § 76 Abs. 1 AktG stehen, sind folglich gemäß § 134 BGB nichtig.

---

190 *Fleischer*, Festschrift Schwark, 2009, S. 137, 149; *Paschos*, NZG 2012, 1142, 1143.

191 *Fleischer*, Hdb. des VorstandsR, § 1 Rn. 61; *Spindler*, MünchKomm AktG, § 76 Rn. 25 ff.; *Wellhöfer*, Die Haftung von Vorstand Aufsichtsrat Wirtschaftsprüfer, 2008, § 4 Rn. 37.

192 Auch wenn nicht ganz eindeutig, so scheinen *Arnold/Born*, (AG-Report 18 (2005), 430) einen solchen Ansatz zu befürworten.

193 *Herwig*, Leitungsautonomie und Fremdeinfluss, 2014, S. 33.

194 Ebenso *Vetter*, Festschrift Hoffmann-Becking, 2013 S. 1297, 1305; a.A. *Arnold/Born*, AG-Report 18 (2005), 428, 430.

bb. Weisungsrechte der Drittanstellungsgesellschaft

Nicht selten schließen Drittanstellungsgesellschaften den Anstellungsvertrag mit der Intention, den Einfluss auf die Bestellungsgesellschaft durch personelle Verflechtungen auszubauen.[195] Ein solcher Einfluss ist insbesondere dann gegeben, wenn die Drittanstellungsgesellschaft dem Vorstandsmitglied Weisungen erteilen kann.

Fraglich ist, ob einem Weisungsrecht der Drittanstellungsgesellschaft die autonome Leitungsmacht gemäß § 76 Abs. 1 AktG entgegensteht. Für die Zulässigkeit einer Folgepflicht des Vorstands hinsichtlich Weisungen könnte § 77 Abs. 2 S. 1 AktG sprechen. So ist der Aufsichtsrat befugt, eine Geschäftsordnung für den Vorstand zu erlassen. Im Übrigen kann gemäß § 77 Abs. 2 S. 2 AktG die Satzung, welche gemäß § 119 Abs. 1 Nr. 5 AktG von der Hauptversammlung geändert werden kann, Einzelfragen der Geschäftsordnung bindend regeln. Genauso wie die Hauptversammlung und der Aufsichtsrat das „wie" der Vorstandstätigkeit beeinflussen können, könnte ein Weisungsrecht der Drittanstellungsgesellschaft zulässig sein. Anders als die Geschäftsordnung betreffen Weisungen allerdings nur den konkreten Einzelfall. Demgegenüber betrifft die Geschäftsordnung immer eine unbestimmte Vielzahl von Sachverhalten. Es lässt sich mit § 77 Abs. 2 AktG auch kein Weisungsrecht der Hauptversammlung oder des Aufsichtsrats begründen. Der Vorstand soll gerade aus „eigener Initiative die Geschicke der AG leiten".[196] Ein Weisungsrecht zugunsten der Drittanstellungsgesellschaft würde zudem die besonderen konzernrechtlichen Voraussetzungen des Beherrschungsvertrags bzw. der Eingliederung unterlaufen. Eine Vereinbarung, die ein Recht zur Weisung betreffend die Geschäftsführung regelt, ist somit gemäß § 134 BGB i.V.m. § 76 Abs. 1 AktG nichtig. Ob sich die Unwirksamkeit dann auf den gesamten Drittanstellungsvertrag erstreckt, ist wiederum eine Frage des Einzelfalls und muss anhand der Kriterien des § 139 BGB ermittelt werden.

cc. Weisungen der Muttergesellschaft

Die autonome Leitungsmacht i.S.d. § 76 Abs. 1 AktG wird gemäß §§ 308 Abs. 1, 323 Abs. 1 AktG bei Bestehen eines Beherrschungsvertrags sowie aufgrund vollzogener Eingliederung durch die Weisungsbefugnis der Muttergesellschaft überlagert. Solche im Drittanstellungsvertrag vorgesehenen Weisungsrechte der Drittanstellungsgesellschaft sind im Hinblick auf mögliche Pflichtenkollisionen

195 Vgl. Ersten Teil B.I.1 (S. 33).

196 *Spindler*, MünchKomm AktG, § 76 Rn. 1.

dann unbedenklich, wenn sie sich innerhalb der Grenzen der konzernrechtlich vorgesehenen Weisungsrechte halten. Wird jedoch der Beherrschungsvertrag aufgelöst oder die Eingliederung der Bestellungsgesellschaft beendet, verliert nicht nur das konzernrechtliche, sondern auch das vertragliche Weisungsrecht seine Wirksamkeit. Das Weisungsrecht, das aus der schuldrechtlichen Beziehung des Vorstandsmitglieds mit der Drittanstellungsgesellschaft fließt, lässt sich praktisch nicht von dem unternehmerischen Weisungsrecht der Muttergesellschaft unterscheiden.

b. Treupflicht

Die Treupflicht von Vorstandsmitgliedern könnte der Zulässigkeit der Drittanstellung von Vorstandsmitgliedern entgegenstehen. So trifft Vorstandsmitglieder unstreitig eine Treubindung gegenüber der AG, auch wenn diese im Aktiengesetz nicht ausdrücklich normiert ist.[197] Die Treupflicht der Vorstandsmitglieder wird zwar unterschiedlich begründet,[198] in jedem Fall ist man sich jedoch über das Bestehen von fiduziarischen Pflichten des Vorstands einig.

Aufgrund ihrer Treubindung dürfen Vorstandsmitglieder in allen Angelegenheiten, die das Interesse der Gesellschaft berühren, nicht ihren eigenen Nutzen verfolgen, sondern allein Wohl und Wehe der Gesellschaft im Auge haben.[199] So sind das Wettbewerbsverbot nach § 88 Abs. 1 AktG sowie die Pflicht zur Verschwiegenheit hinsichtlich Gesellschaftsinterna gemäß § 93 Abs. 1 S. 3 AktG und die Pflicht zur loyalen Zusammenarbeit mit den übrigen Gesellschaftsorganen Ausdruck der Treupflicht des Vorstands. Die Geschäftsleiter von Kapitalgesellschaften sind mit Treuhändern zu vergleichen, die im Interesse der Gesellschaft,

---

197 Siehe Ziff. 4.3.3 DCGK; vgl. *Ziemos*, Oppenländer/Trölitzsch, PraxisHdb. der GmbH-Geschäftsführung, § 22 Rn. 57 ff.; *Fleischer*, WM 2003, 1045; *Ziemons*, Michalski GmbHG, § 43 Rn. 86 ff.; *Kübler*, Festschrift Werner, 1984, S. 437, 438; *Hopt*, Festschrift Mestmäcker, 1996, S. 909, 921; *Reuter*, MünchKomm BGB, § 27 Rn. 41; *Kort*, GroßKomm AktG, § 84 Rn. 76; BGHZ 10, 187, 192 f.; 49, 30, 31; BGH WM 1964, 1320, 1321; NJW 1986, 585, 586; *Dubovitskaya*, NZG 2015, 983, 987; *Hellgardt*; Festschrift Hopt, Bd. 1, 2010, S. 765, 774 BGHZ 13, 188, 132 f.

198 *Dubovitskaya*, NZG 2015, 983, 987; *Fleischer*, WM 2003, 1045; *Hellgardt*, Festschrift Hopt, Bd. 1, 2010, S. 765, 774.

199 BGHZ 21, 354, 357; BGH WM 1967, 679; 1983, 498; *Fleischer*, WM 2003, 1045; *Schäfer*, Die Organstellung, 2003, S. 58.

d.h. im Interesse der treu gebenden Gesellschafter, der Gläubiger und der Arbeitnehmer sowie der Öffentlichkeit, tätig werden.[200]

Zugleich ist jedoch jeder Vertragspartner und somit auch das drittangestellte Vorstandsmitglied gemäß §§ 241 Abs. 2, 242 BGB grundsätzlich zur Rücksicht auf die Rechte, Rechtsgüter und Interessen des anderen Vertragspartners verpflichtet. Eine solche vertragliche Pflichtenbindung des Vorstandsmitglieds gegenüber der Drittanstellungsgesellschaft geht zulasten der Bestellungsgesellschaft. Daher könnte die Organstellung einer vertraglichen Pflicht des Vorstandsmitglieds zur Rücksicht auf die Rechte, Rechtsgüter und Interessen des anderen Teils entgegenstehen.

Fraglich ist jedoch, ob §§ 241 Abs. 2, 242 BGB im Falle der Drittanstellung von Vorstandsmitgliedern abbedungen sind. Eine solche Abbedingung des § 242 BGB könnte sich aus einer Auslegung des Drittanstellungsvertrags ergeben. Zwar kann § 242 BGB grundsätzlich als „Grundgebot der Redlichkeit" nicht generell abbedungen werden.[201] Allerdings kann die Anwendbarkeit des § 242 BGB für konkretisierte Fälle vertraglich ausgeschlossen werden.[202] Hinsichtlich des drittangestellten Vorstandsmitglieds gilt die schuldrechtliche Rücksichtnahmepflicht des § 242 BGB nur dann nicht, wenn das Bestellungsverhältnis ihr entgegensteht. In allen anderen Fällen bleibt es dabei, dass das Vorstandsmitglied auf die Rechte, Rechtsgüter und Interessen der Drittanstellungsgesellschaft Rücksicht nehmen muss.

Allerdings handelt es sich bei der Modifikation der anstellungsvertraglichen Rücksichtnahmepflicht im Hinblick auf das Bestellungsverhältnis gar nicht um eine „Derogation" von § 242 BGB. Die eingeschränkte Anwendbarkeit der §§ 241 Abs. 1, 242 BGB ergibt sich schon daraus, dass das korporationsrechtliche Bestellungsverhältnis gegenüber dem schuldrechtlichen Anstellungsverhältnis vorrangig ist. Das Vorstandsmitglied darf schon von Gesetzes wegen die Interessen der Drittanstellungsgesellschaft nicht wahren, wenn die organschaftliche Stellung des Vorstandsmitglieds entgegensteht. Bei der vertraglichen Derogation von §§ 241 Abs. 2, 242 BGB im Drittanstellungsvertrag handelt es sich nicht um ein Abweichen vom Gesetz, sondern im Hinblick auf die Treupflicht des Vorstandsmitglieds

---

200 BGHZ 129, 30, 34; *Fleischer*, WM 2003, 1045; *Raiser/Veil*, Recht der Kapitalgesellschaften, 2010, § 14 Rn. 91; *Schwarz*, Bestellung und Anstellung der Verwaltungsmitglieder von Kapitalgesellschaften, 1984, S. 23; kritisch hingegen *Dubovitskaya*, NZG 2015, 983.

201 BGH LM (Cb) Nr. 12 Bl. 2; vgl. ebenfalls *Sutschet*, Bamberger/Roth BGB, § 242 Rn. 38; *Grüneberg*, Palandt, § 242 Rn. 20; *Schubert*, MünchKomm BGB, § 242 Rn. 97.

202 *Sutschet*, Bamberger/Roth BGB, § 242 Rn. 38; *Grüneberg*, Palandt, § 242 Rn. 20.

um eine vertragliche Bestätigung des Vorrangs des Bestellungsverhältnisses vor dem Anstellungsvertrag.

Doch obwohl eine vertragliche „Derogation“ von §§ 241 Abs. 2, 242 BGB nur deklaratorisch wirkt, sind die Vertragspartner des Drittanstellungsvertrags gut beraten, eine ausdrückliche „Derogation“ von §§ 241 Abs. 2, 242 BGB zu vereinbaren.[203] Nach Vertragsschluss kann nämlich regelmäßig nicht ohne Weiteres angenommen werden, dass die Vertragspartner den Drittanstellungsvertrag abgeschlossen hätten, wenn ihnen bewusst gewesen wäre, dass die vertragliche Pflicht zur Rücksichtnahme nichtig ist. Die Folge könnte die Unwirksamkeit des gesamten Vertrags nach § 139 BGB sein oder zumindest über längere Zeit andauernde Rechtsstreitigkeiten im Hinblick auf die Wirksamkeit des Drittanstellungsvertrags. Um diesen Folgen zu entgehen, sollten die Vertragspartner für alle Konfliktsituationen den Vorrang des Bestellungsverhältnisses ausdrücklich anerkennen.

c. *Zwischenergebnis*

Ob sich eine der organschaftlichen Stellung des Vorstandsmitglieds widersprechende Bestimmung im Anstellungsvertrag finden lässt, ist eine Frage des Einzelfalls. Der Drittanstellungsvertrag ist nicht *per se* mit der autonomen Leitungsmacht des Vorstands nach § 76 Abs. 1 AktG unvereinbar. Es bleibt den Vertragsparteien unbenommen, jegliche möglichen Verstöße gegen die korporationsrechtlichen Pflichten des Vorstandsmitglieds, namentlich gegen die unabhängige Leitungsmacht i.S.d. § 76 Abs. 1 AktG, vertraglich auszuschließen oder der autonomen Leitungsmacht entgegenstehende Vereinbarungen nicht ab zu schließen. Im Übrigen erstreckt sich die Unwirksamkeit von einzelnen Vertragsbestimmungen nicht automatisch auf den gesamten Drittanstellungsvertrag. Das Vorstandsmitglied, das einen Drittanstellungsvertrag abgeschlossen hat, ist somit nicht „Diener zweier Herren“.[204]

Der Vorstand übernimmt somit die weisungsfreie, eigenverantwortliche Leitung der AG. Hierin finden auch anstellungsrechtliche Weisungsbefugnisse der Drittanstellungsgesellschaft ihre Grenze. Die organschaftliche Stellung ist auf schuldrechtlicher Ebene auch im Verhältnis zu Dritten maßgebend.[205] Im

---

203 Ebenso: *Seibt*, K. Schmidt/Lutter, § 84 Rn. 26 („Der Pflichtenvorrang der Bestellungsgesellschaft ist ausdrücklich von der Drittanstellungsgesellschaft anzuerkennen“); Ablehnend: *Jooß*, Drittanstellung, 2010, S. 136 f.; *Vetter*, Festschrift Hoffmann-Becking, 2013, S. 1297, 1305.

204 Im Ergebnis ebenso *Krieger*, Festschrift Hoffmann-Becking, 2013, S. 711, 714.

205 Ebenso *Theobald*, Festschrift Raiser, 2005, S. 421, 434 f.

Übrigen sind die Vertragsparteien des Drittanstellungsvertrags gut beraten, vertraglich ausdrücklich zu vereinbaren, dass das Vorstandsmitglied von seiner schuldrechtlichen Rücksichtnahmepflicht für die Fälle entbunden ist, in denen organschaftliche Pflichten entgegenstehen.

II. Interessenkonflikt

Mit dem Vorrang des Bestellungsverhältnisses vor dem Anstellungsvertrag lässt sich noch nicht das Problem möglicher Interessenkonflikte, die mit Drittanstellungen einhergehen, lösen, da Interessenkonflikte nicht aufgrund einer juristischen Pflichtenbindung, sondern aufgrund faktischer Gegebenheiten entstehen.[206] Auch wenn Kündigungsrechte der Drittanstellungsgesellschaft eingeschränkt sind, besteht für das drittangestellte Vorstandsmitglied aufgrund der Fremdanstellung ein faktischer Anreiz, sein Handeln an den Interessen der Drittanstellungsgesellschaft auszurichten.[207] Die Drittanstellung wird insbesondere dann problematisch, wenn die unterschiedlichen Interessen der Gesellschaften jeweils ein anderes Vorstandshandeln gebieten.

Der Drittanstellungsvertrag begründet als solcher nur einen abstrakten Interessenkonflikt. Ob das Vorstandmitglied tatsächlich einem Interessenkonflikt unterliegt, kann nur von Fall zu Fall unter Berücksichtigung der konkreten Maßnahme des Vorstands sowie der Interessen der Drittanstellungs- und der Bestellungsgesellschaft beurteilt werden.

Die Rechtsordnung geht mit abstrakten Interessenkonflikten in verschiedenen Situationen auf unterschiedliche Weise um. Teilweise werden mögliche Interessenkonflikte generell vermieden. So kann zum Beispiel gemäß § 105 AktG ein Aufsichtsratsmitglied nicht zugleich Vorstandsmitglied, dauernd Stellvertreter von Vorstandsmitgliedern, Prokurist oder zum gesamten Geschäftsbetrieb ermächtigter Handlungsbevollmächtigter der Gesellschaft werden. In anderen Situationen besteht bei einem Interessenkonflikt ein Verbot, an der Geschäftsführung mitzuwirken, wie zum Beispiel nach §§ 28, 34 BGB, wonach ein Mitglied des Vorstands nicht stimmberechtigt ist, wenn die Beschlussfassung die Vornahme eines Rechtsgeschäfts mit ihm oder die Einleitung oder Erledigung eines Rechtsstreits zwischen ihm und dem Verein betrifft. Im Hinblick auf die Drittanstellung könnte ein Ausschluss von bestimmten Geschäftsführungsmaßnahmen durch ein

206 Vgl. Zweiten Teil F (S. 79).

207 Vgl. *Wackerbath*, Kontrollverlust oder: Beiß nie in die Hand, die den Scheck unterschreibt!, abrufbar unter: http://blog.fernuni-hagen.de/blawg/2011/10/31/kontroll verlust-oder-beis-nie-in-die-hand-die-den-scheck-unterschreibt/.

Stimmverbot erfolgen, wenn die Bestellungs- und Anstellungsgesellschaft konkret entgegengesetzte Interessen verfolgen. Schließlich wird man allerdings auch die Frage aufwerfen müssen, ob ein Interessenkonflikt nicht hingenommen und dem Vorstandsmitglied nicht soviel Vertrauen entgegen gebracht werden kann und entgegengebracht werden sollte, ausschließlich im Interesse der Bestellungsgesellschaft zu handeln. Das könnte insbesondere dann gelten, wenn das Vorstandsmitglied die abstrakte Gefahr des Interessenkonflikts bekannt gemacht hat oder der Aufsichtsrat in Kenntnis des abstrakten Interessenkonflikts das Vorstandsmitglied bestellt.

1. Abstufungen des abstrakten Interessenkonflikts

Die Intensität des abstrakten Interessenkonflikts, der auf der Drittanstellung des Vorstandsmitglieds beruht, kann von Fall zu Fall variieren. Es sind Fälle vorstellbar, in denen kein Anreiz besteht, dass das fremdangestellte Vorstandsmitglied sein Vorstandshandeln am Interesse der Drittanstellungsgesellschaft ausrichtet. Das ist u.a. der Fall, wenn das Vorstandsmitglied nur für eine bestimmte Zeit als Vorstandsmitglied tätig werden soll und nach Beendigung des Bestellungsverhältnisses der Drittanstellungsvertrag automatisch endet. Für das Vorstandsmitglied besteht dann nicht der Anreiz, aus Sorge vor einer Kündigung im Interesse der Drittanstellungsgesellschaft zu handeln. Einen solchen Anreiz schafft allerdings eine gegebenenfalls vereinbarte variable Vergütung, die sich der Höhe nach an Kennzahlen oder dem Börsenkurs der Drittanstellungsgesellschaft orientiert. Für das Vorstandsmitglied besteht auch ein Anreiz, sein Handeln am Interesse der Drittanstellungsgesellschaft auszurichten, wenn das Vorstandsmitglied nach Beendigung der Vorstandstätigkeit weiterhin bei der Drittanstellungsgesellschaft angestellt bleiben soll.[208]

Es sind indessen auch Fälle denkbar, in denen die Drittanstellungsgesellschaft auf die Leitung der Bestellungsgesellschaft keinen Einfluss zu nehmen versucht. Für die Drittanstellungsgesellschaft kann es gänzlich unerheblich sein, welche Entscheidungen das drittangestellte Vorstandsmitglied für die Bestellungsgesellschaft fällt. Das gilt insbesondere für Personal-Service-Gesellschaften.[209] Diese entsenden Interimsmanager u.a. zur Überbrückung personeller Vakanzen oder zur Durchsetzung bestimmter Projekte. Personal-Service-Gesellschaften verfolgen keine eigenen Ziele im Hinblick auf die Leitung der Bestellungsgesellschaft, sondern haben nur das Interesse, für die

208 Vgl. Ersten Teil B.I.1.c (S. 36).

209 *Krieger*, Festschrift Hoffmann-Becking, 2013, S. 711, 715.

Entsendung des Managers eine finanzielle Gegenleistung zu erhalten. Ferner ergibt sich aus dem Vertrag zwischen der Personal-Service-Gesellschaft und der Bestellungsgesellschaft die Nebenpflicht, sich jeglicher Einflussnahme auf die Geschäftsführung zu enthalten.[210] Verletzungen dieser Pflicht können zu Schadensersatzansprüchen gegen die Drittanstellungsgesellschaft führen.

2. *Zulässigkeit der Drittanstellung nur bei Abhängigkeit der Drittanstellungsgesellschaft von der Bestellungsgesellschaft und/oder bei Vorliegen eines Gewinnabführungsvertrags?*

Teilweise wird in der Literatur die Zulässigkeit der Drittanstellung nur bejaht, wenn der Vorstand der Bestellungsgesellschaft gemäß § 308 Abs. 1 AktG Weisungen der Drittanstellungsgesellschaft folgen muss.[211] Die Bestellungsgesellschaft müsse mit der Drittanstellungsgesellschaft einen Beherrschungsvertrag abgeschlossen haben oder in das Unternehmen der Drittanstellungsgesellschaft eingegliedert sein. Bei einer Pflicht des Vorstands, den Weisungen der Drittanstellungsgesellschaft zu folgen, sei es unproblematisch, wenn das drittangestellte Vorstandsmitglied auch im Interesse der Drittanstellungsgesellschaft tätig werde.

Ferner wären Interessenkonflikte unproblematisch, wenn die Bestellungsgesellschaft faktisch von der Drittanstellungsgesellschaft abhängig ist oder zwischen den Gesellschaften ein Gewinnabführungsvertrag abgeschlossen wurde, sofern bei einer Abhängigkeit der Bestellungsgesellschaft von der Drittanstellungsgesellschaft oder bei Abschluss eines Gewinnabführungsvertrags kein Kernbestand an unabhängiger Leitungsmacht verbleibt.

a. Vertragskonzern

Durch eine Anstellung des Vorstandsmitglieds bei der Muttergesellschaft kann die Muttergesellschaft die Pflicht des Vorstands nach § 308 AktG, Weisungen der Muttergesellschaft zu folgen, faktisch absichern. Es soll gewährleistet werden, dass die Konzernstrategie auf Ebene der Tochtergesellschaft reibungslos durchgesetzt wird.[212]

Problematisch ist allerdings, dass das Vorstandsmitglied durch den Abschluss des Drittanstellungsvertrags einen Anreiz erhält, im Interesse des Dritten und unter Umständen zum Nachteil seiner Gesellschaft zu handeln. Das Vorstandsmitglied muss zulässigen Weisungen der Muttergesellschaft folgen. Ist die Weisung

---

210 *Krieger*, Festschrift Hoffmann-Becking, 2013, S. 711, 715.

211 Vgl. Einleitung B.II (S. 25), insbesondere Fn. 18.

212 Vgl. Ersten Teil B.I.1 (S. 23).

hingegen unzulässig, könnte der Vorstand verpflichtet sein, ihre Befolgung abzulehnen. Auch könnte es dem Vorstand verboten sein, der „gefühlten Erwartung" der Muttergesellschaft zu folgen, sich auf eine bestimmte Art und Weise zu verhalten.[213] Ein Drittanstellungsvertrag zwischen der Muttergesellschaft und einem Vorstandsmitglied der Tochtergesellschaft verschärft den horizontalen Interessenkonflikt zwischen dem herrschenden Gesellschafter und den außenstehenden Minderheitsgesellschaftern. Es stellt sich folglich die Frage, ob und inwiefern der Vorstand Interessen der Muttergesellschaft nach Abschluss eines Beherrschungsvertrags unberücksichtigt lassen kann oder sogar unberücksichtigt lassen muss.

aa. Fortbestand der autonomen Leitungsmacht

Das mit dem Abschluss eines Beherrschungsvertrags einhergehende Weisungsrecht der Muttergesellschaft überlagert zwar die autonome Leitungsmacht des Vorstands der Tochtergesellschaft, verdrängt sie jedoch nicht.[214] Zum einen wird der eigenverantwortlich handelnde Vorstand in seiner Rolle als Leitungsorgan nicht durch den Konzernvorstand ausgewechselt, da der Beherrschungsvertrag nur dazu führt, dass die Muttergesellschaft dem Vorstand der Tochtergesellschaft hinsichtlich der Leitung der Gesellschaft Weisungen erteilen kann.[215] Zum anderen ist die Muttergesellschaft zur Ausübung ihres Einflusses nicht verpflichtet. Sie kann jedwede Einflussnahme unterlassen oder auch nur allgemein gehaltene Richtlinien für die Geschäftsführung aufstellen.[216] Dass die autonome Unternehmensleitung in eigener Verantwortung beim Vorstand der Tochtergesellschaft verbleibt, lässt sich auch an der weiterhin bestehenden eingeschränkten Abberufbarkeit des Vorstands durch den Aufsichtsrat gemäß § 84 Abs. 3 AktG erkennen. Da diese Einschränkung darauf abzielt, die unabhängige Leitungsmacht zu sichern, hätte der Gesetzgeber betreffend die Vorstandsmitglieder der Tochtergesellschaft konsequenterweise eine dem § 38 Abs. 1 GmbHG vergleichbare Norm, nach der die Bestellung der GmbH-Geschäftsführer zu jeder Zeit widerruflich ist, aufgenommen, wenn er gewollt hätte, dass die autonome Leitungsmacht des Vorstands im

---

213 Vgl. *Vetter*, ZHR 171 (2007), 342, 344.

214 *Altmeppen*, MünchKomm AktG, § 308 Rn. 157; *Emmerich*, Emmerich/Habersack, § 308 Rn. 54; *Erlinghagen*, Der Organschaftsvertrag mit Ergebnis-Ausschlussklausel im Aktienrecht, 1960, S. 13; *Hommelhoff*, Die Konzernleitungspflicht, S. 216 ff.; *Koch*, Hüffer/Koch, § 308 Rn. 20.

215 *Hommelhoff*, Die Konzernleitungspflicht, S. 216.

216 *Erlinghagen*, Der Organschaftsvertrag mit Ergebnis-Ausschlussklausel im Aktienrecht, 1960, S. 13.

Konzernrecht nicht fortbesteht.[217] Sollte der Vorstand rechtmäßigen Weisungen der Muttergesellschaft nicht folgen, verstößt er zwar gegen seine Folgepflicht gemäß § 308 AktG. Jedoch führt das nicht zwingend zu einer Abberufung seiner Mitglieder. Auch im Vertragskonzern handelt es sich gemäß § 84 Abs. 3 AktG beim Widerruf der Bestellung der Vorstandsmitglieder um eine Ermessensentscheidung des Aufsichtsrats.

bb. Interessenausrichtung des Vorstands der Tochtergesellschaft

Der Vorstand der vertraglich konzernierten abhängigen AG könnte verpflichtet sein, im Konzerninteresse zu handeln.

Bei der Umsetzung von rechtmäßigen Weisungen des herrschenden Unternehmens besteht kein Leitungsermessen des Vorstands, das sich ausschließlich an den Belangen der Tochtergesellschaft orientiert. Der Vorstand hat sich bei der Umsetzung der Weisung an den Interessen der Konzernleitung auszurichten.[218] Er ist bei Unklarheiten zur Rücksprache verpflichtet und muss gegebenenfalls über mögliche Konflikte und Nachteile unterrichten, wenn diese der Muttergesellschaft offensichtlich unbekannt sind.[219]

Der Vorstand darf jedoch bei der Umsetzung der Weisung die Interessen seiner Gesellschaft nicht gänzlich unberücksichtigt lassen. Er ist verpflichtet, zu überprüfen, ob Weisungen der Muttergesellschaft rechtswidrig sind. Der Vorstand kann gemäß § 308 Abs. 2 S. 2 AktG die Befolgung einer Weisung zwar nicht bereits dann verweigern, wenn die Weisung nach seiner Ansicht nicht den Belangen des herrschenden Unternehmens oder der mit ihm und der Gesellschaft konzernverbundenen Unternehmen dient, jedoch dann, wenn sie offensichtlich nicht dem Konzerninteresse entsprechen. Im Übrigen sind Weisungen, die die Tochtergesellschaft in ihrer Existenz bedrohen, unzulässig.[220] §§ 302 bis

217 Vgl. *Hommelhoff*, Die Konzernleitungspflicht, S. 217 ff.

218 *Altmeppen*, MünchKomm AktG, § 291 Rn. 79.

219 Vgl. *Krieger*, MünchHdb. GesR, § 71 Rn. 161; *Veil*, Spindler/Stilz Akt, § 308 Rn. 36.

220 OLG Düsseldorf AG 1990, 490, 492; *Clemm*, ZHR 141 (1977), 197, 204 ff.; *Geßler*, ZHR 140 (1976), 433, 436; *Immenga*, ZHR 140 (1976), 301, 303 ff.; *Köhler*, ZGR 1985, 307, 318; *Leuering/Goertz*, Hölters, § 308 Rn. 35 (der allerdings zwischen einer Gefährdung während der Laufzeit sowie einer Gefährdung nach Beendigung des Beherrschungsvertrags differenziert); *Wellkamp*, WM 1993, 2155, 2156; a.A.: *Wiedemann*, Die Unternehmensgruppe im Privatrecht, 1988, S. 86 ff.; siehe ebenfalls *Altmeppen*, ZHR 171 (2007), 320, 327, der diesen Streit für erledigt hält, da es während der Dauer des Beherrschungsvertrags überhaupt keine Existenzgefährdung geben

305 AktG setzen den Fortbestand der beherrschten Gesellschaft voraus.[221] Somit müssen sich Weisungen am Maßstab der Verhältnismäßigkeit messen lassen.[222] Beispiele für unzulässige existenzgefährdende Weisungen sind der übermäßige Abzug von Liquidität, die Beendigung lebenswichtiger Produktionen oder die Auslagerung wesentlicher Betriebszweige.[223] Weitere Grenzen des Weisungsrechts können sich aus der Satzung des beherrschten Unternehmens sowie aus dem Beherrschungsvertrag ergeben.

Wurde dem Vorstand der Tochtergesellschaft keine Weisung erteilt (sog. weisungsfreier Raum), ist fraglich, ob bei Ausübung der autonomen Unternehmensleitung das Konzerninteresse oder die Interessen der Muttergesellschaft Entscheidungsmaßstab sind oder er sich weiterhin ausschließlich am Interesse seines Unternehmens orientieren muss. Diese Problematik besteht auch dann, wenn eine Weisung dem Vorstand einen Umsetzungsspielraum belässt. Der Beherrschungsvertrag begründet lediglich eine Pflicht zum „konzernfreundlichen Verhalten“[224], sodass der Vorstand über Maßnahmen, denen das Konzerninteresse entgegensteht, die Konzernleitung unterrichten muss. Die Muttergesellschaft kann gegebenenfalls im Wege einer Weisung ein bestimmtes Verhalten unterbinden bzw. ein bestimmtes Verhalten verpflichtend anordnen. Eine umfassende Bindung an die Interessen der Muttergesellschaft oder der Konzernleitung im weisungsfreien Raum besteht jedoch nicht.[225] Der Vorstand muss nicht die Interessen der Mutter oder die Konzernausrichtung kennen.[226]

Der Vorstand darf sowohl im weisungsfreien Raum als auch bei Erlass einer Weisung durch die Muttergesellschaft die Gesellschaftsinteressen sowie die Interessen der Minderheitsgesellschaft und Arbeitnehmer nicht unberücksichtigt

---

könne. Die Obergesellschaft müsse jeden Insolvenzgrund bei der Tochtergesellschaft beseitigen.

221 Vgl. *Emmerich*, Emmerich/Habersack, § 308 Rn. 61; *Langenbucher*, K. Schmidt/Lutter, § 308 Rn. 31; *Sina*, AG 1991, 1, 7.

222 *Langenbucher*, K. Schmidt/Lutter, § 308 Rn. 31.

223 Vgl. *Emmerich*, Emmerich/Habersack, § 308 Rn. 62.

224 Vgl. *Emmerich*, Emmerich/Habersack, § 308 Rn. 54; *Koch*, Hüffer/Koch, § 308 Rn. 20; *Koppensteiner*, KölnKomm AktG, § 308 Rn. 71 f.; *Langenbucher*, K. Schmidt/Lutter, § 308 Rn. 42.

225 *Altmeppen*, MünchKomm AktG, § 308 Rn. 157 ff.; *Emmerich*, Emmerich/Habersack, § 308 Rn. 54; *Hirte*, GroßKomm AktG, § 308 Rn. 21; *Hommelhoff*, Die Konzernleitungspflicht, S. 217 ff.; a.A. *Erlinghagen*, Der Organschaftsvertrag mit Ergebnis-Ausschlussklausel im Aktienrecht, 1960, S. 16 f.; *Koppensteiner*, KölnKomm AktG, § 308 Rn. 71.

226 Vgl. *Altmeppen*, MünchKomm AktG, § 308 Rn. 158.

lassen. Dadurch, dass er überprüft, ob eine Weisung zulässig oder unzulässig ist und die Befolgung unzulässiger Weisungen verweigert, wahrt er die Gesellschaftsinteressen sowie die Interessen der Minderheitsgesellschaft und Arbeitnehmer. Er muss diese Interessen auch gegenüber der Muttergesellschaft verteidigen. Sollte der Vorstand entgegen seiner Pflichtenbindung aufgrund von Konzerninteressen seine Gesellschaft benachteiligen, macht er sich gemäß § 93 Abs. 2 AktG schadensersatzpflichtig.

Somit könnte der mit dem Abschluss eines Drittanstellungsvertrags einhergehende Anreiz für das Vorstandsmitglied, im Interesse der Drittanstellungsgesellschaft zu handeln, der Zulässigkeit der Drittanstellung auch dann entgegenstehen, wenn zwischen der Bestellungs- und Drittanstellungsgesellschaft ein Beherrschungsvertrag abgeschlossen wurde.

b. Eingliederungskonzern

Auch für den Eingliederungskonzern stellt sich die Frage, ob der Vorstand sich ausschließlich an den Interessen der Muttergesellschaft ausrichten muss. Würde dies bejaht, stünde der mit der Drittanstellung einhergehende abstrakte Interessenkonflikt für das Vorstandsmitglied der Zulässigkeit seiner Anstellung bei der Muttergesellschaft nicht entgegen.

Auch wenn die eingegliederte Tochtergesellschaft rechtlich selbstständig bleibt, ist sie wirtschaftlich vollständig von der Muttergesellschaft abhängig. Im Innenverhältnis fungiert die eingegliederte Tochtergesellschaft wie eine Betriebsabteilung der Muttergesellschaft.[227]

Dementsprechend geht die Leitungsmacht der Hauptgesellschaft bei Vorliegen eines Eingliederungskonzerns weiter als nach Abschluss eines Beherrschungsvertrags. Nach einer Eingliederung einer Gesellschaft in eine andere AG sind auch solche nachteiligen Weisungen zulässig, die nicht durch Belange der Hauptgesellschaft oder konzernverbundene Unternehmen gedeckt sind.[228] Es ist umstritten, ob für die Zulässigkeit von Weisungen nach Vollzug der Eingliederung genauso wie beim Vertragskonzern auch die Grenze der Existenzgefährdung zu ziehen ist. Mit der in der h.M. in der Literatur muss eine solche Beschränkung des Weisungsrechts allerdings abgelehnt werden,[229] da Gläubiger

---

227 *Hommelhoff*, Festschrift Goette, 2011, S. 169, 173.

228 BegrRegE, Kropff, 1965, S. 427; *Drüke*, Die Haftung der Muttergesellschaft für Schulden der Tochtergesellschaft, 1990, S. 102; *Grunewald*, MünchKomm AktG, § 323 Rn. 2; *Koch*, Hüffer/Koch, § 323 Rn. 3; *Koppensteiner*, KölnKomm AktG, § 323 Rn. 2.

229 *Grunewald*, MünchKomm AktG, § 323 Rn. 3; *Habersack*, Emmerich/Habersack, § 323 Rn. 2; *Koch*, Hüffer/Koch, § 323 Rn. 3; a.A. *Ziemons*, K. Schmidt/Lutter, § 323 Rn. 6.

ausreichend durch die §§ 321 ff. AktG geschützt sind und außenstehende Aktionäre gemäß §§ 319 Abs. 1 S. 1, 320a AktG nicht vorhanden sind.[230] Somit kann das herrschende Unternehmen der eingegliederten Gesellschaft auch nachteilige, existenzgefährdende Weisungen erteilen.

Zwar ist der Vorstand wie nach Abschluss eines Beherrschungsvertrags zwischen den Gesellschaften auch bei Vorliegen eines Eingliederungskonzerns berechtigt und verpflichtet, die eingegliederte Gesellschaft in eigener Verantwortung zu leiten, wenn das herrschende Unternehmen von seinem Weisungsrecht keinen Gebrauch gemacht hat.[231] Doch kann die Muttergesellschaft die Tochtergesellschaft vollständig im Konzerninteresse steuern. Da die Geschäftsführer gänzlich weisungsunterworfen sind, agieren sie nur formal als Leiter des Unternehmens.[232] Der Vorstand kann Weisungen der Muttergesellschaft, anders als nach Abschluss eines Beherrschungsvertrags, nicht abwehren. Somit ist es unbedenklich, dass der Vorstand der eingegliederten Tochtergesellschaft durch den Abschluss eines Anstellungsvertrags mit der Muttergesellschaft incentiviert wird, im Interesse der Muttergesellschaft zu handeln.

c. Gewinnabführungsvertrag

Anders als bei der Eingliederung der Gesellschaft in das Unternehmen einer anderen Gesellschaft könnte für den Vorstand der Gesellschaft, die mit einer anderen Gesellschaft einen Gewinnabführungsvertrag geschlossen hat, ein Kernbestand an autonomer Leitungsmacht bestehen, die der Vorstand am Interesse seiner Gesellschaft ausrichten muss. Ein Umkehrschluss aus § 308 Abs. 1 S. 1 AktG ergibt, dass der Gewinnabführungsvertrag keine Weisungsrechte des berechtigten Unternehmens begründet. Nur ein Beherrschungsvertrag sowie die Eingliederung der Gesellschaft in eine andere Gesellschaft führen gemäß § 308 Abs. 1 S. 1 AktG zu einem Weisungsrecht der Muttergesellschaft.

Der Gewinnabführungsvertrag begründet gemäß § 291 Abs. 1 S. 1 2. Alt AktG die Pflicht der AG, ihren ganzen Gewinn an ein anderes Unternehmen abzuführen. Hieraus folgt allerdings nicht, dass der Vorstand seine Leitungsmacht ausschließlich im Interesse des berechtigten Unternehmens ausüben müsste. Der

---

230 *Anders,* Vorstandsdoppelmandate, 2006, S. 31; *Grunewald,* MünchKomm AktG, § 323 Rn. 3; *Habersack,* Emmerich/Habersack, § 323 Rn. 2; *Koch,* Hüffer/Koch, § 323 Rn. 3; a.A. *Ziemons,* K. Schmidt/Lutter, § 323 Rn. 6.

231 Vgl. *Grunewald,* MünchKom, § 323 Rn. 10; *Habersack,* Emmerich/Habersack, § 323 Rn. 7; *Singhof,* Spindler/Stilz Akt, § 323 Rn. 7; *Ziemons,* K. Schmidt/Lutter, § 323 Rn. 15; a.A. *Koppensteiner,* KölnKomm, § 323 Rn. 8.

232 *Hommelhoff,* Festschrift Goette, 2011, S. 169, 173.

Abschluss eines Gewinnabführungsvertrags modifiziert nicht die Interessenausrichtung des Vorstands. Der Vorstand ist zwar zur Rücksichtnahme des durch den Gewinnabführungsvertrag Berechtigten verpflichtet, muss jedoch im Interesse seiner Gesellschaft handeln. Somit könnte der mit dem Abschluss eines Drittanstellungsvertrags einhergehende Anreiz für das Vorstandsmitglied, im Interesse der Drittanstellungsgesellschaft zu handeln, der Zulässigkeit der Drittanstellung auch dann entgegenstehen, wenn zwischen der Bestellungs- und Drittanstellungsgesellschaft ein Gewinnabführungsvertrag abgeschlossen wurde.[233]

d. Faktische Abhängigkeit

Wenn bei einer faktischen Abhängigkeit der Bestellungsgesellschaft von der Drittanstellungsgesellschaft dem Vorstand ein Kernbestand an autonomer Leitungsmacht verbleibt, kann der mit dem Abschluss eines Drittanstellungsvertrags einhergehende abstrakte Interessenkonflikt für das Vorstandsmitglied der Zulässigkeit der Anstellung bei dem faktisch beherrschenden Gesellschafter der Bestellungsgesellschaft entgegenstehen.

Wurde kein Beherrschungsvertrag abgeschlossen oder die Gesellschaft in eine andere Gesellschaft eingegliedert, darf gemäß § 311 Abs. 1 AktG die Muttergesellschaft seinen Einfluss nicht dazu benutzen, die Tochtergesellschaft zu veranlassen, ein für sie nachteiliges Rechtsgeschäft vorzunehmen oder Maßnahmen zu ihrem Nachteil zu treffen oder zu unterlassen, es sei denn, dass die Nachteile ausgeglichen werden. Wenn der Nachteilsausgleich während des Geschäftsjahres nicht tatsächlich erfolgt, muss gemäß § 311 Abs. 2 S. 1 AktG am Ende des Geschäftsjahres bestimmt werden, wann und durch welche Vorteile der Nachteil ausgeglichen werden soll. Verletzungen der Nachteilsausgleichspflicht können gemäß §§ 93, 318 AktG zu einer persönlichen Haftung des Vorstands führen. Auch wenn ein faktisches Abhängigkeitsverhältnis keine Konzernleitungsmacht begründet, muss der Vorstand somit Interessen der Muttergesellschaft zwar nicht unberücksichtigt lassen.[234] Jedoch ist der Vorstand verpflichtet, im Interesse seiner Gesellschaft stets zu überprüfen, ob bei einer Einflussnahme das herrschende Unternehmen in der Lage und gewillt ist, die durch die Einflussnahme entstehenden Nachteile auszugleichen.[235]

---

233 Vgl. hierzu Zweiten Teil F.II.4 (S. 104).

234 *Vetter*, ZHR 171 (2007), 342, 345.

235 *Spindler*, Festschrift Schmidt, 2009, S. 1529, 1533.

Auch wenn die Vorstandsmitglieder sich in den wenigsten Fällen dem Willen der Mehrheitsaktionäre widersetzen dürften,[236] lässt eine faktische Abhängigkeit der Gesellschaft von einer anderen Gesellschaft die Pflichten der Vorstandsmitglieder unverändert. Die faktische Beherrschung führt nicht zu einer Pflicht des Vorstandsmitglieds, seine Interessenausrichtung zu verlagern. Das Schutzregime zugunsten der abhängigen Gesellschaft gemäß §§ 311 ff. AktG setzt gerade voraus, dass der Vorstand weiterhin ausschließlich die Interessen der Gesellschaft verfolgt. Auch bei Vorliegen einer faktischen Abhängigkeit hat sich der Vorstand der Tochtergesellschaft bei Ausübung seines Ermessens am Unternehmensinteresse zu orientieren.[237]

e. Drittanstellungsgesellschaft als Alleinaktionär

Ist die Drittanstellungsgesellschaft alleinige Anteilseignerin der Bestellungsgesellschaft, stellt sich hinsichtlich der Zulässigkeit der Anstellung des Vorstandsmitglieds bei der alleinigen Anteilseignerin die Frage, ob die Ausrichtung der Leitung durch den Vorstand an den Interessen der Drittanstellungsgesellschaft gleichbedeutend ist mit einer Ausrichtung der Unternehmensleitung an den Belangen des Aktionärs. Würde dies bejaht, stünde der Zulässigkeit der Drittanstellung ein möglicher mit der Drittanstellung einhergehender Interessenkonflikt nicht entgegen. Somit stellt sich die Frage, ob der Vorstand sich ausschließlich an den Interessen der Aktionäre orientieren muss.

Es ist nicht abschließend geklärt, welche inhaltlichen Vorgaben für die Ausübung des Leitungsermessens bestehen. Der Vorstand ist verpflichtet, sich bei seiner Geschäftsführung an den Interessen der Bestellungsgesellschaft zu orientieren. Allerdings lassen sich zwei Lager hinsichtlich der Bestimmung der Unternehmensinteressen ausmachen: Befürworter des sog. *Stakeholder-* und des sog. *Shareholder-value-approach*. Abgesehen von den Interessen der Eigentümer der Gesellschaft (gleichgültig ob Stammaktionäre oder Vorzugsaktionäre) berücksichtigt letzterer Ansatz sonstige Belange, wie die Interessen der Gläubiger, der Arbeitnehmer oder der Öffentlichkeit, nicht. Könnten die Belange der *Stakeholder* unberücksichtigt bleiben, stünde der Zulässigkeit des Drittanstellungsvertrags zwischen dem alleinigen Anteilseigner und einem Vorstandsmitglied der Bestellungsgesellschaft nicht der mit

236 *Altmeppen*, ZIP 1996, 693, 694; *Henze*, BB 1996, 489, 497.

237 OLG Hamm AG 1995, 512, 516; *Altmeppen*, ZIP 1996, 693, 694; *Koch*, Hüffer/Koch, § 311 Rn. 48; *Raiser/Veil*, Recht der Kapitalgesellschaften, 2010, § 53 Rn. 10; *Timm*, AcP 193 (1993), 423, 436 f.; *Ulmer*, Festschrift Hüffer, 2010, S. 999, 1002 ff.

der Drittanstellung einhergehende abstrakte Interessenkonflikt entgegen. Es stellt sich folglich die Frage, welchem Ansatz zu folgen ist.

Als Argument für den *Shareholder-value-approach* wird in der Literatur vorgebracht, dass Aktionäre als Eigenkapitalgeber ein größeres unternehmerisches Risiko als Inhaber von Festbetragsansprüchen tragen würden und sich somit der Vorstand ausschließlich am Interesse der Aktionäre orientieren müsse.[238] Jedoch sind Aktionäre regelmäßig diversifiziert, sodass ihr Risiko auf unterschiedliche Anlagen gestreut ist. Die Möglichkeit einer Diversifikation besteht für Mitglieder anderer Interessengruppen, wie etwa die Arbeitnehmer, regelmäßig nicht, sodass sie weitaus stärker als die Aktionäre vom Unternehmenserfolg oder -misserfolg betroffen sein können.[239] Folglich tragen die Aktionäre nicht zwingend ein größeres unternehmerisches Risiko als andere Interessengruppen. Dass der Vorstand die Interessen der Arbeitnehmer zu berücksichtigen hat, ergibt sich auch aus der unternehmerischen Mitbestimmung der Arbeitnehmer nach dem MitbestG.[240] Den Wertungen des MitbestG lässt sich entnehmen, dass Arbeitnehmer nicht bloße Kostenfaktoren sind.[241]

Die in § 76 Abs. 1 AktG normierte Leitungsverantwortung des Vorstands und die damit einhergehende Ablehnung eines Mandatsverhältnisses zwischen dem Vorstand und den Aktionären schaffen hinsichtlich der Führung des Unternehmens einen Freiraum, den der Vorstand mit interessenpluralistischen Zielkonzeptionen füllen muss. Neben den Gewinnmaximierungsinteressen der Aktionäre hat der Vorstand zugleich auch die Interessen der Arbeitnehmer und die der Gläubiger zu berücksichtigen (*sog. Stakeholder-value-approach*). Ferner ist der Vorstand verpflichtet, das Unternehmen als „*good corporate citizen*" in die Gesellschaftsordnung einzufügen.

Folglich darf der Vorstand der AG sich nicht allein an den Interessen des einzigen Aktionärs orientieren. Der Zulässigkeit der Anstellung zwischen dem alleinigen Anteilseigner und dem Vorstandsmitglied könnte mithin der mit der Drittanstellung einhergehende abstrakte Interessenkonflikt entgegenstehen.[242]

---

238 *Fleischer*, Spindler/Stilz Akt, § 76 Rn. 31; vgl. *Mertens/Cahn*, KölnKomm AktG, § 76 Rn. 16.

239 *Kuhner*, ZGR 2004, 244, 260 f.; *Kübler*, Festschrift Zöllner, 1999, Bd. 1, 321, 325 ff.; *Mertens/Cahn*, KölnKomm AktG, § 76 Rn. 16.

240 *Hopt*, ZGR 1993, 534, 536; *Raisch*, Festschrift Hefermehl, 1976, S. 291, 294 ff.; *Mertens/Cahn*, KölnKomm AktG, § 76 Rn. 16; *Zöllner*, AG 2003, 2, 10.

241 *Semler*, Festschrift Hopt, Bd. 1, 2010, S. 1391, 1394 f.

242 Vgl. hierzu Zweiten Teil F.II.4 (S. 104).

f. Zwischenergebnis

Trotz einer Abhängigkeit der Bestellungsgesellschaft von der Drittanstellungsgesellschaft oder des Abschlusses eines Gewinnabführungsvertrags zwischen den Gesellschaften verbleibt dem Vorstand ein Kernbestand an unabhängiger Leitungsmacht, den er ausschließlich im Interesse seiner Gesellschaft ausüben muss.[243] Der auf der Anstellung des Vorstandsmitglieds bei einem Dritten beruhende Interessenkonflikt könnte der Zulässigkeit der Drittanstellung auch dann entgegenstehen, wenn die Bestellungsgesellschaft von der Drittanstellungsgesellschaft abhängig ist und die Gesellschaften einen Gewinnabführungsvertrag abgeschlossen haben. Es kann hinsichtlich der Zulässigkeit von Drittanstellungsverträgen der Vorstandsmitglieder nicht dahin gehend differenziert werden, ob ein Beherrschungsvertrag und/oder Gewinnabführungsvertrag zwischen der Gesellschaft abgeschlossen wurde oder eine faktische Abhängigkeit zwischen den Gesellschaften besteht.[244] Nur bei einer Eingliederung der Bestellungsgesellschaft in die Drittanstellungsgesellschaft ist der mit der Drittanstellung einhergehende abstrakte Interessenkonflikt *per se* unproblematisch.

Ob der Zulässigkeit des Drittanstellungsvertrags von Vorstandsmitgliedern der mit der Drittanstellung einhergehende Interessenkonflikt tatsächlich entgegensteht, wird in den folgenden Abschnitten untersucht.

3. Vergleich mit Vorstandsdoppelmandaten

Von einigen Autoren wird die Zulässigkeit der Drittanstellung damit begründet, dass auch Doppelmandate zulässig sind.[245] Vorstandsdoppelmandate gelten gemeinhin als zulässig, obwohl bei einer doppelten Mandatierung die Gefahr eines Interessenkonflikts besteht.[246] Was hinsichtlich der abstrakten Gefahr eines Interessenkonflikts für Doppelmandatierungen gilt, könnte für die Drittanstellung entsprechend gelten.

243 Ebenso *Mertens/Cahn*, KölnKomm AktG, § 84 Rn. 56; *Spindler*, Festschrift Schmidt, 2009, S. 1529, 1535.

244 *Mertens/Cahn*, KölnKomm AktG, § 84 Rn. 56; *Spindler*, Festschrift Schmidt, 2009, S. 1529, 1535.

245 *Arnold/Born*, AG-Report 18 (2005), 428.

246 BGHZ 180, 105; OLG Köln AG 1993, 86, 89; *Hoffmann-Becking*, ZHR 150 (1986), 570, 574 ff.; *Säcker* ZHR 151 (1987), 59 f.; *Semler*, Festschrift Stiefel, 1987, S. 719, 732 ff.

a. *Zulässigkeit von Vorstandsdoppelmandaten sowie Loyalitätspflicht des doppelmandatierten Vorstandsmitglieds*

Die Zulässigkeit von Vorstandsdoppelmandaten wurde lange Zeit diskutiert. Das Meinungsspektrum reichte von einer grundsätzlichen Zulässigkeit[247] bis hin zur generellen Ablehnung[248]. Einige Autoren riefen auch dazu auf, Vorstandsdoppelmandate gesetzlich zu verbieten.[249] Die h.M. ging hingegen davon aus, dass Vorstandsdoppelmandate zulässig seien, sofern die Aufsichtsräte der betroffenen Gesellschaften zustimmen. Der BGH hat sich in seiner Vorstandsdoppelmandats-Entscheidung[250] letzterer Meinung angeschlossen. Als Hauptargument für die Zulässigkeit von Vorstandsdoppelmandaten wird vom BGH sowie von einigen Autoren § 88 Abs. 1 S. 2 AktG angeführt.[251] Dieser Meinung zufolge setzt eine doppelte Mandatierung somit die Zustimmung des Aufsichtsrats voraus.

Nach der heute herrschenden Auffassung führen Vorstandsdoppelmandate nicht zu einer Modifizierung der Pflichten der betroffenen Vorstandsmitglieder. Weder der Umstand, dass ein Vorstandsmitglied einer Gesellschaft aufgrund einer weiteren Mandatierung zugleich Vorstandsmitglied einer anderen Gesellschaft ist, noch die Zustimmung des Aufsichtsrats führen zu einer Einschränkung der organschaftlichen Loyalitätspflicht. Das Vorstandsmitglied ist stets zur Wahrung der Interessen des jeweiligen Unternehmens verpflichtet, für das es gerade tätig wird. Eine Pflichtverletzung gegenüber der einen Gesellschaft kann auch nicht dadurch gerechtfertigt werden, dass das Vorstandsmitglied einer Pflicht gegenüber einer anderen Gesellschaft nachgekommen ist.[252]

---

247 BGHZ 180, 105; OLG Köln AG 1993, 86, 89; *Hoffmann-Becking*, ZHR 150 (1986), 570, 574 ff.; *Säcker* ZHR 151 (1987), 59 f.; *Semler*, Festschrift Stiefel, 1987, S. 719, 732 ff.

248 *Altmeppen*, Abschied vom „qualifiziert faktischen" Konzern, 1989, S. 12; vgl. auch *Anders*, Vorstandsdoppelmandate, 2006, S. 82 f. m.w.N.

249 *Stein*, ZGR 1988, 163, 190; zur Entwicklung des Meinungsstands; *Kleba*, Interessen- bzw. Pflichtenkollisionen und Haftung bei Vorstandsdoppelmandaten im Aktienkonzern, 2013, S. 37 m.w.N.

250 BGHZ 180, 105.

251 Vgl. OLG Köln ZIP 1993, 110, 114; *Aschenbeck*, NZG 2000, 1015; *Koch*, Hüffer/Koch, § 76 Rn. 54; *Mertens/Cahn*, KölnKomm AktG, § 76 Rn. 70, § 88 Rn. 3; *Spindler* MünchKomm AktG, § 76 Rn. 49.

252 BGH NJW 1980, 1629; *Aschenbeck*, NZG 2000, 1015, 1021; *Fleischner*, Hdb. des VorstandsR, § 18 Rn. 128; *Hoffmann-Becking* ZHR 150 (1986), 570, 576 f.; *Kort*, ZIP 2008, 717, 719; a.A. *Decher*, Personelle Verflechtungen im Aktienkonzern, 1990, S. 135 ff.; 147.

b. Unterschiedliche Intensität des Interessenkonflikts

Fraglich ist, ob sich die abstrakte Gefahr des Interessenkonflikts im Falle der Drittanstellung von Vorstandsmitgliedern mit dem abstrakten Interessenkonflikt im Rahmen von Vorstandsdoppelmandaten vergleichen lässt. Anders als bei einer Drittanstellung befindet sich das Vorstandsmitglied aufgrund der doppelten Mandatierung sowohl in einem korporationsrechtlichen Bestellungs- als auch in einem schuldrechtlichen Anstellungsverhältnis mit den jeweiligen Gesellschaften. Die Rechtsverhältnisse betreffen zwei unterschiedliche Tätigkeiten: zum einen die Vorstandstätigkeit für die Gesellschaft A und zum anderen die Vorstandstätigkeit für die Gesellschaft B.

Gegen denselben rechtlichen Umgang mit potenziellen Interessenkonflikten betreffend Drittanstellungen und Vorstandsdoppelmandate spricht insbesondere, dass der Anreiz, im Interesse des Dritten zu handeln, bei einer Drittanstellung wesentlich intensiver ist als im Falle einer doppelten Mandatierung. Bei der Drittanstellung hat das Vorstandsmitglied lediglich einen Anstellungsvertrag mit der Drittanstellungsgesellschaft. Wären lediglich die Anstellungsverhältnisse Gegenstand der Untersuchung, bestünde im Fall der Drittanstellung für das Vorstandsmitglied ausschließlich ein Anreiz, im Interesse des Dritten zu handeln. Anders verhält es sich im Falle des Vorstandsdoppelmandats. Die abstrakte Gefahr eines Interessenkonflikts besteht zwar auch bei einer doppelten Mandatierung, der Interessenkonflikt wird jedoch zumindest durch einen eigenständigen Anstellungsvertrag, der mit der jeweiligen Bestellungsgesellschaft abgeschlossen wird und die jeweilige Vorstandstätigkeit betrifft, abgemildert. Aus Sicht des Vorstands besteht bei Betrachtung der Anstellungsverhältnisse, anders als bei der Drittanstellung, ein Anreiz, im Interesse der jeweiligen Bestellungsgesellschaft zu handeln. Die Interessenkonflikte im Falle von Vorstandsdoppelmandaten und Drittanstellungen haben folglich unterschiedliche Intensität.

c. Zwischenergebnis

Mit Vorstandsdoppelmandaten auf der einen und Drittanstellungen auf der anderen Seite gehen divergierende Interessenlagen für das Vorstandsmitglied einher. Dies führt dazu, dass der Umgang mit Interessenkonflikten im Falle der doppelten Mandatierung nicht auf Interessenkonflikte im Rahmen der Drittanstellung übertragbar ist. Von der Zulässigkeit der Doppelmandatierung kann also nicht auf die Zulässigkeit der Drittanstellung geschlossen werden.

4. *Die abstrakte Gefahr eines Interessenkonflikts*

Der Zulässigkeit der Drittanstellung von Vorstandsmitgliedern könnte entgegenstehen, dass sie eine abstrakte Gefahr eines Interessenkonflikts für das drittangestellte Vorstandsmitglied begründet. Das Vorstandsmitglied ist aufgrund seiner Treupflicht gegenüber der Gesellschaft gehalten, in allen die Interessen der Gesellschaft berührenden Belangen das Wohl der Gesellschaft und nicht den eigenen Nutzen oder die Interessen eines Dritten im Auge zu behalten.[253]

a. *Eignung des drittangestellten Managers*

Aufgrund des mit der Drittanstellung von Vorstandsmitgliedern einhergehenden abstrakten Interessenkonflikts erscheint es fraglich, ob drittangestellte Manager für das Vorstandsamt geeignet sind. Ihre fehlende Eignung zur ordnungsgemäßen Ausführung der Vorstandstätigkeit könnte sich aus der Pflicht der Vorstandsmitglieder ergeben, das Unternehmen der Bestellungsgesellschaft autonom zu leiten.

aa. Ausdrückliche Bestellungshindernisse

Bei Vorstandsmitgliedern muss es sich gemäß § 76 Abs. 3 S. 1 AktG um natürliche und unbeschränkt geschäftsfähige Personen handeln. Schließlich sieht § 76 Abs. 3 AktG persönliche Mindestanforderungen für das Vorstandsmitglied einer AG vor. So verbietet die Vorschrift die Bestellung als Vorstandsmitglied, wenn der Manager wegen den im Gesetz genannten Straftatbeständen oder wegen einer mit den im Gesetz genannten Straftaten vergleichbaren Tat im Ausland verurteilt wurde. Bei den Bestellungshindernissen nach § 76 Abs. 3 AktG geht es allerdings nicht um die Vermeidung von Interessenkonflikten. Folglich hindert § 76 Abs. 3 AktG den Aufsichtsrat nicht daran, einen bei einem anderen Unternehmen angestellten Manager als Vorstandsmitglied zu bestellen.

Ferner können Aufsichtsratsmitglied gemäß § 105 Abs. 1 AktG nicht Vorstandsmitglieder werden. Zweck ist die Funktionstrennung zwischen Vorstand und Aufsichtsrats. Die Geschäftsführung und deren Überwachung können nicht in denselben Händen liegen.[254] In der Vorschrift kommt das allgemeine Prinzip zum Ausdruck, dass niemand „Richter in eigener Sache sein soll".[255] Die Drittanstellung führt jedoch nicht zu einer personellen Verflechtung zwischen dem Vorstand und dem Aufsichtsrat. Somit steht auch § 105 Abs. 1 AktG der Drittanstellung von Vorstandsmitgliedern nicht entgegen.

---

253 OLG Frankfurt AG 2000, 518, 519; im Übrigen vgl. Zweiten Teil F.I.2.a.aa (S. 84).

254 Vgl. BegrRegE (zu § 105 AktG), Kropff, 1965, S. 146.

255 BGHZ 9, 157, 178; *Happ/Bednarz,* Festschrift Hoffmann-Becking, 2013, S. 433, 434.

bb. Die unabhängige Leitung der Gesellschaft durch den Vorstand gemäß § 76 Abs. 1 AktG als Bestellungshindernis

Die aktienrechtlichen Bestimmungen lassen weitestgehend offen, wann eine Person für das Vorstandsamt geeignet ist und welche Qualifikationen der Manager haben muss, damit er als Vorstandsmitglied bestellt werden kann. Das AktG sieht zumindest nicht ausdrücklich die generelle Ungeeignetheit von fremdangestellten Vorstandsmitgliedern vor.

(1). Ordnungsgemäße Leitung der Aktiengesellschaft trotz Bestehen eines abstrakten Interessenkonflikts

Im Schrifttum wird vertreten, dass es dem Manager nicht möglich sei, im Interesse der Bestellungsgesellschaft zu handeln, dessen Vorstand er als Mitglied angehört, wenn ein Interessenkonflikt bestehe.[256] Es sei unmöglich, bei einem Interessenkonflikt ausschließlich die Interessen seiner Gesellschaft im Auge zu haben.[257] Danach wäre die unabhängige Leitung des Unternehmens nicht mehr gewährleistet, wenn ein oder mehrere Vorstandsmitglieder drittangestellt sind. Gemäß § 76 Abs. 1 AktG hat der Vorstand das Unternehmen jedoch unter eigener Verantwortung zu leiten. Die Drittanstellung von Vorstandsmitgliedern würde gegen § 76 Abs. 1 AktG verstoßen.

Zwar mag es zutreffen, dass das Vorstandsmitglied aufgrund einer Anstellung bei einem Dritten dessen Interessen nicht ausblenden kann, doch hat das nicht automatisch zur Folge, dass das Vorstandsmitglied auch tatsächlich im Interesse des Dritten tätig wird. So besteht ein Anreiz für Vorstandsmitglieder, sich pflichtgemäß zu verhalten, da sie sich andernfalls gemäß § 93 Abs. 2 S. 1 AktG schadensersatzpflichtig machen. Ferner kann für jede natürliche Person aufgrund der verschiedenen Stellungen, die sie innehat, und wegen der zahlreichen Beziehungen zu anderen Personen früher oder später ein Anreiz bestehen, entgegen den Interessen der Bestellungsgesellschaft zu handeln. So ist der Manager auch immer Staatsbürger, Mitglied einer Familie, üblicherweise Anleger, und unterhält mit zahlreichen Personen geschäftliche und/oder persönliche Beziehungen. Mit all diesen Positionen bzw. Beziehungen gehen unterschiedliche Rollenerwartungen u.a. auch hinsichtlich der Vorstandstätigkeit einher.[258] Ginge man davon aus, dass Manager, für die eine abstrakte Interessenkollision besteht,

256 Vgl. *Lutter*, Festschrift Priester, 2007, S. 417, 419.

257 *Lutter*, Festschrift Priester, 2007, S. 417, 420.

258 *Schneider*, Festschrift Goette, 2011, S. 475, 476; *Butzke*, Festschrift Hoffmann-Becking, 2013, S. 229, 230.

für die Vorstandstätigkeit gemäß § 76 Abs. 1 AktG ungeeignet sind, ließe sich der Vorstand nicht mit natürlichen Personen besetzten. Gemäß § 76 Abs. 3 AktG kann der Vorstand jedoch nur mit natürlichen Personen besetzt werden.

(2). Das dem drittangestellten Manager entgegengebrachte Vertrauen

Im Falle der Drittanstellung von Vorstandsmitgliedern stellt sich nicht die Frage, ob ein abstrakter Interessenkonflikt besteht oder nicht besteht, da das Vorliegen eines abstrakten Interessenkonflikts bejaht werden muss,[259] sondern ob dem Vorstandsmitglied so viel Vertrauen entgegengebracht werden kann, dass es sich trotz der extrinsischen Motivation, im Interesse der Drittanstellungsgesellschaft zu handeln, in der Lage ist, sich selbst zu disziplinieren und sich ausschließlich an den Interessen der Bestellungsgesellschaft zu orientieren.

Ob einem Manager soviel Vertrauen entgegengebracht werden kann, seinen organschaftlichen Pflichten entsprechend zu handeln, insbesondere unabhängig tätig zu werden, wird nur vereinzelt im Gesetz geregelt, wie zum Beispiel in § 105 Abs. 1 AktG, wonach ein Vorstandsmitglied nicht zugleich Aufsichtsratsmitglied sein kann. Schweigt das Gesetz, wie hinsichtlich der Drittanstellung von Vorstandsmitgliedern, entscheidet gemäß § 84 AktG der Aufsichtsrat, ob dem Manager genügend Vertrauen entgegengebracht werden kann, seinen organschaftlichen Pflichten entsprechend zu handeln.

Diejenigen, die davon ausgehen, dass die Drittanstellung von Vorstandsmitgliedern wegen § 76 Abs. 1 AktG unzulässig sei, übersehen, dass die Intensität des abstrakten Interessenkonflikts, der auf der Drittanstellung des Vorstandsmitglieds beruht, gering sein kann.[260] Handelt es sich zum Beispiel bei der Drittanstellungsgesellschaft um eine Interimsmanager-Gesellschaft, besteht in der Praxis regelmäßig für die Drittanstellungsgesellschaft kein Grund und somit für das Vorstandsmitglied kein Anreiz, die Bestellungsgesellschaft im Interesse der Interimsmanager-Gesellschaft zu leiten. Auch wird der auf der Drittanstellung beruhende Interessenkonflikt nur relevant, wenn die konkreten Interessen der Drittanstellungsgesellschaft und der Bestellungsgesellschaft gegensätzlich sind. Nur weil das Vorstandsmitglied drittangestellt ist, ist es nicht bei jeder Amtshandlung automatisch mit unterschiedlichen Interessen konfrontiert. Der Umstand also, dass ein Vorstandsmitglied drittangestellt ist, begründet nicht die Gefahr, dass die Unabhängigkeit des Vorstands generell verloren geht.

---

259 Vgl. Ersten Teil B.I.1 (S. 33).

260 Vgl. Zeiten Teil F.II.1 (S. 91).

Auch werden in anderen Konstellationen ähnliche Interessenkonflikte hingenommen. Ein Anreiz für das Vorstandsmitglied, im Interesse des Großaktionärs und gegebenenfalls zulasten der Minderheitsgesellschafter, Gläubiger, Arbeitnehmer und der Öffentlichkeit zu handeln, besteht zum Beispiel bei einer faktischen Abhängigkeit. Dennoch ist der faktische Konzern zulässig. Das Vorstandsmitglied kann auch in Konkurrenzunternehmen arbeiten, wenn der Aufsichtsrat gemäß § 88 AktG zustimmt. Schließlich kann auch dem Anreiz, im Interesse eines Dritten zu handeln, durch eine entsprechende Vorstandsvergütung entgegengewirkt werden. So können variable Vergütungsbestandteile an Finanz- und Unternehmenskennzahlen oder am Aktienkurs der Bestellungsgesellschaft ausgerichtet werden.

Zugleich sind Interessenkonflikte im Wirtschaftsbereich aufgrund personeller Verflechtungen allgegenwärtig.[261] Zum Beispiel kann das Vorstandsmitglied im Aufsichtsrat einer Bank sitzen, welches der Gesellschaft einen Kredit gewährt; das Vorstandsmitglied kann Eigentümer eines Zuliefer-Unternehmens sein; das Vorstandsmitglied kann bei einem Konkurrenzunternehmen angestellt sein usw.[262] In all diesen Fällen liegt es genauso wie bei der Drittanstellung nahe, dass für das Vorstandsmitglied früher oder später ein Anreiz besteht, im Interesse eines Dritten zu handeln. Es ist nicht ersichtlich, warum ein Manager, der bei einem Dritten angestellt ist, für die Vorstandstätigkeit generell ungeeignet sein soll, wenn im Hinblick auf sonstige Beziehungen und Stellungen vielfach ein abstrakter Interessenkonflikt von der Bestellungsgesellschaft hingenommen wird (bzw. hingenommen werden muss).

Zuletzt wären die Gefahren für die Bestellungsgesellschaft, die von einem Interessenkonflikt für Vorstandsmitglieder ausgehen, eingedämmt, wenn für das Vorstandsmitglied die Pflicht bestünde, einen konkreten Interessenkonflikt offen zu legen. Die übrigen Vorstandsmitglieder könnten eine Gesamtausrichtung des Vorstands am Interesse eines Dritten durch entsprechende Einflussnahme verhindern. Zudem könnte der Aufsichtsrat besser kontrollieren, ob und inwiefern betreffende Vorstandsmitglieder sich von Interessen Dritter lenken lassen. Ob das Vorstandsmitglied schon von Gesetzes wegen eine Offenlegungspflicht hinsichtlich konkreter Interessenkonflikte trifft, kann an dieser Stelle offenbleiben, da sich Offenlegungspflichten in jedem Fall aus der Satzung oder der Geschäftsordnung des Vorstands ergeben können.

261 *Harbarth*, Festschrift Hommelhoff, 2012, S. 323, 327.

262 Vgl. zu weiteren Beispielen *Lutter*, Festschrift Priester, 2007, S. 417.

cc. Zwischenergebnis

Der Aufsichtsrat entscheidet, ob einem Vorstandsmitglied trotz eines abstrakten Interessenkonflikts ausreichend Vertrauen entgegengebracht werden kann, die Geschäfte des Unternehmens autonom im Interesse der Gesellschaft zusammen mit den anderen Vorstandsmitgliedern gemäß § 76 Abs. 1 AktG zu leiten. Der Aufsichtsrat hat zu berücksichtigen, ob und inwiefern die Drittanstellungsgesellschaft ein Interesse an einer Führung der Bestellungsgesellschaft zugunsten eines Dritten hat. Er muss u.a. einschätzen, wie wahrscheinlich es ist, dass die Interessen der Bestellungsgesellschaft und der Drittanstellungsgesellschaft divergieren. Der Aufsichtsrat beurteilt somit die Intensität des abstrakten Interessenkonflikts sowie das prognostizierte Störpotential im Hinblick auf die unabhängige Führung durch den Vorstand.[263]

Dass für das Vorstandsmitglied ein Anreiz bestehen kann, Interessen eines Dritten zu berücksichtigen, schließt die Bestellung als Vorstandsmitglied nicht von vornherein aus. Dieser Umstand ist lediglich im Abwägungsprozess hinsichtlich der Auswahl des Vorstandsmitglieds zu berücksichtigen. Der abstrakte Interessenkonflikt des Managers kann u.a. durch die Erfahrung des Managers, seine Vorbildung und seinen fachlichen Ruf aufgewogen werden. Eine generelle Ermessensreduzierung dahin, dass drittangestellte Manager nicht als Vorstandsmitglied bestellt werden dürfen, besteht nicht. Eine Ermessenreduzierung besteht allein, wenn der Aufsichtsrat zu dem Ergebnis kommt, dass ein Manager voraussichtlich nicht unabhängig tätig wird. Der mit der Drittanstellung des Vorstandsmitglieds einhergehende abstrakte Interessenkonflikt bildet jedoch nicht *per se* ein Bestellungshindernis gemäß § 76 Abs. 1 AktG.

b. Voraussetzungen der Drittanstellung von Vorstandsmitgliedern

Das Vorstandsmitglied könnte verpflichtet sein, seine möglicherweise bestehende Anstellung bei einem Dritten offenzulegen. Die Drittanstellung könnte auch der Zustimmung der Hauptversammlung bedürfen. Wird der Drittanstellungsvertrag nach der Bestellung des Vorstandsmitglieds abgeschlossen, könnte auch eine Zustimmung des Aufsichtsrats notwendig sein. Zudem könnte der Aufsichtsrat das Recht haben, ein Vorstandsmitglied abzuberufen, welches nach seiner Bestellung hinsichtlich seiner Vorstandstätigkeit einen Anstellungsvertrag mit einem Dritten abschließt.

---

263 Hinsichtlich Aufsichtsratsmitglieder genauso *Seibt*, Festschrift Hopt, Bd. 1, 2010, S. 1363, 1369.

aa. Offenlegungspflicht

Der Bestellung eines Vorstandsmitglieds liegt eine Ermessensentscheidung des Aufsichtsrats zugrunde.[264] Die Auswahlentscheidung des Aufsichtsrats macht eine umfassende Abwägung aller für die Geschäftsführung des Managers relevanten Umstände erforderlich.[265] Hierzu gehört auch, ob und inwiefern die Pflicht des potentiellen Vorstandsmitglieds, zusammen mit den anderen Vorstandsmitgliedern gemäß § 76 Abs. 1 AktG das Unternehmen zu leiten, durch eine Drittanstellung abstrakt gefährdet ist. Damit der Aufsichtsrat seine Personalhoheit im Hinblick auf Vorstandsmitglieder ordnungsgemäß ausüben kann, ist der Kandidat für das Amt des Vorstandsmitglieds verpflichtet, eine Drittanstellung offen zu legen, sofern der Aufsichtsrat von der Drittanstellung des Vorstandsmitglieds nicht bereits anderweitig Kenntnis erlangt hat.[266]

bb. Kein Zustimmungserfordernis der Hauptversammlung

Die Drittanstellung von Vorstandsmitgliedern könnte einer Zustimmung der Hauptversammlung bedürfen. Mangels eines im Gesetz ausdrücklich geforderten Zustimmungserfordernisses käme lediglich eine übergesetzliche Kompetenz der Hauptversammlung in Betracht.[267]

Eine ungeschriebene Kompetenz der Hauptversammlung wird in Literatur und Rechtsprechung anerkannt, wenn in die Mitgliedsrechte der Aktionäre eingegriffen wird.[268] Es geht um den Schutz der Aktionäre vor einer Mediatisierung ihres Einflusses durch Ausgliederung wichtiger Teile des Unternehmens der Gesellschaft auf nachgelagerte Gesellschaften[269] sowie vor einer nachhaltigen Schwächung des

---

264 Vgl. Zweiten Teil F.II.4.a.bb(2) (S. 106).

265 *Krieger*, Personalentscheidungen des Aufsichtsrats, 1981, S. 30 f.

266 Vgl. zur Offenlegungspflicht von Interessenkonflikten, KG AG 2005, 737, 738; *Kort*, ZIP 2008, 717, 719.

267 Allgemein zu übergesetzlichen Kompetenzen der Hauptversammlung vgl. BGHZ 159, 30, 43; *Fleischer*, NJW 2004, 2335, 2337; *Geßler*, Festschrift Stimpel, 1985, S. 771, 780.

268 Vgl. BGHZ 83, 122 (Holzmüller); BGHZ 159, 30 (Gelantine); OLG Schleswig AG 2006, 120, 123; OLG Celle 2001, 357, 358; OLG Köln ZIP 1993, 110, 113; *Fleischer*, NJW 2004, 2335, 2337; *Geßler*, Festschrift Stimpel, 1985, S. 771, 780; *Koppensteiner*, Der Konzern 2004, 381, 384 f.

269 BGHZ 153, 47, 54.

Wertes ihrer Beteiligung[270]. Die zustimmungsbedürftige Maßnahme soll in ihrer Auswirkung an die Notwendigkeit einer Satzungsänderung heranreichen.[271]

Die Drittanstellung des Vorstandsmitglieds stellt jedoch aufgrund des mit ihr einhergehenden abstrakten Interessenkonflikts lediglich die Unabhängigkeit des Vorstands infrage. Mit der Drittanstellung sind keine unmittelbaren Vermögenseinbußen für die Aktionäre oder Einschränkungen der in der Aktie verkörperten Anteilsrechte verbunden.

Auch hinsichtlich anderer Konstellationen, in denen für das Vorstandsmitglied ein abstrakter Interessenkonflikt besteht, muss die Hauptversammlung nicht zustimmen, wie zum Beispiel bei einer zulässigen Vorstandsdoppelmandatierung oder wenn das Vorstandsmitglied im Geschäftszweig der Gesellschaft für eigene oder fremde Rechnung Geschäfte macht. Ferner kommt allein dem Aufsichtsrat gemäß § 84 AktG die Personalkompetenz hinsichtlich Vorstandsmitglieder zu. Ein Zustimmungserfordernis der Hauptversammlung wäre mit den Kompetenzen des Aufsichtsrats nicht vereinbar.

cc. Kein Zustimmungserfordernis des Aufsichtsrats

Die Drittanstellung von Vorstandsmitgliedern könnte aufgrund der mit ihr einhergehenden abstrakten Gefahr eines Interessenkonflikts nur bei einer Zustimmung des Aufsichtsrats zulässig sein. Allerdings würde eine mögliche Notwendigkeit einer Zustimmung des Aufsichtsrats für die Drittanstellung des Vorstandsmitglieds in der Praxis nur selten relevant. Drittanstellungen sind häufig im Rahmen von Konzernstrukturen anzutreffen.[272] Bei einer Entsendung des Angestellten der Muttergesellschaft in den Vorstand der Tochtergesellschaft bestellt der Aufsichtsrat regelmäßig das Vorstandsmitglied in Kenntnis der Fremdanstellung. Gleiches gilt für den Einsatz von Interimsmanager. Durch die Bestellung erklärt sich der Aufsichtsrat konkludent mit der Drittanstellung einverstanden. Im Rahmen des Abwägungsprozesses hinsichtlich der Auswahl des Vorstandsmitglieds berücksichtigt der Aufsichtsrat, dass von der Drittanstellung eine abstrakte Gefährdung der unabhängigen Leitung des Unternehmens ausgeht. Relevant wird ein mögliches Zustimmungserfordernis des Aufsichtsrats nur, wenn ein Vorstandsmitglied sich erst nach seiner Bestellung bei einem Dritten anstellen lässt oder die Drittanstellung im Zeitpunkt seiner Bestellung als Vorstandsmitglied nicht offenlegt.

---

270 BGHZ 83, 122, 142 f.

271 BGHZ 159, 30, 40.

272 Vgl. Ersten Teil A.I (S. 29).

Für die Drittanstellung des Vorstandsmitglieds könnte eine Zustimmung des Aufsichtsrats gemäß § 88 Abs. 1 S. 1, S. 2 AktG erforderlich sein.[273] Hierfür müsste die Drittanstellung allerdings dem Wettbewerbsverbot i.S.d. § 88 AktG unterfallen. Zwar führt die Drittanstellung von Vorstandsmitgliedern zu einer personellen Verflechtung des Vorstands mit einem Dritten, doch wird das Vorstandsmitglied weder Mitglied des Vorstands oder Geschäftsführer oder persönlich haftender Gesellschafter einer anderen Handelsgesellschaft.

§ 88 AktG verbietet auch das Geschäftemachen im Geschäftszweig der Gesellschaft ohne die Zustimmung des Aufsichtsrats. Da jedoch die Bestellungsgesellschaft naturgemäß nicht selber anstelle des Vorstandsmitglieds den Drittanstellungsvertrag abschließen kann, handelt es sich bei der Drittanstellung nicht um ein Geschäftemachen für eigene oder fremde Rechnung im Geschäftszweig der Gesellschaft.

In Betracht kommt somit nur eine analoge Anwendung des § 88 AktG. Im Hinblick auf den Regelungszweck der Vorschrift müsste der ausdrücklich geregelte Sachverhalt mit dem der Drittanstellung von Vorstandsmitgliedern vergleichbar sein. § 88 AktG bezweckt den Schutz der Gesellschaft vor Wettbewerbshandlungen und vor anderweitigem Einsatz der Arbeitskraft ihrer Vorstandsmitglieder.[274] Anders als bei Doppelmandaten wird das fremdangestellte Vorstandsmitglied allerdings ausschließlich für die Bestellungsgesellschaft tätig.[275] Sein Handeln hat es ausschließlich am Interesse der Bestellungsgesellschaft auszurichten, unabhängig davon, ob er bei einem Dritten angestellt ist oder nicht. Bei der Drittanstellung des Vorstandsmitglieds handelt es sich auch nicht um ein Konkurrenzgeschäft, durch welches der Bestellungsgesellschaft Gewinnchancen entgehen. § 88 AktG gilt somit auch nicht analog für Drittanstellungen. Freilich bedarf es gemäß § 88 AktG einer Zustimmung des Aufsichtsrats, wenn das Vorstandsmitglied zugleich Vorstandstätigkeiten der Drittanstellungsgesellschaft übernimmt. Das Zustimmungserfordernis beruht allerdings nicht auf der Drittanstellung, sondern auf der Doppelmandatierung. Im Gegensatz zur Doppelmandatierung besteht für die Drittanstellung von Vorstandsmitgliedern kein Zustimmungserfordernis gemäß § 88 AktG.

---

273 So etwa *Spindler*, Gutachten (im Auftrag der Hans-Böckler-Stiftung), abrufbar unter: http://www.boeckler.de/pdf/mbf_gutachten_drittanstellungsvertraege_gs.pdf, S. 4 ff.

274 BGH NJW, 1997, 2055; *Mertens/Cahn*, KölnKomm AktG, § 88 Rn. 2.

275 Vgl. Zweiten Teil F.II.3.b (S. 103).

dd. Abberufungskompetenz des Aufsichtsrats

Der Aufsichtsrat könnte das Recht haben, das Vorstandsmitglied gemäß § 84 Abs. 3 S. 1 AktG abzuberufen, wenn dieses hinsichtlich der Vorstandstätigkeit einen Anstellungsvertrag mit einem Dritten schließt. Mit der Drittanstellung kann ein abstrakter Interessenkonflikt für das Vorstandsmitglied einhergehen. Die Drittanstellung kann das vom Aufsichtsrat bei der Bestellung des Vorstandsmitglieds gesetzte Vertrauen erschüttern. Inwiefern eine Drittanstellung des Vorstandsmitglieds einen solchen abstrakten Interessenkonflikt begründet, bestimmt sich jedoch nach den konkreten Umständen des Einzelfalls. Die Gefahr, dass das Vorstandsmitglied im Interesse der Drittanstellungsgesellschaft tätig wird, ist zum Beispiel groß, wenn die Drittanstellungsgesellschaft ein Interesse an einer bestimmten Leitung der Bestellungsgesellschaft hat. Damit der Aufsichtsrat die Bestellung des Vorstandsmitglieds gemäß § 84 Abs. 3 S. 1 AktG widerrufen kann, muss der Bestellungsgesellschaft die Fortführung des Bestellungsverhältnisses unzumutbar sein. Das kann zum Beispiel der Fall sein, wenn sich das Vorstandsmitglied bei einem Konkurrenten der Bestellungsgesellschaft anstellen lässt. Wenn der Aufsichtsrat zu dem Ergebnis kommt, dass durch die Drittanstellung des Vorstandsmitglieds die autonome Unternehmensleitung gefährdet ist, kann er das Vorstandsmitglied abberufen.

5. Der Umgang mit konkreten Interessenkonflikten

a. Offenlegungspflicht

Fraglich ist, wie sich das drittangestellte Vorstandsmitglied zu verhalten hat, wenn sich konkret abzeichnet, dass Interessen der Drittanstellungsgesellschaft und der Bestellungsgesellschaft im Hinblick auf bestimmte Maßnahmen des Vorstands divergieren, also für das Vorstandsmitglied ein konkreter Interessenkonflikt besteht, der auf der Drittanstellung beruht.

Gemäß Ziff. 4.3.3 S. 1 DCGK soll das Vorstandsmitglied konkrete Interessenkonflikte dem Aufsichtsrat gegenüber unverzüglich offenlegen und die anderen Vorstandsmitglieder hierüber informieren. Der DCGK entfaltet wegen seiner fehlenden parlamentarischen Legitimation zwar keine unmittelbare Rechtsbindung. Jedoch sind die Offenlegungspflichten des Vorstandsmitglieds zugleich Ausdruck der Treupflicht des Vorstandsmitglieds gegenüber seiner Gesellschaft.[276] Nur so kann ein Fortbestehen des Vertrauens, das dem Vorstandsmitglied bei seiner Bestellung entgegengebracht wurde, gewährleistet werden. Der

276 Vgl. BGH NJW 1956, 906; *Hopt*, GroßKomm AktG, § 93 Rn. 185.

Aufsichtsrat ist verpflichtet, die ordnungsmäßige Amtsführung der Vorstandsmitglieder gemäß § 111 Abs. 1 AktG zu überwachen. Dieser Pflicht kann der Aufsichtsrat allerdings nur gerecht werden, wenn die Vorstandsmitglieder Interessenkonflikte gegenüber der Gesellschaft offen legen.[277] Ferner setzt eine „Vertrauenskultur" innerhalb des Vorstands, in der alle Mitglieder einander ernst nehmen und darauf vertrauen, dass das Handeln der Mitglieder durch Interessen der Bestellungsgesellschaft bestimmt wird, voraus, dass Interessenkollisionen offengelegt werden.[278] Nur wenn die Vorstandsmitglieder verpflichtet sind, Interessenkonflikte offenzulegen, kann eine unabhängige und am Unternehmensinteresse ausgerichtete Willensbildung im Vorstand gewährleistet sein.[279] Auch wenn das Vorstandsmitglied überzeugt ist, völlig unbeeinflusst von Interessen Dritter handeln zu können, muss es solche Interessenkollisionen offenlegen, die objektiv eine Fixierung allein auf Unternehmensinteressen der Bestellungsgesellschaft infrage stellen. Zeichnet sich nun ab, dass ein konkreter Interessenkonflikt besteht, der auf der Drittanstellung des Vorstandsmitglieds beruht, hat das Vorstandsmitglied daher diesen Konflikt offenzulegen.

b. Strafrechtliche Verbote

Erhält das fremdangestellte Vorstandsmitglied von der Drittanstellungsgesellschaft für sein pflichtwidriges Handeln eine Leistung oder lässt es sich eine solche versprechen, ist der Straftatbestand des § 299 Abs. 1 StGB (Bestechlichkeit und Bestechung im geschäftlichen Verkehr) erfüllt. Zudem kann der Tatbestand der Untreue nach § 266 StGB erfüllt sein, wenn das Vorstandsmitglied im Interesse der Drittanstellungsgesellschaft handelt und hieraus der Bestellungsgesellschaft ein Vermögensschaden entsteht. Nicht nur ein schuldrechtliches, sondern auch das korporationsrechtliche Rechtsverhältnis zwischen dem Vorstandsmitglied und der Bestellungsgesellschaft begründet eine für die Straftatbestände erforderliche Vermögensbetreuungspflicht des Vorstandsmitglieds.

c. Kein Stimmverbot

Die Drittanstellung wirft die Frage auf, ob das fremdangestellte Vorstandsmitglied ein Recht hat oder es gar die Pflicht trifft, sich bei Beschlussfassung seiner

---

277 *Diekmann/Fleischmann*, AG 2013, 141, 148.

278 Hinsichtlich Aufsichtsratsmitglieder genauso *Seibt*, Festschrift Hopt, Bd. 1, 2010, S. 1363, 1369.

279 Hinsichtlich Aufsichtsratsmitglieder genauso *Seibt*, Festschrift Hopt, Bd. 1, 2010, S. 1363, 1369.

Stimme zu enthalten, wenn sich ein konkreter Interessenkonflikt abzeichnet. Bei schwerwiegenden Interessenkonflikten kommt auch ein Ausschluss des betreffenden Vorstandsmitglieds von Vorstandssitzungen oder vom Informationsfluss in Betracht.

Im AktG finden sich keine ausdrücklichen Stimmverbote des Vorstandsmitglieds in Hinblick auf Entscheidungen des Vorstands. In Betracht kommt allerdings eine analoge Anwendung des § 34 BGB oder des § 181 BGB.

aa. Kein Stimmverbot gemäß § 34 BGB (analog)

Teilweise wird in der Literatur § 34 BGB für ein Stimmverbot im Falle von Interessenkonflikten angeführt.[280] Gemäß § 34 BGB ist ein Vereinsmitglied nicht stimmberechtigt, wenn die Beschlussfassung der Mitgliederversammlung die Vornahme eines Rechtsgeschäfts mit ihm oder die Einleitung oder Erledigung eines Rechtsstreits zwischen ihm und dem Verein betrifft. Eine entsprechende Anwendung der vereinsrechtlichen Vorschrift auf Rechtsverhältnisse zwischen der AG und einem Vorstandsmitglied hätte im Aktienrecht jedoch keine praktische Bedeutung, da für solche Rechtsgeschäfte gemäß §§ 84, 87, 89, 112 AktG eine Kompetenz des Aufsichtsrats besteht.[281]

Zum Teil wird vertreten, dass sich § 34 BGB ein allgemeines Rechtsprinzip entnehmen lasse, demnach niemand, der sich in einem schwerwiegenden Interessenkonflikt befinde, an der Entscheidungsfindung und Willensbildung mitwirken dürfe.[282] Betrifft ein Vorstandshandeln Belange der Drittanstellungsgesellschaft, könnte es dem drittangestellten Vorstandsmitglied verwehrt sein, an der dem Vorstandshandeln zugrunde liegenden Willensbildung und hierfür notwendigen Abstimmungen teilzunehmen.

Allerdings soll § 34 BGB nur hinsichtlich schwerwiegender Interessenkonflikte analog angewandt werden.[283] Ein Stimmverbot für Vorstandsmitglieder, für die ein schwerwiegender Interessenkonflikt besteht, führt jedoch zu einer nicht hinnehmbaren Rechtsunsicherheit. Im Einzelfall wäre zweifelhaft, ob ein schwerer Interessenkonflikt besteht oder nicht besteht. Die Rechtsunsicherheit bestünde allerdings nicht, wenn sich anhand abstrakter Kriterien eindeutig bestimmen ließe, ab welchem Gewicht die Interessenkollision zu einem Stimmverbot führt und wann das

---

280 Vgl. *Anders*, Vorstandsdoppelmandate, 2006, S. 114 ff.; *Hoffmann-Becking*, ZHR 150 (1986), 570, 579 ff.

281 *Mertens/Cahn*, KölnKomm AktG, § 77 Rn. 38.

282 So etwa *Schneider*, Festschrift Goette, 2011, S. 475, 782.

283 *Schneider*, Festschrift Goette, 2011, S. 475, 782.

Vorstandsmitglied an der Entscheidung des Vorstands mitwirken kann. Als solches Kriterium wird in der Literatur angeführt, dass ein Organmitglied bei Vorliegen divergierender Rechtspflichten an der Entscheidung des Vorstands nicht mitwirken können soll.[284] Hierbei handelt es sich jedoch nicht mehr um einen Interessenkonflikt, sondern um eine Pflichtenkollision. Wegen des Vorrangs des Bestellungsverhältnisses gegenüber dem Anstellungsvertrag im Hinblick auf die Drittanstellung des Vorstandsmitglieds bestehen allerdings niemals divergierende Rechtspflichten. Würde man Stimmverbote allein dann bejahen, wenn das Vorstandsmitglied divergierenden Rechtspflichten ausgesetzt ist, würde § 34 BGB (analog) im Hinblick auf die Drittanstellung von Vorstandsmitgliedern nicht relevant.

Die Pflicht, das Unternehmen zu leiten, wird vom Vorstand zwingend als Gesamtorgan wahrgenommen. Selbst bei einer Delegation von Aufgaben an Ausschüsse bestehen Überwachungs- und Prüfpflichten. Das Recht und die Pflicht des Vorstandsmitglieds die Leitung der Gesellschaft dadurch zu beeinflussen, dass es Entscheidungen des Vorstands unterstützt bzw. ihnen entgegentritt, wären durch ein Stimmverbot des Vorstandsmitglieds unterlaufen. Ferner ist das Stimmverbot nach § 34 BGB auf persönliche Angelegenheiten des Betroffenen begrenzt.[285] Das Vorstandsmitglied zieht jedoch zumindest nicht grundsätzlich einen unmittelbaren persönlichen Nutzen daraus, dass es im Interesse der Drittanstellungsgesellschaft handelt. Im Übrigen bestünde eine nicht hinnehmbare Rechtsunsicherheit, wenn man für den Fall eines schwerwiegenden Interessenkonflikts des Vorstandsmitglieds ein Stimmverbot bejahte. Es lässt sich nämlich nicht mit hinreichender Bestimmtheit sagen, in welchen Fällen ein Interessenkonflikt so schwerwiegend ist, dass ein Stimmverbot für das Vorstandsmitglied besteht und in welchen Fällen der Interessenkonflikt nicht so schwerwiegend ist, sodass das Vorstandsmitglied an einer etwaigen Beschlussfassung teilnehmen darf.

Deswegen kann § 34 BGB kein allgemeiner Rechtsgrundsatz des Inhalts entnommen werden, dass divergierende Interessen der Bestellungs- und Drittanstellungsgesellschaft stets zu einem Stimmrechtsverlust des Vorstandsmitglieds führen.

bb. Kein Stimmverbot gemäß § 181 BGB (analog)

Ein Stimmverbot für Vorstandsmitglieder könnte sich bei Vorliegen eines konkreten Interessenkonflikts aus § 181 BGB ergeben. Gemäß § 181 BGB kann ein Vertreter im Namen des Vertretenen mit sich im eigenen Namen oder als Vertreter eines Dritten ein Rechtsgeschäft nicht vornehmen.

---

284 Hinsichtlich Aufsichtsratsmitglieder vgl. *Schneider*, Festschrift Goette, 2011, S. 475, 782.

285 *Diekmann/Fleischmann*, AG 2013, 141, 146.

Gemäß § 181 BGB könnte ein Stimmverbot bestehen, wenn es um eine Entscheidung des Vorstands geht, die das Rechtsverhältnis der Bestellungsgesellschaft mit der Drittanstellungsgesellschaft betrifft. Zwar ist gemäß § 78 Abs. 1 AktG korporationsrechtlich nicht das Vorstandsmitglied Vertreter der Gesellschaft, sondern der Vorstand. Allerdings soll § 181 BGB den Vertretenen vor Interessenkonflikten schützen, die dadurch entstehen, dass ein und dieselbe Person für beide Vertragsparteien maßgeblich am Abschluss des Vertrags beteiligt ist.[286] Ob das Vorstandsmitglied selber für die Bestellungsgesellschaft den Vertrag schließt oder an Entscheidungen, die dieses Rechtsgeschäft betreffen, beteiligt ist, unterscheidet sich hinsichtlich des Schutzes der Bestellungsgesellschaft vor Interessenkonflikten nach § 181 BGB nicht.

Fraglich ist, ob ein Stimmverbot gemäß § 181 BGB besteht, wenn die Entscheidung des Vorstands ein Rechtsgeschäft der Bestellungsgesellschaft mit der Drittanstellungsgesellschaft betrifft, das Vorstandsmitglied jedoch nicht zugleich Vertreter der Drittanstellungsgesellschaft ist. Hat das Rechtsgeschäft einen unmittelbaren Bezug zur Drittanstellung, wird zum Beispiel ein finanzieller Ausgleich für die Vergütung vereinbart, die die Drittanstellungsgesellschaft dem Vorstandsmitglied der Bestellungsgesellschaft gewährt, besteht für ein solches Stimmverbot jedoch kein Anwendungsbereich. Gemäß §§ 84, 87, 112 AktG ist nämlich nicht der Vorstand der Bestellungsgesellschaft, sondern der Aufsichtsrat für solche Verträge mit der Drittanstellungsgesellschaft zuständig.[287]

Ein Stimmverbot könnte für das Vorstandsmitglied allerdings hinsichtlich Entscheidungen des Vorstands bestehen, die ein Rechtsgeschäft der Bestellungsgesellschaft mit der Drittanstellungsgesellschaft betreffen und keinen Bezug zur Drittanstellung haben. Auch im Falle der Drittanstellung ist das Vorstandsmitglied jedoch verpflichtet, ausschließlich die Interessen der Bestellungsgesellschaft gegebenenfalls auch zulasten der Drittanstellungsgesellschaft zu wahren. Zwar kann für das Vorstandsmitglied aufgrund der Drittanstellung ein Interessenkonflikt bestehen, der auf faktischen Gegebenheiten, nicht jedoch auf divergierenden Pflichten beruht. Der Anwendungsbereich des § 181 BGB geht jedoch nicht soweit, den Vertretenen generell vor jeglichen Interessenkonflikten zu schützen. Verhindert wird lediglich eine auf der Mehrfachmandatierung beruhende Pflichtenkollision. Eine Konfliktlage führt nicht automatisch zu einem Stimmrechtsausschluss. Folglich besteht im Hinblick auf die Drittanstellung kein Stimmverbot, auch wenn die Anstellung des Vorstandsmitglieds bei einem

286 *Schäfer*, Bamberger/Roth BGB, § 181 Rn. 1; *Schubert*, MünchKomm BGB, § 181 Rn. 2.

287 Vgl. OLG Frankfurt AG 1997, 521; KG NZG 2011, 865; OLG Celle AG 2012, 41.

Dritten zu einem konkreten Interessenkonflikt führt und die Entscheidung ein Rechtsgeschäft mit der Drittanstellungsgesellschaft betrifft.

Im Übrigen besteht erst recht kein Stimmverbot, wenn das Vorstandshandeln kein Rechtsgeschäft mit der Drittanstellungsgesellschaft betrifft. Ein Stimmverbot lässt sich nicht allein damit begründen, dass für das drittangestellte Vorstandsmitglied konkret ein Anreiz besteht, im Interesse der Drittanstellungsgesellschaft zu handeln.

Das Vorstandsmitglied, das bei einem Dritten angestellt ist, kann somit auch bei einem konkreten Interessenkonflikt im Hinblick auf divergierende Interessen der Bestellungsgesellschaft und der Drittanstellungsgesellschaft grundsätzlich auf das Vorstandshandeln Einfluss nehmen.[288]

d. Stimmenthaltung

Es ist fraglich, ob das Vorstandsmitglied sich seiner Stimme enthalten darf.[289] Enthält sich ein Vorstandsmitglied seiner Stimme, verstößt es grundsätzlich gegen seine Pflichten.[290] Vorstandsmitglieder müssen nämlich wegen ihrer Treupflicht fremde Interessen unberücksichtigt lassen. Wer ein Vorstandsmandat annimmt, verpflichtet sich, für die Bestellungsgesellschaft uneingeschränkt tätig zu werden und allein im Interesse der Bestellungsgesellschaft zu handeln. Vorstandsmitglieder sind folglich nicht nur berechtigt, sondern auch verpflichtet, jede Entscheidung des Organs im Unternehmensinteresse mitzutragen oder ihr entgegentreten. Auch ausdrückliche Regelungen, die eine Stimmenthaltung für Fälle vorsehen, in denen Belange der Drittanstellungsgesellschaft berührt werden, sind weder in der Satzung noch in der Geschäftsordnung möglich.[291] Das Vorstandsmitglied ist nicht zur Stimmenthaltung berechtigt, allein weil es drittangestellt ist und konkret ein Anreiz besteht, im Interesse des Dritten zu handeln.

G. (Ausschließlicher) Einsatz der Arbeitskraft zugunsten der Bestellungsgesellschaft: § 88 Abs. 1 S. 1 1. Alt. AktG

Der Drittanstellung könnte § 88 Abs. 1 S. 1 1. Alt. AktG entgegenstehen. Gemäß § 88 Abs. 1 S. 1 1. Alt. AktG dürfen Vorstandsmitglieder ohne die Einwilligung des Aufsichtsrats kein Handelsgewerbe betreiben. Das Verbot nach § 88

---

288 Ebenso *Jooß*, Drittanstellung, 2010, S. 213 f.

289 Für Vorstandsdoppelmandate bejahend, *Hoffmann-Becking*, ZHR 150 (1986), 570, 583.

290 *Anders*, Vorstandsdoppelmandate, 2006, S. 123.

291 Für Vorstandsdoppelmandate zögernd ebenso *Hoffmann-Becking*, ZHR 150 (1986), 570, 584.

Abs. 1 S. 1 AktG geht allerdings über die zu eng gefasste Überschrift des Gesetzes („Wettbewerbsverbot") hinaus und führt nicht nur zu einer Verhinderung von Konkurrenztätigkeiten, sondern gebietet auch, dass das Vorstandsmitglied seine volle Arbeitskraft für die Bestellungsgesellschaft einsetzt.[292] Grund ist, dass die Organtätigkeit des Vorstands üblicherweise uneingeschränkte Aufmerksamkeit erfordert.[293] Das gilt insbesondere, wenn es sich um die Leitung eines großen Unternehmens mit zahlreichen Angestellten und einem umfassenden Betrieb handelt.

Im Rahmen der Drittanstellung wird das Vorstandsmitglied zwar aufgrund seiner Organstellung zugunsten der Bestellungsgesellschaft tätig und kommt zugleich aufgrund des Rechtsverhältnisses mit der Drittanstellungsgesellschaft seinen Anstellungsverpflichtungen nach. Doch ist – anders als bei einer doppelten Mandatierung – das Vorstandsmitglied nicht einer doppelten Arbeitsbelastung ausgesetzt. Der Arbeitsumfang des Vorstandsmitglieds wird aufgrund einer Drittanstellungskonstruktion nicht erweitert. Da die Drittanstellung nicht zu einer Mehrbelastung des Vorstandsmitglieds führt, liegt kein Verstoß gegen § 88 Abs. 1 S. 1 1. Alt. AktG vor.

H. Zwischenergebnis

1. Die Drittanstellung von Vorstandsmitgliedern ist nicht *per se* unzulässig.
2. Der Drittanstellungsvertrag begründet keine korporationsrechtliche Rechte und Pflichten des Vorstandsmitglieds. Diese entspringen ausschließlich dem Bestellungsverhältnis. Da das Bestellungsverhältnis gegenüber dem Anstellungsverhältnis vorrangig ist, sind Bestimmungen des (Dritt-)Anstellungsvertrags unwirksam, wenn sie mit der Stellung des Vorstandsmitglieds im organschaftlichen Sinne unvereinbar sind (sog. Vorrang des Bestellungsverhältnisses).
3. Aufgrund des Vorrangs des Bestellungsverhältnisses ist das Vorstandsmitglied verpflichtet, ausschließlich im Interesse der Bestellungsgesellschaft zu handeln, unabhängig davon, ob es bei der Bestellungsgesellschaft oder bei

---

292 BGH NJW 2001, 2476; 1997, 2055, 2056; *Armbrüster* ZIP 1997, 1269 f. (es handelt sich um eine „Koppelung zweier völlig verschiedener Institute"); *Fleischer,* Spindler/Stilz Akt, § 88 Rn. 1 („echtes und unechtes Wettbewerbsverbot"); *Kort,* GroßKomm AktG, § 88 Rn. 1; *Mertens/Cahn,* KölnKomm AktG, § 88 Rn. 2; *Spindler,* MünchKomm AktG, § 88 Rn. 1; *Mertens/Cahn,* Festschrift Heinsius, 1991, S. 545, 554; *Raiser,* Festschrift Stimpel, 1985, S. 855, 856.

293 Vgl. *Fleischer,* Spindler/Stilz Akt, § 88 Rn. 2.

einem Dritten angestellt ist. Folglich ist das drittangestellte Vorstandsmitglied nicht „Diener zweier Herren".

4. Die schuldrechtliche Pflicht zur Rücksichtnahme auf Rechte, Rechtsgüter und Interessen der Drittanstellungsgesellschaft gemäß §§ 242, 241 Abs. 2 AktG ist insofern eingeschränkt, als die organschaftlichen Rechte und Pflichten des Vorstandsmitglieds entgegenstehen. Zudem sind Weisungsrechte der Drittanstellungsgesellschaft gegenüber dem Vorstandsmitglied mit der unabhängigen Leitungsmacht des Vorstands gemäß § 76 Abs. 1 AktG unvereinbar und infolgedessen unwirksam.
5. Die Drittanstellung von Vorstandsmitgliedern verstößt nicht gegen die aktienrechtliche Kompetenzordnung. Der Aufsichtsrat der Bestellungsgesellschaft ist zwar gemäß § 84 Abs. 1 S. 5 i.V.m. S. 1 AktG im Innenverhältnis der Gesellschaft für die Anstellung der Vorstandsmitglieder zuständig, nicht jedoch gegenüber außenstehenden Dritten. § 84 Abs. 1 S. 5 i.V.m. S. 1 AktG ist entsprechend teleologisch zu reduzieren. Auch die Abberufungskompetenz des Aufsichtsrats nach § 84 Abs. 3 AktG führt nicht zur Unzulässigkeit der Drittanstellung von Vorstandsmitgliedern. Sie macht allerdings grundsätzlich eine Zustimmung zur ordentlichen Kündigung und zur gemeinschaftlichen Auflösung des Drittanstellungsvertrags durch die Vertragspartner erforderlich. Bestellt der Aufsichtsrat das Vorstandsmitglied in Kenntnis der Drittanstellung, akzeptiert er nur die Gefahr, dass das Vorstandsmitglied sein Amt niederlegt, wenn der Drittanstellungsvertrag außerordentlich gekündigt wird.
6. Die Anwendung des MitbestG auf die Bestellungsgesellschaft modifiziert nicht die Personalhoheit des Aufsichtsrats im Hinblicke auf Vorstandsmitglieder und führt folglich nicht zur Unzulässigkeit der Drittanstellung von Vorstandsmitgliedern.
7. Da die Drittanstellung des Vorstandsmitglieds zu Interessenkonflikten führen kann, muss das Vorstandsmitglied die Bestellungsgesellschaft über die Drittanstellung unterrichten. Im Rahmen seiner Bestellungsentscheidung wägt der Aufsichtsrat ab, ob das Vorstandsmitglied dennoch genügend Vertrauen entgegengebracht werden kann, das Unternehmen zusammen mit den anderen Vorstandsmitgliedern unabhängig zu leiten. Zudem muss das Vorstandsmitglied gegenüber den übrigen Vorstandsmitgliedern und dem Aufsichtsrat offenlegen, wenn für ihn ein konkreter Interessenkonflikt besteht. Ein Stimmverweigerungsrecht oder gar ein Stimmverbot hinsichtlich Entscheidungen des Vorstands bestehen allerdings nicht.

Dritter Teil: Zulässigkeit der Drittvergütung

In der Literatur wird genauso wie die Zulässigkeit der Drittanstellung die Zulässigkeit der sog. Drittvergütung von Vorstandsmitgliedern u.a. aufgrund ihrer möglicherweise fehlenden Vereinbarkeit mit der aktienrechtlichen Kompetenzordnung sowie hinsichtlich mit ihr einhergehender Interessenkonflikte des Vorstandsmitglieds diskutiert.[294] Hierbei wird allerdings gemeinhin davon ausgegangen, dass die Drittvergütung und die Vergütung der Drittanstellungsgesellschaft nicht das Gleiche seien, da eine Drittvergütung nur derjenige gewähren könne, der mit dem Vorstandsmitglied keinen Anstellungsvertrag abgeschlossen habe.[295] Demnach handelt es sich um eine Drittvergütung, wenn zum Beispiel ein Großaktionär den Vorstandsmitgliedern im Rahmen einer M&A-Transaktion bei Erreichen bestimmter Kaufpreisschwellen oder sonstiger *Milestones* wie dem *Signing* oder dem *Closing* Zusatzleistungen zukommen lässt bzw. verspricht. Auch werden teilweise finanzielle Leistungen dem Vorstand der beherrschten Gesellschaft von der Muttergesellschaft gewährt oder zugesagt. So soll ein Anreiz für die Geschäftsführung entstehen, ihr Handeln an den Konzerninteressen auszurichten.[296]

Allerdings bilden finanzielle Zuwendungen der Drittanstellungsgesellschaft einen Unterfall der Drittvergütung. Bei einer Drittanstellung wird die gesamte Vergütung des Vorstandsmitglieds oder ein Teil der Vergütung nämlich von einem Dritten und nicht von der Bestellungsgesellschaft gewährt. Folglich stellt sich auch im Rahmen der Drittanstellung die Frage, ob die Drittvergütung zulässig ist. Wäre die Drittvergütung grundsätzlich oder in bestimmten Ausgestaltungen mit der Rechtsordnung unvereinbar, beträfe das zwar nur einen Teil des Drittanstellungsvertrags und nicht den Drittanstellungsvertrag als solchen, doch verbliebe aufgrund der Unwirksamkeit der Vergütungsvereinbarung lediglich ein rudimentärer Restvertrag, den die Vertragsparteien bei Vertragsschluss regelmäßig so nicht gewollt haben würden. Die Folge wäre die Gesamtnichtigkeit des Drittanstellungsvertrags gemäß § 139 BGB. Im Übrigen führt auch die Nichtigkeit einzelner Komponenten der Drittvergütung zur Gesamtnichtigkeit

---

294 *Diekmann*, Festschrift Maier-Reimer, 2010, S. 75 ff. m.w.N.

295 Vgl. *Bauer/Arnold* DB 2006, 260, 265; *Diekmann*, Festschrift Maier-Reimer, 2010, S. 75 ff.; *Hohaus/Weber*, DStR 2008, 104, 105 ff.; *Traugott/Grün*, AG 2007, 761, 766.

296 *Spindler*, Gutachten (im Auftrag der Hans-Böckler-Stiftung), abrufbar unter. http://www.boeckler.de/pdf/mbf_gutachten_drittanstellungsvertraege_gs.pdf, S. 15.

des Anstellungsvertrags, wenn nicht anzunehmen ist, dass der Anstellungsvertrag auch ohne den nichtigen Teil abgeschlossen worden wäre.

A. Problematik der Drittvergütung

Die Drittvergütung könnte u.a. aufgrund einer ihr entgegenstehenden aktienrechtlichen Kompetenzordnung oder wegen mit ihr einhergehender Interessenkonflikte unzulässig sein.

Bisher gibt es keine Rechtsprechung zur Frage, ob finanzielle Zuwendungen Dritter an Vorstandsmitglieder zulässig oder unzulässig sind. Lediglich in einem Fall hatte der BGH zu entscheiden, ob der Konkursverwalter nach Eröffnung des Konkursverfahrens von einem der Vorstandsmitglieder finanzielle Leistungen herausverlangen kann, die dem Vorstandsmitglied vom Hauptaktionär dafür gewährt wurden, dass die Gesellschaft auf Veranlassung des Vorstandsmitglieds eine unternehmerische Beteiligung erworben und unmittelbar danach mit Gewinn an einen Dritten veräußert hatte.[297]

Der BGH führte aus, dass das Vorstandsmitglied gemäß § 667 BGB grundsätzlich alles herausgeben müsse, was er aus der Geschäftsführung erlange, wie zum Beispiel Provisionen, Geschenke oder andere Sondervorteile, die dem Vorstandsmitglied von dritter Seite zugewendet werden und eine Beeinflussung des Vorstandsmitglieds zum Nachteil seiner Gesellschaft befürchten lassen.[298] Der Entscheidung zufolge war unbeachtlich, dass die finanziellen Zuwendungen nicht für die Gesellschaft, sondern für das Vorstandsmitglied bestimmt waren. Jedoch hatte der BGH in der Entscheidung den Anspruch des Konkursverwalters verneint, da dem Vorstandsmitglied die finanzielle Zuwendung nur „anlässlich" der Geschäftsbesorgung gemacht wurde und nicht „aus" der Geschäftsführung zufloss.[299]

Ob und inwieweit die Drittvergütung zulässig ist, wird in der Literatur kontrovers diskutiert. Teilweise wird die Zulässigkeit finanzieller Zuwendungen eines Dritten an das Vorstandsmitglied verneint,[300] da gemäß § 87 Abs. 1 AktG ausschließlich der Aufsichtsrat der Bestellungsgesellschaft für die Vergütung zuständig sei. Andere Autoren hingegen lassen die Drittvergütung zu, wenn der Aufsichtsrat ihr zustimmt.[301]

297 BGH NZG 2001, 800 ff.

298 BGH NZG 2001, 800, 801.

299 BGH NZG 2001, 800, 801.

300 *Fonk*, NZG 2010, 368, 370; *Schüppen*, Festschrift Tiedemann, 2008, S. 749, 754 f.

301 *Bauer/Arnold*, DB 2006, 260, 265 f.; *Bosse*, Vorstandsvergütung, 2010, S. 510; *Diekmann*, Festschrift Maier-Reimer, 2010, S. 75, 83; *Hohaus/Weber*, DStR 2008, 104, 105;

B. Kompetenz des Aufsichtsrats

I. Bezüge i.S.d. § 87 Abs. 1 AktG

Der Zulässigkeit der Drittvergütung könnte entgegenstehen, dass ausschließlich der Aufsichtsrat der Bestellungsgesellschaft für die Vergütung der Vorstandsmitglieder zuständig ist. Eine ausschließliche Zuständigkeit des Aufsichtsrats könnte in § 87 Abs. 1 AktG („Grundsätze für die Bezüge der Vorstandsmitglieder") normiert sein. Fraglich ist jedoch, ob § 87 AktG auch die Drittvergütung oder nur die von der Bestellungsgesellschaft gewährte Vergütung regelt. Beträfe § 87 AktG allein die von der Bestellungsgesellschaft gewährte Vergütung, stünde § 87 AktG der Zulässigkeit der Drittvergütung nicht entgegen. Es stellt sich somit die Frage, was mit „Bezüge" i.S.d. § 87 AktG gemeint ist.

In der Literatur werden unter „Bezüge[n]" i.S.v. § 87 AktG all die Leistungen an Vorstandsmitglieder verstanden, die in einem unmittelbaren Zusammenhang zur Funktion als Vorstandmitglied stehen, also mit Rücksicht auf die Tätigkeit des Vorstandsmitglieds für die Bestellungsgesellschaft gewährt werden.[302] So ist § 87 AktG nicht einschlägig, wenn es um eine Vergütung geht, die aus einer von der Vorstandstätigkeit unabhängigen Betätigung resultiert. § 87 AktG ist nicht auf die Vergütung anwendbar, die das Vorstandsmitglied erhält, weil es zum Beispiel einem Aufsichtsrat einer anderen Gesellschaft angehört. Dasselbe gilt für Leistungen der Gesellschaft aus einem Drittgeschäft, also finanzielle Zuwendungen, die z. B. auf einer Veräußerung oder Überlassung einer Immobilie beruhen.[303] Gleichzeitig betrifft „Bezüge" i.S.d. § 87 AktG allerdings nicht nur die Vergütung, die sich unmittelbar aus dem Anstellungsvertrag ergibt, sondern allgemein solche Leistungen, die nicht erbracht wären, wäre der Empfänger der Leistung nicht Mitglied des Vorstands. Solange ein Bezug zur Tätigkeit als Vorstandsmitglied besteht, ist es unerheblich, ob die Leistungen von der Bestellungsgesellschaft oder – wie im Rahmen der Anstellung des Vorstandsmitglieds bei der Drittanstellungsgesellschaft – von einem Dritten gewährt werden.[304] Das wird teilweise in der Literatur anders gesehen.[305] Demnach sollen Leistungen Dritter

---

Mayer-Uellner, AG 2011, 193, 199; *Spindler*, FS Hopt, 2010, S. 1407, 1423 f. *Thüsing*, Hdb. des VorstandsR, § 4 Rn. 137.

302 Vgl. *Spindler*, MünchKomm AktG, § 87 Rn. 23. Zur Abgrenzung zwischen Bezügen und „dienstlichen Fürsorgeaufwendungen": *Mertens/Cahn*, KölnKomm AktG, § 87 Rn. 19 m.w.N.

303 *Goslar*, Wilsing, 4.2.3 Rn. 5.

304 *Bauer/Arnold*, DB 2006, 260, 265.

305 *Hohaus/Weber*, DStR 2008, 104, 105.

nicht von den Vorschriften des AktG, die die Vergütung von Vorstandsmitgliedern regeln, umfasst sein, da mit der Drittvergütung keine finanzielle Belastung der Gesellschaft einherginge. In der Tat wird dieser Aspekt im weiteren Verlauf eine Rolle spielen. Jedoch soll die Festlegung der Vergütungsstruktur durch den Aufsichtsrat u.a. eine auf Nachhaltigkeit der Unternehmensentwicklung gerichtete Leitung durch den Vorstand sicherstellen. Eine auf die Nachhaltigkeit der Unternehmensentwicklung ausgerichtete Führung des Unternehmens kann sowohl durch eine Vergütung der Bestellungsgesellschaft als auch durch eine Drittvergütung gefährdet sein oder sichergestellt werden. Nicht nur durch die Vergütung, die die Bestellungsgesellschaft gewährt, sondern auch durch die Drittvergütung kann das Vorstandsmitglied durch bestimmte Vergütungsstrukturen incentiviert werden, das Unternehmen zusammen mit den übrigen Vorstandsmitgliedern auf eine bestimmte Art und Weise zu führen. § 87 AktG erfasst folglich nicht nur solche Leistungen, die nicht aus Gesellschaftsmitteln aufgewendet werden, sondern jede finanzielle Zuwendung, wenn zur Tätigkeit als Vorstandsmitglied ein Bezug besteht. § 87 AktG könnte somit der Zulässigkeit der Drittvergütung entgegenstehen.

II. Drittvergütung und die materiellen Anforderungen nach § 87 AktG an die Vorstandsvergütung

Durch die Drittvergütung des Vorstandsmitglieds könnte die Kompetenz des Aufsichtsrats im Hinblick auf die Vorstandsvergütung verletzt sein. Gemäß § 87 Abs. 1 S. 1 AktG hat der Aufsichtsrat bei der Festsetzung der Gesamtbezüge des einzelnen Vorstandsmitglieds allerdings nur dafür zu *sorgen*, dass diese angemessen, üblich und auf eine nachhaltige Unternehmensentwicklung ausgerichtet sind. Sofern der Aufsichtsrat die Höhe der finanziellen Zuwendungen sowie die Struktur der Vergütungselemente zueinander bestimmt bzw. bestimmen kann, ist es unerheblich, ob dem Vorstandsmitglied die finanziellen Zuwendungen durch die Bestellungsgesellschaft oder einen Dritten gewährt bzw. versprochen werden. Es genügt, wenn der Aufsichtsrat feststellt, dass die Gesamtvergütung des Vorstandsmitglieds den materiellen Anforderungen nach § 87 AktG entspricht.

Hinsichtlich der Kompetenzen des Aufsichtsrats ist folglich nicht die finanzielle Zuwendung durch den Dritten an das Vorstandsmitglied als solche problematisch, sondern die eventuell fehlende Möglichkeit, auf die Höhe der Drittvergütung und auf die Zusammensetzung der Gesamtvergütung Einfluss zu nehmen.

Bei der Festlegung sowohl der Vergütungshöhe als auch der Vergütungsstruktur handelt es sich um eine Ermessensentscheidung. Allerdings wird das Ermessen des Aufsichtsrats durch § 87 Abs. 1 S. 1 AktG eingeschränkt. Diese Vorschrift bestimmt, dass „der Aufsichtsrat [...] bei der Festsetzung der Gesamtbezüge des einzelnen Vorstandsmitglieds [...] dafür zu sorgen hat, dass diese in einem angemessenen Verhältnis zu den Aufgaben und Leistungen des Vorstandsmitglieds sowie zur Lage der Gesellschaft stehen und die übliche Vergütung nicht ohne besondere Gründe übersteigen." Ferner ist das Ermessen des Aufsichtsrats insofern eingeschränkt, als gemäß § 87 Abs. 1 S. 2 AktG die „Vergütungsstruktur [...] bei börsennotierten Gesellschaften auf eine nachhaltige Unternehmensentwicklung auszurichten [ist]".

Das Erfordernis der Angemessenheit und Üblichkeit der Vorstandsvergütung auf der einen Seite und die Verpflichtung zur Ausrichtung der Vergütungsstruktur auf eine nachhaltige Unternehmensentwicklung auf der anderen Seite betreffen zwei unterschiedliche Aspekte.[306] Die Angemessenheit und Üblichkeit der Vergütung betrifft die Höhe der finanziellen Zuwendung an das Vorstandsmitglied, während es bei der Nachhaltigkeit der Unternehmensentwicklung um die Vergütungsstruktur, also insbesondere um das Verhältnis von variablen und fixen Leistungselementen zueinander geht. Ferner handelt es sich bei dem Üblichkeitsgebot und dem Angemessenheitsgebot um unterschiedliche Anforderungen an die Vorstandsvergütung,[307] auch wenn beide Aspekte die Höhe der Vergütung betreffen.

Die terminologische Differenzierung zwischen „Angemessenheit" und „Üblichkeit" der Vergütung auf der einen Seite und der „Nachhaltigkeit" der Vergütungsstruktur auf der anderen Seite wird zwar nicht immer eingehalten. So sind zum Beispiel gemäß § 5 Abs. 1 InstitutsVergV die Vergütungssysteme angemessen ausgestaltet, wenn erstens Anreize für die Geschäftsleiter sowie für die Mitarbeiter, unverhältnismäßig hohe Risiken einzugehen, vermieden werden und zweitens die Vergütungssysteme nicht der Überwachungsfunktion der Kontrolleinheiten zuwiderlaufen. Hier betrifft das Kriterium der Angemessenheit das Vergütungssystem und nicht die Höhe der Vergütung. Der Sache nach besteht jedoch die Unterscheidung zwischen der Angemessenheit und der Üblichkeit auf der einen Seite und der Nachhaltigkeit auf der anderen Seite fort. Zum klareren Verständnis und aufgrund der eindeutigen Differenzierung in § 87 Abs. 1 AktG

306 *Cahn*, Festschrift Hopt, Bd. 1, 2010, S. 430 f.

307 *Cahn*, Festschrift Hopt, Bd. 1, 2010, S. 430, 433 ff.; *Ehren/Gros*, der Konzern 2010, 412, 417 ff.

wird vorliegend daran festgehalten, dass die Angemessenheit und Üblichkeit die Höhe und die Nachhaltigkeit die Struktur der Vergütung betreffen.

Fraglich ist, ob das Angemessenheits- und Üblichkeitsgebot sowie die Pflicht des Aufsichtsrats, dafür zu sorgen, dass die Vorstandsmitglieder durch ihre Vergütung zu einer nachhaltigen Unternehmensführung incentiviert werden, der Zulässigkeit der Drittvergütung entgegenstehen.

1. Angemessenheit und Üblichkeit der Vorstandsbezüge

Da § 87 AktG auch die Drittvergütung erfasst,[308] gilt dem Wortlaut der Vorschrift nach das Angemessenheits- und Üblichkeitsgebot auch, wenn ein Dritter dem Vorstandsmitglied eine finanzielle Zuwendung gewährt.

Gegen die Anwendung des Angemessenheits- und Üblichkeitsgebots auf Drittvergütungen wird in der Literatur jedoch teilweise eingewandt, dass eine (exzessiv) hohe Drittvergütung für die Bestellungsgesellschaft keinen Nachteil darstelle.[309] Hat die Bestellungsgesellschaft mit dem Dritten keinen finanziellen Ausgleich für die Drittvergütung vereinbart, wird die Bestellungsgesellschaft finanziell nicht belastet. Die Drittvergütung sei für die Bestellungsgesellschaft sogar vorteilhaft, da ein Anreiz für Manager geschaffen werde, sich von der Bestellungsgesellschaft anwerben zu lassen. Folglich gelte das Angemessenheits- und Üblichkeitsgebot nicht, wenn ein Dritter dem Vorstandsmitglied eine Vergütung gewähre.

Diese Auffassung verkennt jedoch, dass exorbitant hohe Gesamtvergütungen eine Neiddebatte im Unternehmen auslösen können, mit der Folge, dass die Akzeptanz von Vorstandsmitgliedern in der Belegschaft verloren geht. Gerade der Vorstand als Leitungsorgan ist verpflichtet, die Identifikation der Mitarbeiter mit dem Unternehmen zu wahren. In diese Richtung geht auch der Bericht des Rechtsausschusses zum VorstAG, da bei der Bestimmung der Üblichkeit der Vorstandsvergütung als Vergleichsmaßstab dem Bericht zufolge u.a. „das Lohn- und Gehaltsgefüge im Unternehmen herangezogen werden" muss.[310] Ferner kann eine besonders hohe Vergütung von Vorstandsmitgliedern unabhängig davon, ob diese von einem Dritten oder der Bestellungsgesellschaft gewährt wird, ein ganzes Unternehmen in Verruf bringen. Das gilt besonders, wenn ein Vorstandsmitglied ein Vielfaches mehr verdient, als die Mitarbeiter des Unternehmens oder der Durchschnittsverdiener in der BRD. Die Folge könnte zum Beispiel eine hitzig geführte

---

308 Vgl. Dritten Teil B (S. 123).

309 Vgl. Dritten Teil B (S. 123).

310 BT-Drs. 16/12278, S. 5; vgl. auch *v. Preen/Raible/Pacher/Wagner*, ZCG 2014, 101 ff.

Diskussion in der Öffentlichkeit über das gesamte Unternehmen sein. Auch könnte Anlegervertrauen verloren gehen.

Das Kriterium der Angemessenheit und Üblichkeit gemäß § 87 AktG dient also nicht nur dem Schutz der Gesellschaft davor, dass ihre Konten (unmittelbar) besonders stark belastet werden, sondern auch der Identifizierung der Mitarbeiter mit dem Unternehmen sowie dem guten Ruf der Gesellschaft. Ferner differenziert § 87 Abs. 1 AktG nicht zwischen der Vergütung der Bestellungsgesellschaft und der Drittvergütung. Gemäß § 87 Abs. 1 AktG gilt das Angemessenheits- und Üblichkeitsgebot auch für die Drittvergütung. Wird ein Teil oder die gesamte Vergütung des Vorstandsmitglieds von einem Dritten gewährt, muss der Aufsichtsrat gemäß § 87 Abs. 1 S. 1 AktG dafür sorgen können, dass die Gesamtvergütung des Vorstandsmitglieds angemessen und üblich ist. Würde dem Aufsichtsrat folglich aufgrund der Drittanstellung des Vorstandsmitglieds die Möglichkeit genommen, für eine angemessene und übliche Vergütung des Vorstandsmitglieds zu sorgen, verstieße die Drittanstellung des Vorstandsmitglieds gegen die Kompetenzen des Aufsichtsrats i.S.d. § 87 Abs. 1 AktG.

2. *Nachhaltigkeit*

Auch die Pflicht des Aufsichtsrats dafür zu sorgen, dass die Vorstandsvergütung auf eine nachhaltige Unternehmensentwicklung ausgerichtet ist, könnte der Zulässigkeit der Drittvergütung entgegenstehen. Um diese Hypothese untersuchen zu können, muss das Nachhaltigkeitsgebot in § 87 Abs. 1 AktG zuerst näher bestimmt werden. Ferner muss der Anwendungsbereich des Nachhaltigkeitsgebots bestimmt werden.

a. *Konkretisierung und Umfang des Nachhaltigkeitsgebots*

§ 87 Abs. 1 S. 2 AktG schreibt vor, dass die Vergütungsstruktur auf eine nachhaltige Unternehmensentwicklung ausgerichtet sein muss.[311] Gemäß § 87 Abs. 1 S. 3 1. Hs. AktG sollen hierbei die variablen Vergütungselemente eine mehrjährige Bemessungsgrundlage haben.[312] Ferner wird das Nachhaltigkeitsgebot in § 87 Abs. 1 S. 3 AktG konkretisiert, da variable Vergütungsbestandteile eine mehrjährige

311 *Seibert*, WM 2009, 1498, 1490.

312 Zur Bestimmung der Mehrjährigkeit bietet sich eine Orientierung an der vier Jahre betragenden Sperrfrist des § 193 Abs. 2 Nr. 4 AktG an. Vgl. *Hesse*, Die Veröffentlichungspflicht für Vorstandsvergütung, 2013, S. 197; *Seibert*, WM 2009, 1489, 1490; für fünf Jahre indessen *Thüsing*, AG 2009, 517, 521; für zwei bis drei Jahre *Hohenstatt/Kuhnke*, ZIP 2009, 1981, 1985.

Bemessungsgrundlage haben sollen und der Aufsichtsrat für außerordentliche Entwicklungen eine Begrenzungsmöglichkeit (Cap) vereinbaren soll.[313]

Der Aufsichtsrat ist also verpflichtet, das Vorstandsmitglied durch eine entsprechende Modellierung der Vorstandsvergütung zu einer auf Nachhaltigkeit ausgerichteten Leitung des Unternehmens zu incentivieren.[314] Der Nachhaltigkeitsgedanke gilt auch für nicht börsennotierte Gesellschaften, da die gesetzliche Beschränkung auf börsennotierte Gesellschaften i.S.d. § 3 Abs. 2 AktG lediglich die Unanwendbarkeit des § 87 AktG auf GmbHs und Personengesellschaften klarstellen soll.[315] Man könne es bei GmbHs und Personenhandelsgesellschaften den Eigentümern überlassen, die richtigen Vergütungsinstrumente zu wählen. Selbst wenn man den Wortlaut des § 87 Abs. 1 S. 2 AktG ernst nähme und davon ausginge, dass die Vorschrift im Hinblick auf das Nachhaltigkeitsgebot nicht für nicht börsennotierte Gesellschaften gelte, muss der Aufsichtsrat für eine Vorstandsvergütung sorgen, die auf eine nachhaltige Unternehmensentwicklung ausgerichtet ist. Der Aufsichtsrat ist nämlich aufgrund seiner Treupflicht verpflichtet, eine nachhaltige positive Entwicklung des Unternehmens zu fördern. Folglich muss er auch von seinen Möglichkeiten Gebrauch machen, für die Vorstandsmitglieder Anreize zu setzen, die die Vorstandsmitglieder incentivieren, sich an einer nachhaltigen Unternehmensentwicklung zu orientieren.

Eine auf Nachhaltigkeit des Unternehmens ausgerichtete Vergütungsstruktur kann u.a. dadurch gewährleistet sein, dass variable Vergütungsbestandteile insbesondere in Form von Tantiemen, Aktienoptionen, Barzuwendungen und Abfindungszahlungen in Abhängigkeit von der langfristigen Entwicklung des Unternehmens vereinbart werden. Der Aufsichtsrat kann und muss bei der Festlegung der Vorstandsvergütung, eine eigene Strategie für die Unternehmensentwicklung verfolgen.[316] Ziele können zum Beispiel die langfristige Steigerung des Unternehmenswertes, die Ertragssteigerung, die Umsatzsteigerung oder die Steigerung der Innovationsfähigkeit sein.[317]

Ob und von welchen Vergütungselementen der Aufsichtsrat in welchem Verhältnis zueinander Gebrauch macht, steht in seinem Ermessen.[318] Schranke dieser

---

313 Mit außerordentlichen Entwicklungen sind u.a. Unternehmensübernahmen, Veräußerung von Unternehmensteilen, Hebung stiller Reserven sowie externe Einflüsse gemeint: *Nikolay* NJW 2009, 2640, 2642.

314 *Weber*, Hölters, § 87 Rn. 13.

315 BT-Drs. 16/13433, S. 10; vgl. ebenso *Weber*, Hölters, § 87 Rn. 29.

316 *Thüsing*, AG 2009, 517, 520.

317 *Thüsing*, AG 2009, 517, 520.

318 *Thüsing*, AG 2009, 517, 520.

Ermessensentscheidung ist allerdings immer das Nachhaltigkeitsgebot. Wie schon der Wortlaut des Gesetzes deutlich macht, handelt es sich um eine zwingende Vorgabe.[319] Gemäß § 87 Abs. 1 S. 2 AktG „ist" die Vergütungsstruktur auf eine nachhaltige Unternehmensentwicklung auszurichten. Beim Nachhaltigkeitsgedanken handelt es sich nicht lediglich um einen Aspekt, der im Rahmen der Interessenabwägung berücksichtigt werden muss und gegebenenfalls durch andere Interessen aufgewogen werden kann.[320] Wird zwischen dem Vorstandsmitglied und der Gesellschaft eine Vergütung vereinbart, die dem Nachhaltigkeitsgebot nicht gerecht wird, überschreitet der Aufsichtsrat sein Ermessen.

b. Keine Gewährleistung der unternehmerischen Nachhaltigkeit bei einer Drittvergütung

Das Erfordernis der Nachhaltigkeit bezweckt den Schutz der Bestellungsgesellschaft. Dritte verfolgen bei finanziellen Zuwendungen an die Vorstandsmitglieder ihre eigenen Interessen. Sie können nicht Garanten dafür sein, dass die Vergütungsstruktur auf eine nachhaltige Unternehmensentwicklung der Bestellungsgesellschaft ausgerichtet ist. Gemäß § 87 AktG bestimmt der Aufsichtsrat, wie die Vorstandsvergütung auf eine nachhaltige Geschäftsentwicklung ausgerichtet wird. Es besteht die Gefahr, dass eine Drittvergütung die Incentivierungswirkung einer gegebenenfalls schon mit der Bestellungsgesellschaft vereinbarten Vergütungsstruktur torpediert. Auch wenn ein Teil oder die gesamte Vergütung des Vorstandsmitglieds von einem Dritten gewährt wird, muss der Aufsichtsrat gemäß § 87 Abs. 1 S. 2 AktG dafür sorgen können, dass die Gesamtvergütung des Vorstandsmitglieds auf eine nachhaltige Unternehmensentwicklung ausgerichtet ist.

III. Zustimmungserfordernis des Aufsichtsrats

1. Pflicht des Aufsichtsrats, die von der Vorstandsvergütung ausgehende Steuerungswirkung bei der Festlegung der Vorstandsvergütung zu nutzen

Eine Drittvergütung könnte unproblematisch sein, wenn der Aufsichtsrat der Bestellungsgesellschaft zustimmt.[321] Dafür müsste gewährleistet sein, dass der Aufsichtsrat bei einer Zustimmung seiner Pflicht, für eine Vergütung zu sorgen,

---

319 A.A. *Arnold*, Festschrift Bauer, 2010, S. 35, 40.

320 *Dauner-Lieb/v. Preen/Simon*, DB 2010, 377, 380; *Wagner*, AG 2010, 774.

321 So *Arnold/Schansker*, KSzW 2012, 39, 47; *Bauer/Arnold*, DB 2006, 260, 265; *Krieger*, Festschrift Hoffmann-Becking, 2013, S. 711, 720; *Mayer-Uellner*, AG 2011, 193, 198 f.; *Weber*, Hölters, § 87 Rn. 13; vgl. ebenfalls *Vetter*, Festschrift Hoffmann-Becking, 2013, S. 1297, 1309; A.A: *Fonk*, NZG 2010, 368, 370.

die angemessen, üblich und auf eine nachhaltige Unternehmensentwicklung ausgerichtet ist, genauso nachkommt, als wenn er selbst die Vergütung der Vorstandsmitglieder festlegt.[322]

Wegen der Pflicht des Aufsichtsrats, die Vorstandsvergütung auf eine nachhaltige Unternehmensentwicklung auszurichten, handelt es sich bei der Vorstandsvergütung um ein „obligatorisches Instrumentarium zur Steuerung des Vorstandshandelns".[323] Dem Aufsichtsrat ist vorgegeben, durch die Vergütung Verhaltensanreize so zu setzen, dass der Vorstand die nachhaltige Entwicklung des Unternehmens im Auge behält.[324] Schon durch die Wahl der Vorstandsmitglieder gibt der Aufsichtsrat Impulse, wie sich das unternehmerische Geschehen in der Zukunft entwickeln soll.[325] Durch die Vorstandsvergütung, insbesondere durch variable Bestandteile der Vergütung werden diese Impulse ergänzt und verstärkt.[326] Die Vorstandsbesetzung und Vorstandsvergütung bilden somit „mit Blick auf die Steuerung des unternehmerischen Geschehens eine funktionale Einheit".[327]

Durch seine Zustimmung wird der Aufsichtsrat seiner Pflicht gerecht, die Steuerungsfunktion der Vorstandsvergütung im Hinblick auf die Unternehmensleitung zu nutzen. Wenn hinsichtlich der Drittvergütung ein Zustimmungserfordernis besteht, führt nämlich die Ablehnung der Drittvergütung zu ihrer Unzulässigkeit. Für den Dritten besteht somit in der Praxis ein Interesse, die Belange der Bestellungsgesellschaft zu berücksichtigen. Er kann den Aufsichtsrat der Bestellungsgesellschaft auch mit in die Verhandlungen betreffend die Vorstandsvergütung einbeziehen. In der Praxis wird der Aufsichtsrat daher regelmäßig auf die Festsetzung der Drittvergütung Einfluss nehmen können.

Der Aufsichtsrat ist verpflichtet, ein Vergütungskonzept betreffend die Vorstandsmitglieder zu erarbeiten. Unabhängig davon, ob der Aufsichtsrat auf die Drittvergütung Einfluss genommen hat oder nicht, muss der Aufsichtsrat die Drittvergütung ablehnen, wenn sie zu einer Gesamtvergütung des Vorstandsmitglieds

---

322 Vgl. *Ihring/Wandt/Wittggens*, Beil. zu Zip 2012, 1, 18; *Mayer-Uellner*, AG 2011, 193, 198.

323 *Dauner-Lieb/v. Preen/Simon*, DB 2010, 377, 380; zustimmend *Hommelhoff*, Festschrift Goette, 2011, S. 169, 170; *Ihring/Wandt/Wittggens*, Beil. zu Zip 2012, 1, 18; *Wagner*, AG 2010, 774.

324 Begr. RegE zum VorstAG, BT-Drs. 16/12278 S. 5.

325 *Hommelhoff*, Festschrift Goette, 2011, S. 169, 171; *Lutter/Krieger/Verse*; Rechte und Pflichten des Aufsichtsrats, § 7 Rn. 405.

326 *Hommelhoff*, Festschrift Goette, 2011, S. 169, 171.

327 *Hommelhoff*, Festschrift Goette, 2011, S. 169, 171 f. m.w.N.

führt, die der Steuerungswirkung seines Vergütungskonzepts nicht entspricht. Anstatt die Drittvergütung abzulehnen, kann der Aufsichtsrat auch eine zusätzliche Vorstandsvergütung (der Bestellungsgesellschaft) mit dem Vorstandsmitglied vereinbaren, um Mängel der Vergütungsstruktur zu beheben. Sieht der Aufsichtsrat zum Beispiel die Gefahr, dass aufgrund der Drittvergütung der Vorstand zu einem Kurzfristdenken veranlasst wird, kann er dem Vorstandsmitglied zusätzlich zur Drittvergütung Aktienoptionen gewähren, die gemäß § 193 Abs. 2 Nr. 4 AktG erst nach einer Zeitdauer von mindestens vier Jahren ausgeübt werden können. Hierdurch würde der von der Drittvergütung ausgehende Anreiz für das Vorstandsmitglied, die Leitung des Unternehmens auf eine kurzfristige positive Entwicklung auszurichten, relativiert. Der Aufsichtsrat hat somit auch bei einer Drittvergütung die Möglichkeit, auf die Gesamtvergütung Einfluss zu nehmen und die von der Vergütung ausgehende Steuerungswirkung auf den Vorstand zu nutzen. Wird also die Gesamtvergütung den materiellen Anforderungen des § 87 Abs. 1 AktG gerecht und entspricht sie dem Vergütungskonzept des Aufsichtsrats, spricht nichts gegen ihre Zulässigkeit, unabhängig davon, ob die Vergütung von der Bestellungsgesellschaft oder einem Dritten gewährt wird. Das setzt allerdings voraus, dass der Aufsichtsrat der Drittvergütung zustimmt. Somit ist im Hinblick auf die Drittvergütung ein Zustimmungserfordernis zu bejahen.

2. *Pflicht des Aufsichtsrats, dafür zu sorgen, dass die Drittvergütung angemessen und üblich ist*

Der Aufsichtsrat ist in der Lage, dafür zu sorgen, dass die Gesamtvergütung der Vorstandsmitglieder angemessen und üblich ist, wenn hinsichtlich der Drittvergütung ein Zustimmungserfordernis besteht. Fraglich ist jedoch, ob der Aufsichtsrat eine Drittvergütung ablehnen muss, die zu einer exorbitant hohen Gesamtvergütung führt. Eine unangemessen und/oder unüblich hohe Drittvergütung kann für die Bestellungsgesellschaft vorteilhaft sein, da sich so gegebenenfalls besonders fähige Manager eher als Vorstandsmitglieder gewinnen lassen als bei einer niedrigeren, angemessenen und üblichen Gesamtvergütung. Die Drittvergütung ist für die Bestellungsgesellschaft finanziell nicht nachteilig, sofern die Bestellungsgesellschaft mit dem Dritten keinen finanziellen Ausgleich für die Drittvergütung vereinbart hat. Insofern besteht nicht zwingend ein Bedürfnis danach, dass die Vergütung angemessen und üblich ist, wenn ein Dritter die gesamte Vorstandsvergütung oder einen Teil davon gewährt.

Zwar können ausufernde Vergütungspraktiken u.a. die Akzeptanz des Wirtschaftssystems beeinträchtigen,[328] jedoch lässt sich eine Pflicht des Aufsichtsrats, für eine angemessene und übliche Vorstandsvergütung zu sorgen, nicht mit dem bloßen gesellschaftlichen Empfinden rechtfertigen, dass Managergehälter zu hoch seien. Eine solcher Eingriff in die Berufsfreiheit des Vorstandsmitglieds gemäß Art. 12 Abs. 1 S. 1 GG und in die Privatautonomie des Unternehmens gemäß Art. 2 Abs. 1 GG wäre verfassungsrechtlich nicht hinnehmbar. Sofern man von einem funktionierenden Markt für Führungskräfte ausgeht und der Aufsichtsrat die Interessen der Gesellschaft ordnungsgemäß durchsetzt, kann diese Verletzung von Grundrechten genauso wenig legitim sein wie bei anderen Großverdienern, etwa in der Unterhaltungsbranche, im Sport oder in der Kunst.[329] Der Aufsichtsrat muss sich von Gesellschaftsinteressen leiten lassen können.

Exorbitant hohe Gesamtvergütungen können zwar auch die Integrität der Mitarbeiter schmälern und das Unternehmen in Verruf bringen.[330] Ob sich hieraus jedoch unmittelbare Vorgaben betreffend die Höhe der Drittvergütung ableiten lassen, ist fraglich. Die Notwendigkeit, das Unternehmen vor möglichen Neiddebatten zu schützen, scheint gegen null zu tendieren, wenn man insbesondere die Wichtigkeit für das Unternehmen berücksichtigt, die möglichst fähigsten Manager mit einer hohen Vergütung für das Unternehmen zu gewinnen. Regelmäßig ist auch eine angemessene und übliche Vergütung von Vorstandsmitgliedern wesentlich höher als die der Mitarbeiter des Unternehmens. Eine Neiddebatte im Unternehmen ist folglich auch dann nicht ausgeschlossen, wenn dem Vorstandsmitglied eine angemessene und übliche Vergütung gewährt wird. Im Übrigen ist es vorzugswürdig dem Aufsichtsrat die Beurteilung zu belassen, inwiefern eine ausufernde Vorstandsvergütung ein Unternehmen tatsächlich in Verruf bringt und ob eine mögliche negative Außenwirkung besonders hoher Vorstandsgehälter nicht dadurch aufgewogen wird, dass die Gesellschaft den möglichst fähigsten Manager als Vorstandsmitglied für sich gewinnt.

Das AktG ist jedoch eindeutig: Der Aufsichtsrat „hat" dafür zu sorgen, dass die Gesamtbezüge des einzelnen Vorstandsmitglieds in einem angemessenen Verhältnis zu den Aufgaben und Leistungen des Vorstandsmitglieds sowie zur Lage der Gesellschaft stehen und die übliche Vergütung nicht ohne besondere Gründe übersteigen. Nach geltendem Recht muss der Aufsichtsrat seine Zustimmung zur Drittvergütung verweigern, wenn diese zu einer unangemessen hohen

---

328 *Diekmann*, Festschrift Maier-Reimer, 2010, S. 81.

329 Im Hinblick auf eine „Begrenzung der Vergütungshöhe" *Cahn*, Festschrift Hopt, Bd. 1, 2010, S. 431, 432.

330 Vgl. Dritten Teil B.II.1 (S. 126).

oder unüblichen Gesamtvergütung führt. *De lege ferenda* sollte man hingegen im Hinblick auf die Drittvergütung darauf verzichten, dass der Aufsichtsrat für eine angemessene und übliche Vorstandsvergütung sorgen muss. Der Aufsichtsrat sollte das Recht haben, nicht hingegen verpflichtet sein, eine Drittvergütung, die zu einer ausufernden Gesamtvergütung führt, abzulehnen. Diese Auffassung lässt sich jedoch nicht mit der derzeitigen Rechtslage vereinbaren. Eine unübliche und unangemessene Gesamtvergütung ist unzulässig, unabhängig davon, ob die gesamte oder ein Teil der Vergütung von einem Dritten gewährt wird.

3. *Pflicht des Vorstandsmitglieds zur Offenlegung der Drittvergütung*

Damit der Aufsichtsrat der Bestellungsgesellschaft eine sachgerechte Entscheidung fällen kann, ist ihm die gesamte Drittvergütung offenzulegen. Auch Änderungen der Drittvergütung sind der Bestellungsgesellschaft mitzuteilen. Kommt der Aufsichtsrat zu dem Ergebnis, dass die Drittvergütung zu einer Gesamtvergütung führt, die nicht angemessen oder unüblich ist oder dem Nachhaltigkeitsgebot nicht gerecht wird, muss er seine Zustimmung verweigern. Die Drittvergütung wäre unzulässig.

4. *Zuständigkeit des Gesamtaufsichtsrats*

§ 107 Abs. 3 S. 3 AktG legt seit dem VorstAG für die nach § 87 Abs. 1, 2 AktG von dem Aufsichtsrat zu treffenden Entscheidungen eine zwingende Plenarzuständigkeit des Aufsichtsrats fest. Zusammen mit der Haftungsandrohung des Aufsichtsrats gemäß § 116 S. 3 AktG unterstreicht das Gesetz in § 107 Abs. 3 S. 3 AktG die Verantwortung jedes einzelnen Aufsichtsratsmitglieds.[331]

Der Aufsichtsrat entscheidet auch im Hinblick auf die Zustimmung zur Drittvergütung in seiner Gesamtheit. Er kann für die Entscheidungen über die Angelegenheiten der Vorstandsvergütung keinen Ausschuss einrichten. Das schließt freilich nicht aus, dass der Aufsichtsrat Ausschüsse für vorbereitende Tätigkeiten im Hinblick auf Vergütungsabreden einsetzt. Die endgültige Beschlussfassung bleibt jedoch dem Gesamtaufsichtsrat vorbehalten.

5. *Zustimmungserfordernis des Aufsichtsrats im Konzern*

Eine Abhängigkeit der Bestellungsgesellschaft von der Drittanstellungsgesellschaft modifiziert nicht die Kompetenzen des Aufsichtsrats im Hinblick auf die Vorstandsvergütung. § 87 AktG unterscheidet nicht dahin gehend, ob die

331 *Hommelhoff*, Festschrift Goette, 2011, S. 169, 170.

Bestellungsgesellschaft in eine andere Gesellschaft eingegliedert wurde, mit einer anderen Gesellschaft einen Beherrschungsvertrag abgeschlossen hat oder faktisch von einer anderen Gesellschaft abhängig ist. *De lege lata* besteht somit auch im Konzern im Hinblick auf die Drittvergütung des Vorstandsmitglieds ein Zustimmungserfordernis des Aufsichtsrats. *De lege ferenda* könnte jedoch auf das Zustimmungserfordernis verzichtet werden.

a. Eingliederung

Fraglich ist, ob ein Zustimmungserfordernis des Aufsichtsrats auch dann bestehen sollte, wenn die Bestellungsgesellschaft in die Gesellschaft eingegliedert wurde, die das Vorstandsmitglied ganz oder zum Teil vergütet. Dass der Aufsichtsrat der Bestellungsgesellschaft für die Vergütung zuständig ist, beruht maßgeblich darauf, dass er für die Vorstandsmitglieder Anreize setzen soll, das Unternehmen in eine bestimmte Richtung zu lenken.[332]

Bei einer Eingliederung der Bestellungsgesellschaft in eine andere Gesellschaft gemäß § 319 AktG kann und muss der Vorstand die Leitung des Unternehmens jedoch am Interesse der Muttergesellschaft ausrichten.[333] Die Hauptgesellschaft gibt dem Vorstand vor, wie er das Unternehmen zu leiten hat. Ein von der Vorstandsvergütung ausgehender Anreiz, das Unternehmen der Bestellungsgesellschaft in eine bestimmte Richtung zu lenken, geht folglich ins Leere. Nicht nur, weil die Hauptgesellschaft die Vergütung zahlt, sondern auch, weil die Hauptgesellschaft gemäß § 324 Abs. 3 AktG zum Verlustausgleich verpflichtet ist, ist eine unangemessen hohe Vergütung der Vorstandsmitglieder für die Bestellungsgesellschaft finanziell nicht nachteilhaft. Finanzielle Zuwendungen, die von der Hauptgesellschaft an Vorstandsmitglieder der eingegliederten Gesellschaft gewährt werden, sollten folglich nicht einer Zustimmung des Aufsichtsrats bedürfen.

b. Vertragskonzern

Fraglich ist, ob das Zustimmungserfordernis auch bei Vorliegen eines Vertragskonzerns gelten sollte. Zwar muss der Vorstand bei Vorliegen eines Vertragskonzerns im weisungsfreien Bereich weiterhin ausschließlich die Interessen der Bestellungsgesellschaft wahren. Jedoch kann die Muttergesellschaft dem Vorstand der beherrschten Gesellschaft hinsichtlich der Leitung des Unternehmens jederzeit gemäß § 308 AktG Weisungen erteilen und somit dem Vorstand vorgeben, wie

---

332 Vgl. Dritten Teil B.III (S. 129).

333 Vgl. Zweiten Teil F.II.2.b (S. 96).

es das Unternehmen zu führen hat. Die von der Vorstandsvergütung ausgehende Steuerungswirkung geht bei einer Weisung der Muttergesellschaft verloren. Zwar muss der Vorstand überprüfen, ob Weisungen der Muttergesellschaft existenzbedrohend und somit abzuwehren sind. Doch besteht in dieser Hinsicht für den Vorstand kein unternehmerisches Ermessen. Zudem ist die Drittvergütung für die Bestellungsgesellschaft nicht nachteilig. In jedem Fall hat die Muttergesellschaft jeden während der Vertragsdauer entstehenden Jahresfehlbetrag der beherrschten Gesellschaft gemäß § 302 AktG auszugleichen.

Auch im Hinblick des vertraglichen Konzernverbunds fehlt es somit am Bedürfnis einer Zustimmung durch den Aufsichtsrat zur Drittvergütung der Vorstandsmitglieder.

c. *Faktische Konzern*

Eine faktische Abhängigkeit der Gesellschaft von einer anderen Gesellschaft lässt die Pflichten des Vorstands unverändert.[334] Sein unternehmerisches Ermessen wird nicht durch Weisungsrechte der Muttergesellschaft überlagert. Der Aufsichtsrat ist verpflichtet, durch die Festlegung der Vergütung für den Vorstand Impulse zu setzen, das Unternehmen in eine bestimmte Richtung zu lenken. Die Drittvergütung des Vorstandsmitglieds bedarf somit der Zustimmung des Aufsichtsrats unabhängig davon, ob die Bestellungsgesellschaft von einer anderen Gesellschaft faktisch abhängig ist oder nicht.

IV. Nachträgliche Herabsetzung der Bezüge gemäß § 87 Abs. 2 S. 1 AktG

Das Recht des Aufsichtsrats, Bezüge der Vorstandsmitglieder gemäß § 87 Abs. 2 S. 1 AktG nach der Festsetzung herabzusetzen, könnte auch im Hinblick auf die Drittvergütung gelten. Grundsätzlich ist dies zu bejahen. So ist die Herabsetzungsmöglichkeit des Aufsichtsrats nämlich ein Mittel für eine angemessene und übliche Drittvergütung zu sorgen. Jedoch setzt die nachträgliche Herabsetzung der Vergütung voraus, dass die Weitergewährung der Bezüge unbillig wäre. Voraussetzung ist ein unangemessenes Verhältnis zwischen der Vorstandsvergütung und der Lage der Gesellschaft.[335] Ferner muss die Weitergewährung für die Gesellschaft unzumutbar sein.[336] Letzteres wird jedoch bei einer Drittvergütung nur ausnahmsweise der Fall sein, da die Bestellungsgesellschaft für die

334 Vgl. Zweiten Teil F.II.2.d (S. 98).

335 *Spindler*, MünchKomm AktG, § 87 Rn. 172.

336 *Seibert*, WM 2009, 1489, 1490 f.

Vorstandsvergütung nur aufkommt, wenn zwischen dem Dritten und der Bestellungsgesellschaft ein finanzieller Ausgleich vereinbart wurde. Für ein Recht des Aufsichtsrats, die Drittvergütung herabzusetzen, müsste sich abzeichnen, dass von der Drittvergütung aufgrund ihrer Höhe gravierende Nachteile für die Bestellungsgesellschaft ausgehen. Die Weitergewährung der Drittvergütung könnte zwar zum Beispiel den Ruf des Unternehmens beschädigen, doch sind solche Nachteile in der Praxis nur ausnahmsweise der Bestellungsgesellschaft unzumutbar, sodass die Bestellungsgesellschaft die Vergütung herabsetzen kann. Somit wird im Hinblick auf die Drittvergütung die Herabsetzungsmöglichkeit des Aufsichtsrats gemäß § 87 Abs. 2 S. 1 AktG nur selten relevant.

Wurde allerdings eine Ausgleichspflicht der Bestellungsgesellschaft für die finanziellen Zuwendungen zwischen der Bestellungsgesellschaft und dem Dritten vereinbart, gilt das Recht zur Herabsetzung der Bezüge gemäß § 87 Abs. 2 S. 1 AktG für die Ausgleichspflicht entsprechend.

C. Offenlegungspflicht

Gemäß §§ 285 Nr. 9, 314 Abs. 1 Nr. 6 HGB ist der Vorstand verpflichtet, die Vergütung seiner Mitglieder im Anhang des Jahresabschlusses bzw. im Konzernanhang zu veröffentlichen. Auch Leistungen, die dem einzelnen Vorstandsmitglied von einem Dritten im Hinblick auf seine Tätigkeit als Vorstandsmitglied zugesagt oder im Geschäftsjahr gewährt worden sind, müssen gemäß §§ 285 Nr. 9 lit. a, 314 Abs. 1 Nr. 6 lit. a HGB im Anhang des Jahresabschlusses angegeben werden.

Für die Veröffentlichung der Vorstandsvergütung macht es keinen Unterschied, ob diese von der Bestellungsgesellschaft oder einem Dritten gewährt wird. Die Offenlegungspflicht steht der Zulässigkeit der Drittvergütung nicht entgegen.[337] Das zeigt sich auch daran, dass das Gesetz die Drittvergütung explizit berücksichtigt.[338] Teilweise wird allerdings in der Literatur vertreten, dass hinsichtlich einer Drittvergütung eine Offenlegungspflicht nur besteht, wenn die Vergütung geeignet ist, zu einem Interessenkonflikt zu führen.[339] Das wird mit dem Sinn und Zweck der §§ 285 Nr. 9 lit. a, 314 Abs. 1 Nr. 6 lit. a HGB begründet. Es gehe allein darum, mögliche Interessenkonflikte zu offenbaren.

---

337 *Traugott/Grün*, AG 2007, 761, 769.

338 *Traugott/Grün*, AG 2007, 761, 769.

339 *Krieger*, Festschrift Hoffmann-Becking, 2013, S. 711, 724 f.; *Leuering/Simon*, NZG 2005, 945, 947.

Zum einen enthalten jedoch §§ 285 Nr. 9 lit. a, 314 Abs. 1 Nr. 6 lit. a HGB keine Einschränkungen, die diese Meinung stützen. Zum anderen ist die Drittvergütung immer geeignet, die abstrakte Gefahr einer Interessenkollision zu begründen.[340] Im Übrigen soll die Vorschrift keineswegs nur Interessenkonflikte offenbaren, sondern den Aktionären die Möglichkeit verschaffen, die Vergütung dahin gehend zu kontrollieren, dass sie den materiellen Anforderungen des § 87 Abs. 1 AktG gerecht wird.[341] So müssen Aktionäre auch feststellen können, ob die Bezüge angemessen und üblich sind. Das setzt voraus, dass die Vorstandsvergütung veröffentlicht wird, unabhängig davon, ob diese einen Interessenkonflikt begründet oder nicht.

D. Loyalitätspflicht der Vorstandsmitglieder

Der Zulässigkeit der Drittvergütung könnte die Treupflicht der Vorstandsmitglieder entgegenstehen. Der Vorstand ist verpflichtet, ausschließlich im Interesse seiner Gesellschaft zu handeln. Vorstandsmitglieder dürfen niemals ihre eigenen Interessen oder die Interessen Dritter über die der Gesellschaft stellen. Durch die Vergütung eines Dritten könnte jedoch das Vorstandsmitglied dazu verleitet werden, den Interessen des Dritten generell oder im Einzelfall einen höheren Rang einzuräumen als den Interessen seiner Gesellschaft. Fraglich ist folglich, ob bei einer Drittvergütung die Gefahr besteht, dass das Vorstandsmitglied „Diener zweier Herren“ wird.

Es ist auch bei der Drittvergütung möglich, dass die variablen Bestandteile an der Unternehmensentwicklung der Bestellungsgesellschaft ausgerichtet sind. So wird dem Anreiz des Vorstandsmitglieds, sich an Fremdinteressen zu orientieren, entgegengewirkt.[342] Auch darf die Drittanstellungsgesellschaft die Vorstandsvergütung nicht ohne Weiteres einstellen, genauso wie sie sich nicht ohne Weiteres von der Drittanstellung lösen kann.[343] Insbesondere begründet der Umstand, dass das Vorstandsmitglied im Interesse der Bestellungsgesellschaft handelt und Interessen der Drittanstellungsgesellschaft unberücksichtigt lässt, kein Recht, dem Vorstandsmitglied außerordentlich zu kündigen. Für das Vorstandsmitglied besteht folglich nicht die Sorge, keine Vergütung mehr zu erhalten, wenn es nicht im Interesse der zahlenden Drittanstellungsgesellschaft handelt.

340 *Krieger*, Festschrift Hoffmann-Becking, 2013, S. 711, 725.

341 Begr. RegE BT-Drs. 15/5577, S. 1.

342 *Traugott/Grün*, AG 2007, 761, 767; *Bauer/Arnold*, DB 2006, 260, 265.

343 Vgl. Zweiten Teil D.II.3.c.bb (S. 70).

Des Weiteren sieht das Aktienrecht Schutzmechanismen vor, welche die Loyalitätspflicht des Vorstands bzw. seiner Mitglieder sicherstellen. Das Vorstandsmitglied macht sich gegebenenfalls gemäß § 93 Abs. 2 S. 1 AktG schadensersatzpflichtig, wenn er Fremdinteressen über die seiner Gesellschaft stellt. Es besteht auch die Möglichkeit, dass der Aufsichtsrat die Bestellung von Vorstandsmitgliedern gemäß § 84 Abs. 3 S. 1 AktG widerruft. Zwar bedarf es hierfür eines wichtigen Grundes. Orientiert sich das Vorstandmitglied an Interessen Dritter, kann das Verhältnis zwischen der Gesellschaft und dem Vorstandsmitglied jedoch derart zerrüttet sein, dass der Gesellschaft nicht zugemutet werden kann, dass das Vorstandsmitglied im Amt bleibt. Somit kann nicht generell davon ausgegangen werden, dass das Vorstandsmitglied, das von einem Dritten für die Vorstandstätigkeit finanzielle Zuwendungen erhält, nicht im Interesse seiner Gesellschaft handelt.[344]

Schließlich lässt sich auch dem Gesetz entnehmen, dass die Drittvergütung nicht *per se* unzulässig ist.[345] Gemäß §§ 285 Abs. 1 Nr. 9, 314 Abs. 1 Nr. 6a HGB ist der Vorstand einer börsennotierten AG verpflichtet, finanzielle Zuwendungen eines Dritten an die Vorstandsmitglieder im Anhang zur Bilanz auszuweisen. Diese Vorschrift hat nur dann einen Anwendungsbereich, wenn der mit der Drittvergütung einhergehende abstrakte Interessenkonflikt nicht generell der Zulässigkeit der Drittvergütung entgegensteht.

E. *Say-on-pay*-Regelung

Der Zulässigkeit der Drittvergütung von Vorstandsmitgliedern könnte der 2009 im Wege des VorstAG neu eingeführte § 120 Abs. 4 AktG entgegenstehen. Gemäß § 120 Abs. 4 AktG kann die Hauptversammlung über die Billigung des Systems zur Vergütung der Vorstandsmitglieder beschließen (sog. *say-on-pay*-Regelung). Allerdings gilt das Vergütungsvotum der Hauptversammlung ausschließlich für börsennotierte Gesellschaften i.S.d. § 3 Abs. 2 AktG, womit § 120 Abs. 4 AktG auch weiterhin für einen Großteil der AGs keine Bedeutung entfaltet.[346] Ferner ist lediglich das *System* und nicht die *Höhe* der Vergütung Gegenstand des Hauptversammlungsvotums.[347]

Der Beschluss begründet gemäß § 120 Abs. 4 S. 2 AktG zwar weder Rechte noch Pflichten. Durch eine Missbilligung der Vergütung können die Aktionäre seit Einführung des § 120 Abs. 4 AktG jedoch faktischen Einfluss auf die Vergütung von

344 *Neuhaus/Gellißen*, NZG 2011, 1361, 1362.

345 *Kalb/Fröhlich*, NZG 2014, 167, 168.

346 *Vetter*, ZIP 2009, 2136, 2140 f.; Döll, WM 2013, 103, 106.

347 *Hohenstatt*, ZIP 2009, 1349, 1356; *Vetter*, ZIP 2009, 2136, 2140.

Vorstandsmitgliedern ausüben. Der Aufsichtsrat wird durch § 120 Abs. 4 AktG dem Druck ausgesetzt, die materiellen Anforderungen an die Vergütung nach § 87 AktG durchzusetzen.[348] Das Gesetz setzt also auf die tatsächliche Wirkung, die von einer Billigung (bzw. Missbilligung) der Vorstandsvergütung ausgeht.[349] Ob die Hauptversammlung im Hinblick auf die Vorstandsvergütung durch die Missbilligungsmöglichkeit in der Praxis tatsächlich Druck auf den Aufsichtsrat ausübt bzw. ausüben kann, wird in der Literatur teilweise bezweifelt.[350] Es liegt allerdings nahe, dass die Neuregelung des § 120 Abs. 4 AktG einen Dialog zwischen der Verwaltung der Gesellschaft und institutionellen Investoren über Vergütungsfragen in Gang setzen wird bzw. bereits in Gang gesetzt hat.[351] In solchen Konsultationen können Großaktionäre auf die Vergütung faktisch einwirken.

Wenn die Gesamtheit oder ein Teil der Gesamtvergütung von einem Dritten gewährt wird, übt die Hauptversammlung bei einer Billigung bzw. Missbilligung der Vorstandsvergütung genauso einen faktischen Druck aus, als wenn nur die Bestellungsgesellschaft das Vorstandsmitglied vergütet. In beiden Fällen sind die Mitglieder des Aufsichtsrats gleichermaßen veranlasst, ihrer Pflicht nachzukommen und für eine angemessene, übliche und auf eine nachhaltige Unternehmensentwicklung gerichtete Vergütung zu sorgen. Hinsichtlich § 120 Abs. 4 AktG macht es folglich keinen Unterschied, ob das Vorstandsmitglied drittvergütet ist oder nicht. § 120 Abs. 4 AktG führt nicht zur Unzulässigkeit der Drittvergütung.

F. Drittbezug der (Dritt-)Vergütung

I. Problematik des Drittbezugs der (Dritt-)Vergütung

In der Praxis sind variable Bestandteile der Drittvergütung regelmäßig drittbezogen, d.h. sie orientieren sich der Höhe nach an Kennzahlen wie etwa dem Unternehmensgewinn oder am Aktienkurs des Dritten.[352] Eine drittbezogene Vorstandsvergütung führt dazu, dass die Interessen des Vorstandsmitglieds an die Interessen des Dritten ausgerichtet werden. Durch vergütungsbasierte Anreizstrukturen kann der Dritte die gegebenenfalls bestehende Pflicht des Vorstands nach § 308 AktG, Weisungen des Dritten zu folgen, faktisch absichern. Es soll

348 *Begemann/Laue*, BB 2009, 2442, 2444; *Döll*, WM 2010, 103 f.; *Raapke*, Die Regulierung der Vergütung, 2012, S. 62.

349 Ebenso *Begemann/Laue*, BB 2009, 2442, 2444.

350 Vgl. *Begemann/Laue*, BB 2009, 2442, 2445 f.; *Jahn*, GWR 2009, 135 ff.

351 So etwa *Fleischer/Bedkowski*, AG 2009, 677, 678.

352 *Hohenstatt/Seibt/Wagner*, ZIP 2008, 2289.

gewährleistet werden, dass die Konzernstrategie auf Ebene der Tochtergesellschaft reibungslos durchgesetzt wird.[353]

Problematisch ist jedoch, dass das Vorstandsmitglied einen Anreiz erhält, im Interesse des Dritten, u.U. auch zum Nachteil seiner Gesellschaft, zu handeln. Bezieht sich der variable Teil der (Dritt-)Vergütung auf Kennzahlen oder den Aktienkurs des Mehrheitsgesellschafters, ist das Vorstandsmitglied veranlasst, Interessen außenstehender Minderheitsgesellschafter nicht zu berücksichtigen. Somit kann eine drittbezogene (Dritt-)Vergütung den horizontalen Interessenkonflikt zwischen beherrschenden und außenstehenden Minderheitsgesellschaftern verschärfen.[354] Ferner entsteht ein Anreiz für das Vorstandsmitglied, Interessen der Arbeitnehmer und der Gläubiger zu vernachlässigen. Somit stellt sich bei der Drittanstellung regelmäßig die Frage, ob und inwieweit das Aktienrecht und gegebenenfalls das Konzernrecht eine anreizorientierte, auf den Erfolg eines Dritten ausgerichtete Vergütung zulässt.

II. Verstoß gegen § 87 AktG

1. Angemessenheits- und Üblichkeitsgebot

Bei der Beurteilung der Angemessenheit der Vorstandsvergütung nach § 87 Abs. 1 S. 1 AktG ist Bezugspunkt u.a. die „Lage der Gesellschaft". Dass hiermit die Bestellungsgesellschaft gemeint ist, ergibt sich aus dem Sinn und Zweck der Vorschrift, der die AG sowie ihrer Aktionäre, Gläubiger und Arbeitnehmer vor übermäßig hohen Bezügen der Vorstandsmitglieder schützen soll.[355] Ferner lässt sich die Üblichkeit der Vorstandsvergütung durch einen Vergleich der Bestellungsgesellschaft mit anderen Gesellschaften gleicher Größe in derselben Branche ermitteln. Auch hinsichtlich ihrer Üblichkeit bezieht sich die Vorstandsvergütung auf die Bestellungsgesellschaft.

In der Literatur wird teilweise davon ausgegangen, dass eine anreizorientierte, auf den Erfolg eines Dritten ausgerichtete Vergütung nicht mit § 87 AktG vereinbar sei, weil der positivrechtlich vorgegebene Bezugspunkt der Vorstandsvergütung verlassen würde.[356] Jedoch muss sich gemäß § 87 AktG allein die Angemessenheit und Üblichkeit, d.h. die zulässige Höhe der Vergütung, nach der Lage der Gesellschaft bestimmen. Eine drittbezogene Vergütung ist hinsichtlich ihrer Angemessenheit und Üblichkeit zum Beispiel unproblematisch, wenn sie

---

353 *Tröger*, ZGR 2009, 447, 449.

354 *Baums*, AG Sonderheft 1997, 26, 35; *Tröger*, ZGR 2009, 447, 449.

355 *Koch*, Hüffer/Koch, § 87 Rn. 1.

356 OLG München, ZIP 2008, 1237, 1238 f.; *Tröger*, ZGR 2009, 447, 454.

nicht exorbitant hoch ist. Beim Angemessenheits- und Üblichkeitsgebot geht es nicht darum, mögliche Interessenkonflikte zu vermeiden.[357] Es soll lediglich verhindert werden, dass sich die Vorstände auf Kosten der Aktionäre und zulasten der Gläubiger „bildlich gesprochen, ein ihnen nicht zustehendes, zu großes Stück aus der Torte herausschneiden".[358] Das Angemessenheits- und Üblichkeitsgebot geben nicht vor, den variablen Teil der Vorstandsvergütung ausschließlich auf die Interessen der Bestellungsgesellschaft auszurichten.[359]

2. *Nachhaltigkeitsgebot*

Das Nachhaltigkeitsgebot nach § 87 Abs. 1 S. 2 AktG soll dazu führen, dass der Aufsichtsrat die Motivation der Vorstandsmitglieder steigert, sich am langfristigen Erfolg des Unternehmens zu orientieren.[360] Auch wenn das Augenmerk in der Gesetzesbegründung sowie in den Kommentierungen zu § 87 AktG auf der Dauerhaftigkeit des unternehmerischen Erfolgs liegt,[361] lässt sich dem Nachhaltigkeitsgebot auch entnehmen, dass der Aufsichtsrat dafür sorgen muss, dass die Vorstandsmitglieder durch die Strukturierung und Ausrichtung der Vergütung incentiviert werden, die Führung des Unternehmens am Interesse der Bestellungsgesellschaft auszurichten. Eine auf Nachhaltigkeit der Unternehmensentwicklung bezogene Leitung der Gesellschaft setzt nämlich voraus, dass Handlungsmaxime der Vorstandsmitglieder die Orientierung an den Interessen des eigenen Unternehmens ist. Der Aufsichtsrat muss die Pflicht der Vorstandsmitglieder, im Interesse der eigenen Gesellschaft zu handeln, faktisch absichern. Dass der Vorstand in allen die Interessen der Gesellschaft berührenden Belangen das Wohl der Gesellschaft und nicht den eigenen Nutzen oder die Interessen eines Dritten im Auge behalten muss, ergibt sich auch aus seiner Treupflicht gegenüber seiner Gesellschaft.[362]

Beim Nachhaltigkeitsgebot handelt es sich um eine zwingende Vorgabe des Gesetzes.[363] Insofern besteht kein Ermessen des Aufsichtsrats. Ein Verstoß gegen das Nachhaltigkeitsgebot kann auch nicht dadurch aufgewogen werden, dass die Gesellschaft bei einer fehlenden Ausgleichsvereinbarung mit dem Dritten

---

357 *Arnold*, Festschrift Bauer, 2010, S. 35, 39.

358 *Goette*, Festschrift Hopt, Bd. 1, 2010, 689, 698 f.

359 *Arnold*, Festschrift Bauer, 2010, S. 35, 39; vgl. *Goette*, Festschrift Hopt, Bd. 1, 2010, 689, 698 f.

360 Vgl. Dritten Teil B.II.2.a (S. 127).

361 Begr. RegE-BT-Drs- 16/12278, S. 5 f.; vgl. *Fleischer*, Spindler/Stilz Akt, § 87 Rn. 27 ff.; *Koch*, Hüffer/Koch, § 87 Rn. 10 ff.

362 Vgl. Zweiten Teil F.I.2.b (S. 87).

363 Vgl. Dritten Teil B.II.2.a (S. 127).

finanziell besser gestellt ist, als wenn sie das Vorstandsmitglied selber vergüten würde. Somit muss der Aufsichtsrat aufgrund des Nachhaltigkeitsgebots nach § 87 Abs. 1 S. 3 AktG seine Zustimmung verweigern, wenn die Drittvergütung die Vorstandsmitglieder incentiviert, im Interesse Dritter zu handeln.

§ 87 Abs. 1 AktG verbietet eine Vergütung, bei der das Vorstandsmitglied davon profitiert, die wirtschaftliche Situation der Gesellschaft zu verschlechtern oder Interessen der Bestellungsgesellschaft zu vernachlässigen.[364] Eine drittbezogene Vergütung des Vorstandsmitglieds soll zwar nicht eine Schlechterstellung der Bestellungsgesellschaft bewirken, sondern nur ein Anreiz für das Vorstandsmitglied begründen, im Interesse des Dritten zu handeln. Divergieren jedoch die Interessen der Bestellungsgesellschaft und des Dritten, geht der von der drittbezogenen Vergütung ausgehende Anreiz für das Vorstandsmitglied, im Interesse des Dritten und entgegen den Interessen der Bestellungsgesellschaft zu handeln, Hand in Hand.

Daraus kann jedoch nicht geschlussfolgert werden, dass auch der Drittbezug nur eines Teils der Vorstandsvergütung unzulässig wäre. Das würde das Nachhaltigkeitsgebot überstrapazieren. Ist nur ein Teil der Vorstandsvergütung drittbezogen und orientiert sich der überwiegende Teil der variablen Vergütung an der Entwicklung der Bestellungsgesellschaft, ist das Vorstandsmitglied nicht veranlasst, entgegen den Interessen seiner Gesellschaft zu handeln. Der Aufsichtsrat muss gemäß § 87 Abs. 1 AktG für den richtigen Mix der Vorstandsvergütung sorgen und sicherstellen, dass die Gesamtvergütung so ausgerichtet ist, dass für das Vorstandsmitglied kein Anreiz besteht, seine Amtspflichten zu vernachlässigen. Somit ist nicht von vornherein ausgeschlossen, dass Teile der Vorstandsvergütung drittbezogen sind. Die Beurteilung, wann der überwiegende Teil der variablen Vorstandsvergütung sich nach der Entwicklung der Bestellungsgesellschaft richtet, hängt von den Umständen des Einzelfalls ab.

III. Einbeziehung von Vorstandsmitgliedern in ergebnisabhängige Vergütungssysteme der Muttergesellschaft

1. Problematik der Einbeziehung von Vorstandsmitgliedern in ergebnisabhängige Vergütungssysteme der Muttergesellschaft

Um Konzerninteressen besser auf allen Ebenen eines Konzerns durchzusetzen, wird häufig der variable Teil der Vorstandsvergütung der Höhe nach an den Zielen der Muttergesellschaft ausgerichtet. Die Höhe der variablen von der Obergesellschaft gewährten Vergütung wird regelmäßig anhand des Geschäftsergebnisses oder des

364 OLG München ZIP, 2008, 1237.

Aktienkurses der Muttergesellschaft bestimmt.[365] Wie gezeigt, ist eine solche Einbeziehung von Vorstandsmitgliedern in das Vergütungssystem eines Dritten nicht mit § 87 Abs. 1 S. 3 AktG vereinbar, wenn dadurch ein Anreiz entsteht, Interessen der Bestellungsgesellschaft zu vernachlässigen.

In der Literatur wird jedoch vertreten, dass der Drittbezug der variablen Vorstandsvergütung bei Vorliegen eines Vertragskonzerns und bei einer Eingliederung der einen Gesellschaft in eine andere Gesellschaft ohne die Einschränkungen des § 87 AktG zulässig sei.[366] Auch soll der Drittbezug der Vorstandsvergütung im faktischen Konzern erlaubt sein, wenn Minderheitsaktionäre fehlen.[367] Anderen Autoren zufolge sind Aktienoptionen der Muttergesellschaft an Vorstandsmitglieder bei einer faktischen Abhängigkeit sogar dann zulässig, wenn Minderheitsaktionäre vorhanden sind.[368]

2. *Keine generelle Zulässigkeit gemäß § 192 Abs. 2 Nr. 3 AktG*

Da gemäß § 192 Abs. 2 Nr. 3 AktG eine bedingte Kapitalerhöhung von der Hauptversammlung u.a. zur Gewährung von Bezugsrechten der Geschäftsführung eines verbundenen Unternehmens beschlossen werden kann, könnte die Einbeziehung von Vorstandsmitgliedern in Aktienoptionsprogramme der Muttergesellschaft generell zulässig sein.[369] Es ließe sich sogar folgern, dass gemäß § 192 Abs. 2

---

365 *Hohenstatt/Seibt/Wagner*, ZIP 2008, 2289.

366 *Baums*, AG-Sonderheft 1997, 26, 35 f.; *Frey*, GroßKomm AktG, § 192 Rn. 101; *Koch*, Hüffer/Koch, § 192 Rn. 20; *Kort*, GroßKomm AktG, § 87 Rn. 153; *Spindler*, MünchKomm AktG, § 87 Rn. 51; *Wagner*, Heidel, § 193 Rn. 14; *Casper*, Optionsvertrag, S. 444 f.; *Heidel*, Festschrift Mehle, 2009, S. 247, 253 ff.; *Hoffmann-Becking*, NZG 1999, 797, 803; *Kallmeyer*, AG 1999, 97, 102; *Schüller*, Vorstandsvergütung, 2002, S. 142; *Semler*, Festschrift Bude, 1994, S. 599, 604; *Spindler*, DStR 2004, 36, 44 f.; *Tröger*, ZGR 2009, 447, 453.

367 *Rieckers*, Spindler/Stilz AktG, § 192 Rn. 61a, 61b; *Arnold*, Festschrift Bauer, 2010, S. 35, 39 ff.; *Habersack*, Festschrift Raiser, 2005, S. 111, 120 ff.; *ders.* NZG 2008, 634, 635; *Waldhausen/Schüller*, AG 2009, 179, 180 f.; *Martens*, Festschrift Ulmer, 2003, S. 399, 416 f.

368 *Vetter*, K. Schmidt/Lutter, § 311 Rn. 33; *Arnold*, Festschrift Bauer, 2010, S. 35, 41 ff.; *Binder*, BB 2008, 131, 132; *Habersack*, Festschrift Raiser, 2005, S. 111, 118 ff.; *Habersack*, NZG 2008, 634, 635; *Hohenstatt/Seibt/Wagner*, ZIP 2008, 2289 ff.; *Reichert/Balke*, Festschrift Hellwig, 2010, S. 285, 288; *Waldhausen/Schüller*, AG 2009, 179, 180 f.; *Martens*, Festschrift Ulmer, 2003, S. 399, 416 f.

369 *Arnold*, Festschrift Bauer, 2010, S. 35, 41 f.; *Habersack*, Festschrift Raiser, 2005, S. 111, 118 ff.; *Hohenstatt/Seibt/Wagner*, ZIP 2008, 2289, 2292; *Martens*, Festschrift Ulmer, 2003, 399, 416 f.; *Reichert/Balker*, Festschrift Hellwig, 2010, S. 285, 290.

Nr. 3 AktG jegliche an den Belangen der Muttergesellschaft orientierte Vergütung erlaubt ist.

Jedoch regelt § 192 AktG nur, wann eine bedingte Kapitalerhöhung zulässig ist. Eine Derogation des § 87 AktG im sechsten Teil, wo Satzungsänderungen sowie Maßnahmen der Kapitalbeschaffung und Kapitalherabsetzung geregelt sind, wäre systemfremd. In § 192 AktG sind nur die „Voraussetzungen" (amtliche Überschrift von § 192 AktG) einer bedingten Kapitalerhöhung normiert. Die Vorschrift verliert auch nicht ihren Anwendungsbereich dadurch, dass das Nachhaltigkeitsgebot nach § 87 Abs. 1 AktG auch für Bezugsrechte an Mitglieder der Geschäftsführung eines verbundenen Unternehmens gilt. Wie soeben gesehen, steht § 87 AktG einem Drittbezug von Teilen der Vorstandsvergütung nicht *per se* entgegen. Somit ist es wegen § 192 Abs. 2 Nr. 3 AktG zwar möglich, auf Ebene der Muttergesellschaft eine bedingte Kapitalerhöhung durchzuführen, um der Geschäftsführung verbundener Unternehmen Bezugsrechte zu gewähren. Vorbehalte nach § 87 AktG gegenüber der Vorstandsvergütung werden jedoch nicht modifiziert oder gar aufgehoben.[370]

3. *Vertragskonzern*

Lediglich vereinzelt wird in der Literatur die Meinung vertreten,[371] dass eine Drittvergütung, die sich der Höhe nach ausschließlich an den Zielen der Obergesellschaft orientiert, unzulässig sei, während sich für die vorwiegend in der Literatur vertretene Ansicht keine durchgreifenden Zweifel an der Zulässigkeit einer solchen Vergütung im Vertragskonzern ergeben.[372]

Die h.M. begründet die Zulässigkeit einer drittbezogenen Vergütung damit, dass der Vorstand der beherrschten Gesellschaft Konzerninteressen zu berücksichtigen habe und an Weisungen der herrschenden Gesellschaft gebunden sei.[373] Ein mit dem Drittbezug der Vergütung einhergehender Interessenkonflikt zulasten der Bestellungsgesellschaft sei somit unproblematisch.

Jedoch hat der Vorstand im weisungsfreien Bereich weiterhin ausschließlich die Interessen der Bestellungsgesellschaft (auch zulasten der Muttergesellschaft)

---

370 Begr. RegE-BT-Drs. 13/9712, S. 23 f.; *Casper*, Der Optionsvertrag, 2005, S. 442; *Tröger*, ZGR 2009, 447, 456 ff.

371 *Kort*, GroßKomm AktG, § 87 Rn. 143; kritisch ebenfalls *Mertens/Cahn*, Köln-Komm AktG, § 87 Rn. 11, 25.

372 *Friedrichsen*, Aktienoptionsprogramme für Führungskräfte, 2000, S. 206 f.; *Hohenstatt/Seibt/Wagner*, ZIP 2008, 2289 f.; *Koch*, Hüffer/Koch, § 87, Rn. 14; *Martens*, Festschrift Ulmer, 2003, S. 399, 416; *Spindler*, Festschrift K. Schmidt, 2009, S. 1529, 1530.

373 *Hohenstatt/Seibt/Wagner*, ZIP 2008, 2289 f.

zu wahren.[374] Auch muss der Vorstand im Interesse seiner Bestellungsgesellschaft überprüfen, ob Weisungen der Muttergesellschaft existenzbedrohend und somit abzuwehren sind.[375] Der Vertragskonzern begründet zwar Rücksichtnahme- und Informationspflichten des Vorstands zugunsten der herrschenden Gesellschaft, nicht hingegen die Pflicht (oder das Recht), grundsätzlich die Ausübung der Leitungsmacht am Interesse der Obergesellschaft auszurichten.[376] Eine variable (Dritt-)Vergütung, die sich ausschließlich oder im Wesentlichen der Höhe nach am Aktienkurs oder Kennzahlen eines Dritten orientiert, und so für das Vorstandsmitglied einen Anreiz begründet, Interessen der Bestellungsgesellschaft zu vernachlässigen, ist somit auch dann unzulässig, wenn zwischen dem Dritten und der Bestellungsgesellschaft ein Beherrschungsvertrag abgeschlossen wurde. Das gilt sowohl im Hinblick auf Vergütungsvereinbarung, die zwischen der Bestellungsgesellschaft und dem Vorstandsmitglied abgeschlossen wurden, sowie hinsichtlich zwischen der Drittanstellungsgesellschaft und dem Vorstandsmitglied vereinbarter Vergütungsregeln.

4. *Faktischer Konzern*

Eine faktische Abhängigkeit der Gesellschaft von einer anderen Gesellschaft lässt die Pflichten des Vorstands unverändert.[377] §§ 311 ff. AktG setzten gerade voraus, dass der Vorstand weiterhin ausschließlich die Interessen der Gesellschaft verfolgt. Es macht auch keinen Unterschied, ob Minderheitsgesellschafter vorhanden sind oder nicht. Andernfalls würden §§ 311 ff. AktG auf den Schutz der Minderheitsgesellschafter reduziert.[378] Der Vorstand wird nicht ausschließlich im Interesse der Aktionäre tätig. Das Unternehmensinteresse, dem der Vorstand verpflichtet ist, umfasst auch, für das Wohl der Belegschaft zu sorgen sowie im Interesse der Öffentlichkeit zu handeln. Ein Drittbezug der variablen Vergütung muss auch bei einer faktischen Abhängigkeit gemäß § 87 Abs. 1 AktG auf eine nachhaltige Unternehmensentwicklung ausgerichtet sein.

5. *Eingliederung*

Allein bei einer Eingliederung der Bestellungsgesellschaft in eine andere Gesellschaft gemäß § 319 AktG kann und muss der Vorstand die Leitung des Unternehmens

374 Vgl. Zweiten Teil F.II.2.a.bb (S. 94).
375 Vgl. *Spindler*, Festschrift K. Schmidt, 2009, S. 1529, 1534 f.
376 Vgl. Zweiten Teil F.II.2.a.bb (S. 94).
377 Vgl. Zweiten Teil F.II.2.d (S. 98).
378 *Spindler*, FS Schmidt, 2009, S. 1529, 1542.

am Interesse der Muttergesellschaft ausrichten.[379] Folglich ist eine anreizorientierte, drittbezogene Vergütung von Vorstandsmitgliedern generell zulässig, wenn die Bestellungsgesellschaft in die Muttergesellschaft eingegliedert wurde.

G. Zwischenergebnis

1. Die Drittvergütung verstößt nicht gegen die aktienrechtliche Kompetenzordnung, sofern gemäß § 87 Abs. 1 AktG der Aufsichtsrat ihr zustimmt. Der Aufsichtsrat entscheidet über die Zustimmung zur Drittvergütung in seiner Gesamtheit. *De lege ferenda* sollten finanzielle Zuwendungen der Muttergesellschaft an die Vorstandsmitglieder der Tochtergesellschaft, die mit der Bestellungsgesellschaft einen Beherrschungsvertrag abgeschlossen hat oder in die Muttergesellschaft eingegliedert wurde, nicht der Zustimmung des Aufsichtsrats der Bestellungsgesellschaft bedürfen.
2. Der Aufsichtsrat darf der Drittvergütung *de lege lata* nur zustimmen, wenn die Gesamtvergütung angemessen, üblich und auf eine nachhaltige Unternehmensentwicklung ausgerichtet ist. *De lege ferenda* sollte der Aufsichtsrat finanziellen Zuwendungen des Dritten auch zustimmen können, wenn sie zu einer unangemessenen und/oder unüblich hohe Gesamtvergütung führen.
3. Der mit der Drittvergütung einhergehende Interessenkonflikt des Vorstandsmitglieds führt nicht zur Unzulässigkeit der Drittvergütung des Vorstandsmitglieds. Der Zulässigkeit finanzieller Zuwendungen Dritter steht auch nicht die Möglichkeit der Hauptversammlung entgegen, nach § 120 Abs. 4 AktG über die Billigung des Systems zur Vergütung der Vorstandsmitglieder zu beschließen.
4. § 87 Abs. 1 AktG verbietet eine Vergütung, bei der das Vorstandsmitglied davon profitiert, die wirtschaftliche Situation der Gesellschaft zu verschlechtern oder Interessen der Bestellungsgesellschaft zu vernachlässigen. Deswegen ist eine variable, anreizorientierte und drittbezogene Vergütung nur zulässig, wenn sich der überwiegende Teil der variablen Vergütung durch die Entwicklung der Bestellungsgesellschaft bestimmt wird. Das gilt auch, wenn die Bestellungsgesellschaft einen Beherrschungsvertrag mit dem Dritten abgeschlossen hat oder faktisch von dem Dritten abhängig ist. Die variable Vorstandsvergütung kann nur dann uneingeschränkt drittbezogen sein, wenn die Bestellungsgesellschaft gemäß § 319 AktG in das Unternehmen des Dritten eingegliedert wurde.

379 Vgl. Zweiten Teil F.II.2.b (S. 96).

Vierter Teil: Ausgewählte Probleme der Drittanstellung

Gegenstand des vierten Teils sind ausgewählte Probleme der Drittanstellung: Zuerst wird die Haftung der Drittanstellungsgesellschaft gegenüber der Bestellungsgesellschaft untersucht sowie die Frage erörtert, ob eine Pflicht der Drittanstellungsgesellschaft zur Zahlung eines Entgelts gegenüber der Bestellungsgesellschaft im Hinblick auf die Drittanstellung besteht (**A.**). Danach wird untersucht, ob und unter welchen Voraussetzungen der Drittanstellungsgesellschaft ein finanzieller Ausgleichsanspruch für die Überlassung des Angestellten gegenüber der Bestellungsgesellschaft zusteht (**B.**). Sodann wird die Frage erörtert, ob es sich bei der Drittanstellung gegebenenfalls um ein arbeitsrechtliches Schuldverhältnis handelt und welche Folgen sich hieraus ergeben (**C.**). Schließlich wird untersucht, ob eine bereicherungsrechtliche Rückabwicklung zwischen der Drittanstellungsgesellschaft und dem Vorstandsmitglied stattfindet, wenn der Drittanstellungsvertrag im Zeitpunkt der Leistungen nichtig war (**D.**).

A. Haftung sowie Ausgleichspflichten der Drittanstellungsgesellschaft

Gemäß § 93 Abs. 2 AktG haftet zwar das drittangestellte Vorstandsmitglied für von ihm gegenüber der Bestellungsgesellschaft begangene Pflichtverletzungen. Allerdings wird in der Praxis das Augenmerk bei schwerwiegenden Schäden nicht auf der Haftung des Vorstandsmitglieds liegen, sondern wegen der regelmäßig besseren Vermögenslage auf der Haftung oder Ausgleichspflichten der Drittanstellungsgesellschaft.[380] Ob und inwiefern eine Haftung für Fehlverhalten oder Ausgleichspflichten der Drittanstellungsgesellschaft besteht, ist Gegenstand der folgenden Untersuchung.

Eine Haftung der Drittanstellungsgesellschaft kommt generell für Pflichtverletzungen des drittangestellten Vorstandsmitglieds (**I.**) sowie für eigenes Fehlverhalten, namentlich für die mangelhafte Auswahl des Vorstandsmitglieds, in Betracht (**II.**). Auch könnte eine Ausgleichspflicht gemäß § 311 Abs. 1 AktG bestehen, wenn die Drittanstellungsgesellschaft der Bestellungsgesellschaft einen Nachteil dadurch

380 Ebenso bei Vorstandsdoppelmandaten: *Noack*, Festschrift Hoffmann-Becking, 2013, S. 847, 850.

zufügt, dass sie das drittangestellte Vorstandsmitglied veranlasst, eine bestimmte Maßnahme zu treffen oder eine Maßnahme zu unterlassen (**III.**).

I. Haftung für Fehlverhalten des Vorstandsmitglieds

Eine Haftung der Drittanstellungsgesellschaft für Fehlverhalten des Vorstandsmitglieds könnte sich aus § 31 BGB ergeben, wonach die Gesellschaft für den Schaden verantwortlich ist, den ein Vorstandsmitglied durch eine Ausführung der ihm zustehenden Verrichtungen begangene, zum Schadensersatz verpflichtende Handlung einem Dritten zufügt. Eine Haftung der einen Gesellschaft gegenüber der anderen Gesellschaft für Fehlverhalten des Vorstandsmitglieds nach § 31 BGB wird in der Literatur auch bei einer Doppelmandatierung von Vorstandsmitgliedern diskutiert.[381] Zwischen dem drittangestellten Vorstandsmitglied und der Drittanstellungsgesellschaft besteht jedoch, anders als zwischen den Gesellschaften und dem doppelmandatierten Vorstandsmitglied, kein korporationsrechtliches, sondern nur ein schuldrechtliches Rechtsverhältnis. Da das Vorstandsmitglied nicht Vertreter der Drittanstellungsgesellschaft ist, haftet die Drittanstellungsgesellschaft nicht für Schäden, die das Vorstandsmitglied der Bestellungsgesellschaft zufügt.

Stehen Bestellungs- und Drittanstellungsgesellschaft in einem vertraglichen Rechtsverhältnis zueinander, könnte die Bestellungsgesellschaft gemäß §§ 280 ff. BGB einen Schadensersatzanspruch für Schäden haben, die das drittangestellte Vorstandsmitglied der Bestellungsgesellschaft zufügt. Hierfür müsste der Drittanstellungsgesellschaft jedoch das Verschulden des Vorstandsmitglieds gemäß § 278 BGB der Drittanstellungsgesellschaft zugerechnet werden. Das setzt voraus, dass sich die Drittanstellungsgesellschaft zur Erfüllung einer Verbindlichkeit gegenüber der Bestellungsgesellschaft bedient. Eine Haftung der Drittanstellungsgesellschaft für Schäden, die das unabhängig handelnde Vorstandsmitglied der Bestellungsgesellschaft zufügt, käme einer Garantiehaftung der Drittanstellungsgesellschaft nahe. Eine solch weitreichende Haftung ist von der Drittanstellungsgesellschaft jedoch regelmäßig nicht gewollt. Gegebenenfalls bestehende vertragliche Vereinbarungen zwischen Bestellungs- und Drittanstellungsgesellschaft umfassen somit regelmäßig nicht die Pflicht, für eine ordnungsgemäße Geschäftsführung des Vorstandsmitglieds zu sorgen, sondern allenfalls eine für die Übernahme der Tätigkeit geeignete Person aus zu wählen.[382] Dann ist das Vorstandsmitglied nicht

---

381 Vgl. BGHZ 36, 296, 309; *Noack*, Festschrift Hoffmann-Becking, 2013, S. 847, 854 ff.
382 *Krieger*, Festschrift Hoffmann-Becking, 2013, S. 711, 731.

Erfüllungsgehilfe der Drittanstellungsgesellschaft. Eine Verschuldenszurechnung gemäß § 278 BGB ist grundsätzlich zu verneinen.[383]

Im Übrigen besteht für die Drittanstellungsgesellschaft keine Haftung gemäß § 831 Abs. 1 BGB für Schäden, die das drittangestellte Vorstandsmitglied der Bestellungsgesellschaft zufügt, da das Vorstandsmitglied gemäß § 76 Abs. 1 AktG nicht weisungsgebunden und folglich nicht Verrichtungsgehilfe ist.

II. Haftung für eine mangelhafte Auswahl des Managers

Die Drittanstellungsgesellschaft könnte für Schäden haften, die der Bestellungsgesellschaft dadurch entstehen, dass das Vorstandsmitglied für die Vorstandstätigkeiten der Bestellungsgesellschaft ungeeignet ist. Eine solche Haftung der Drittanstellungsgesellschaft bestünde, wenn die Drittanstellungsgesellschaft gegenüber der Bestellungsgesellschaft vertraglich verpflichtet wäre, für die Eignung des Vorstandsmitglieds zu sorgen. Insbesondere Personal-Service-Unternehmen können verpflichtet sein, dafür einzustehen, dass die Vorstandsmitglieder geeignet sind, wenn sie beauftragt werden, Manager für die Besetzung des Vorstands zu finden.

Jedoch erfolgt die Bestellung von Vorstandsmitgliedern nach pflichtgemäßem Ermessen des Aufsichtsrats. Der Aufsichtsrat würde seinen Pflichten nicht gerecht, wenn er einen Manager als Vorstandsmitglied bestellt, ohne selber zu überprüfen, ob der Manager als Vorstandsmitglied geeignet ist. Zwar kann er die Beurteilung der Drittanstellungsgesellschaft, dass der Manager als Vorstandsmitglied geeignet ist, bei Ausübung seines Ermessens berücksichtigen, er muss sich allerdings die Gründe, aus denen der Manager aus Sicht der Drittanstellungsgesellschaft für die Vorstandstätigkeit geeignet sein soll, offenlegen lassen und kritisch würdigen. Die Aufsichtsratsmitglieder wären gemäß § 93 Abs. 2, 116 AktG schadensersatzpflichtig, machten sie sich die Beurteilung der Personal-Service-Gesellschaft ohne eine kritische Auseinandersetzung mit der Beurteilung zu eigen und führte die Bestellung des ungeeigneten Vorstandsmitglieds zu einem Schaden. Der Aufsichtsrat kann sein Entscheidungsermessen hinsichtlich der Bestellung von Vorstandsmitgliedern nicht auf einen Ausschuss und erst recht nicht auf außenstehende Dritte der Gesellschaft verlagern. Folglich haftet die Drittanstellungsgesellschaft neben den Aufsichtsratsmitgliedern für Schäden, die entstehen, weil der Manager für die Vorstandstätigkeit ungeeignet ist,

383 Ebenso *Krieger*, Festschrift Hoffmann-Becking, 2013, S. 711, 731; a.A. *Groß/Bohnert*, Interim Management, 2012, S. 248, 260.

wenn überhaupt eine solche Haftung zwischen der Drittanstellungsgesellschaft und der Bestellungsgesellschaft vereinbart wurde, als Gesamtschuldner.

Eine alleinige Haftung der Drittanstellungsgesellschaft kommt allein dann in Betracht, wenn sie Informationen über das Vorstandsmitglied, die für die Bestellungsentscheidung des Aufsichtsrats relevant sind, falsch darstellt oder gar verfälscht oder Informationen vorenthält, die die Bestellungsentscheidung beeinflussen könnten. Ob die Drittanstellungsgesellschaft dann eine Nebenpflicht (§ 241 Abs. 2 BGB) oder eine Hauptpflicht (§ 241 Abs. 1 BGB) verletzt, hängt von der konkreten Ausgestaltung des Vertrags ab.

III. Ausgleichspflicht für die Einflussnahme auf die Bestellungsgesellschaft gemäß § 311 Abs. 1 AktG

Die Bestellungsgesellschaft könnte gegen die Drittanstellungsgesellschaft Ansprüchen haben, sollte die Drittanstellungsgesellschaft ihren auf der personellen Verflechtung beruhenden Einfluss auf die Bestellungsgesellschaft ausnutzen und einen Nachteil oder gar einen Schaden für die Bestellungsgesellschaft verursachen. Es besteht aufgrund der Drittanstellung für den Manager ein Anreiz, einem konkreten Anliegen der Gesellschaft, bei der es angestellt ist, auch zulasten seiner Bestellungsgesellschaft nach zu kommen.[384]

Ist die Bestellungsgesellschaft von der Drittanstellungsgesellschaft faktisch abhängig, könnte eine Ausgleichspflicht der Drittanstellungsgesellschaft gemäß § 311 Abs. 1 AktG bestehen. Ein herrschendes Unternehmen darf gemäß § 311 Abs. 1 AktG seinen Einfluss nicht dazu benutzen, eine abhängige AG zu veranlassen, ein für sie nachteiliges Rechtsgeschäft vorzunehmen oder Maßnahmen zu ihrem Nachteil zu treffen oder zu unterlassen, es sei denn, dass die Nachteile ausgeglichen werden. Für eine Ausgleichspflicht der Drittanstellungsgesellschaft gegenüber der Bestellungsgesellschaft gemäß § 311 Abs. 1 AktG bedarf es somit u.a. einer Abhängigkeit der Drittanstellungsgesellschaft von der Bestellungsgesellschaft nach § 17 Abs. 1 AktG.[385] Das Vorliegen oder Fehlen eines Konzerns nach § 18 AktG ist für die Anwendbarkeit des § 311 AktG hingegen unerheblich.[386]

---

384 Vgl. Ersten Teil B.I.1 (S. 33).

385 *Altmeppen*, MünchKomm AktG, § 311 Rn. 53; *Bödeker*, Henssler/Strohn, § 311 Rn. 3; *Grigoleit*, Grigoleit, § 311 Rn. 11; *Koch*, Hüffer/Koch, § 311 Rn. 8; *Rothley*, Wachter, § 311 Rn. 3.

386 *Altmeppen*, MünchKomm AktG, § 311 Rn. 53; *Bödeker*, Henssler/Strohn, § 311 Rn. 3; *Koch*, Hüffer/Koch, § 311 Rn. 8; *Rothley*, Wachter, § 311 Rn. 3.

Ferner müsste die Bestellungsgesellschaft die Drittanstellungsgesellschaft zu einer nachteiligen Maßnahme veranlassen.

Es stellt sich die Frage, ob allein die Drittanstellung von Vorstandsmitgliedern eine Abhängigkeit i.S.d. §§ 17 Abs. 1, 311 Abs. 1 AktG zwischen der Bestellungs- und der Drittanstellungsgesellschaft begründet. Ferner könnte die für eine Ausgleichspflicht nach § 311 Abs. 1 AktG notwendige Veranlassung, ein für die Bestellungsgesellschaft nachteilige Maßnahme zu treffen oder zu unterlassen, *prima facie* zu bejahen sein, wenn die Drittanstellungsgesellschaft Vorteile aus der Maßnahme oder dem Unterlassen der Maßnahme zieht.

1. *Abhängigkeit i.S.d. § 17 Abs. 1 AktG*

Abhängigkeit liegt vor, wenn eine Gesellschaft auf eine andere Gesellschaft beherrschenden Einfluss ausüben kann.[387] Da die drittangestellten Vorstandsmitglieder für die Durchsetzung einer Maßnahme auf die Mitwirkung der nicht drittangestellten Vorstandsmitglieder angewiesen sind, wenn nur eine Minderheit der Vorstandsmitglieder fremdangestellt ist, könnte eine Abhängigkeit der Bestellungsgesellschaft von der Drittanstellungsgesellschaft nur bestehen, wenn alle oder die Mehrzahl der Vorstandsmitglieder bei derselben Gesellschaft drittangestellt sind.

Jedoch sind Vorstandsmitglieder an Weisungen der Drittanstellungsgesellschaft nicht gebunden. Der Vorstand übt auch bei einer Drittanstellung aller oder einer Mehrzahl seiner Mitglieder seine Leitungsmacht gemäß § 76 Abs. 1 AktG unabhängig aus.[388] Zwar führt auch die bloße Möglichkeit der Einflussnahme zu einer Abhängigkeit i.S.d. §§ 17 Abs. 1, 311 AktG.[389] Doch wird in der Praxis wegen der entgegenstehenden korporationsrechtlichen Pflichtenbindung des Vorstandsmitglieds zugunsten der Bestellungsgesellschaft sowie aufgrund seiner Haftung nach § 93 Abs. 2 AktG das fremdangestellte Vorstandsmitglied nicht generell den Anliegen der Drittanstellungsgesellschaft entgegen den Interessen der Bestellungsgesellschaft nachkommen. Es müssen weitere Umstände hinzutreten, sodass eine Abhängigkeit der Drittanstellungsgesellschaft von der Bestellungsgesellschaft i.S.d. §§ 17 Abs. 1, 311 Abs. 1 AktG bejaht werden kann. Eine Abhängigkeit liegt gemäß § 17 Abs. 2 AktG vor, wenn die Bestellungsgesellschaft im Mehrbesitz der Drittanstellungsgesellschaft steht. Die Bestellungsgesellschaft ist

387 *Schull*, Spindler/Stilz Akt, § 17 Rn. 8.
388 Vgl. Zweiten Teil F.I.2.a.aa (S. 84).
389 *Altmeppen*, MünchKomm AktG, § 311 Rn. 53; *Aschenbeck*, NZG 2000, 1015, 1016.

jedoch nicht von der Drittanstellungsgesellschaft abhängig, allein weil ein oder mehrere Vorstandsmitglieder bei derselben Gesellschaft drittangestellt sind.

2. *Veranlassung*

Die Ausgleichspflicht nach § 311 Abs. 1 AktG setzt voraus, dass das herrschende Unternehmen die beherrschte Gesellschaft veranlasst, eine Maßnahme zu ihrem Nachteil zu treffen oder zu unterlassen. Es bedarf einer Handlung der herrschenden Gesellschaft bzw. eine ihr zurechenbare Handlung eines Dritten, die die schädigende Maßnahme des Vorstandsmitglieds adäquat kausal zumindest mitverursacht.[390] Es kann sich um allgemeine Richtlinien, Ratschläge, Anregungen, geäußerte Erwartungen, Wünsche und Weisungen handeln.[391] Dass das Vorstandsmitglied gemäß § 76 Abs. 1 AktG nicht verpflichtet ist, dem Anliegen der Drittanstellungsgesellschaft nachzukommen, und ausschließlich im Interesse der Bestellungsgesellschaft handeln muss, steht dem Vorliegen einer Veranlassung nicht entgegen, da auch eine tatsächliche Einflussnahme das Tatbestandsmerkmal der „Veranlassung" i.S.d. § 311 Abs. 1 AktG erfüllt.

Es stellt sich allerdings die Frage, wer den Beweis führen muss, dass die Drittanstellungsgesellschaft ihren auf der Drittanstellung beruhenden Einfluss genutzt hat, um das fremdangestellte Vorstandsmitglied zu bestimmen, Maßnahmen vorzunehmen bzw. bestimmte Handlungen zu unterlassen. Die Beweislast trifft als Anspruchssteller der Ausgleichspflicht grundsätzlich die Bestellungsgesellschaft. Da jedoch die anspruchsbegründenden Tatsachen in der Praxis regelmäßig nur schwer nachweisbar sind, kommen der beherrschten Gesellschaft Beweislasterleichterungen zugute.[392] Insbesondere wird in der Praxis das drittangestellte Vorstandsmitglied nicht zugeben, dass es durch die Drittanstellungsgesellschaft veranlasst worden ist, da dies eine Pflichtverletzung des Vorstandsmitglieds begründen könnte. Es entspricht allerdings dem typischen Geschehensablauf, dass eine nachteilige Maßnahme des Vorstands durch

---

390 *Altmeppen*, MünchKomm AktG, § 311 Rn. 81 f.; *Rothley*, Wachter, § 311 Rn. 7.

391 LG Bonn, AG 2005, 542, 543; *Habersack*, Emmerich/Habersack, § 311 Rn. 23; *Hogh*, Die Nachteilsermittlung im Rahmen des § 311 I AktG, 2004, S. 23; *Müller*, Spindler/Stilz Akt, § 311 Rn. 12; strenger *Raiser/Veil*, Recht der Kapitalgesellschaft, 2010, § 53 Rn. 33: Reine Anregungen oder gute Ratschläge sollen nicht ausreichen, wenn dem Vorstand der abhängigen Gesellschaft die Freiheit bleibt, nach eigenem Ermessen zu entscheiden.

392 OLG Jena AG 2007, 785, 787; LG Bonn AG 2005, 542, 543; *Koch*, Hüffer/Koch, § 311 Rn. 18 ff; *Koppensteiner*, KölnKomm AktG, § 311 Rn. 9 f.; a.A. *Säcker*, ZHR 151 (1987), 59, 62 f.

die herrschende Gesellschaft veranlasst wurde, wenn sie Vorteile aus der Maßnahme zieht.[393] Grundsätzlich spricht somit ein Beweis des ersten Anscheins für das Vorliegen eine Veranlassung.

Hinsichtlich Personalverflechtungen in Form einer Doppelmandatierung von Vorstandsmitgliedern wird teilweise sogar eine unwiderlegbare Vermutung vertreten, nach der nachteilige Maßnahmen generell als vom herrschenden Unternehmen veranlasst anzusehen sind.[394] Es gibt jedoch keinen Grund, warum der Obergesellschaft nicht gestattet sein soll, einen Gegenbeweis zu führen.[395] Im Hinblick auf die Drittanstellung bleibt es somit bei einem *Prima-facie*-Beweis.[396]

B. Ausgleich für Aufwendungen der Drittanstellungsgesellschaft

Die Bestellungsgesellschaft könnte gegenüber der Drittanstellungsgesellschaft zum finanziellen Ausgleich für die Überlassung eines Managers verpflichtet sein.

I. Vertraglich vereinbarter Ausgleich

Für die Überlassung eines Managers kann eine Erstattungspflicht der Bestellungsgesellschaft vertraglich vereinbart werden.[397] Eine solche Ausgleichspflicht der Bestellungsgesellschaft ist notwendig, wenn es sich bei der Drittanstellungsgesellschaft um eine Aktiengesellschaft und bei der Bestellungsgesellschaft um eine Aktionärin der Drittanstellungsgesellschaft handelt. Andernfalls würde gegen die Kapitalerhaltung der Gesellschaft gemäß § 57 Abs. 1 S. 2 AktG verstoßen.[398]

---

393 *Habersack*, Emmerich/Habersack, § 311 Rn. 33; *Müller*, Spindler/Stilz Akt, § 311 Rn. 25; *Vetter*, K. Schmidt/Lutter, § 311 Rn. 30; *Koch*, Hüffer/Koch, § 311 Rn. 20; a.A.; *Säcker*, ZHR 151 (1987), 59, 62 f.

394 LG Köln AG 2008, 327, 331 f.; *Bayer/Lieder*, AG 2010, 885, 886; *Grigoleit*, Grigoleit, § 311 Rn. 24; *Haesen*, Der Abhängigkeitsbericht im faktischen Konzern, 1970, S. 92; *Kronstein*, Die abhängige juristische Person, 1973, S. 81; *Säcker*, ZHR 151 (1987), 59, 65 ff.; *Strohn*, Die Verfassung der AG im faktischen Konzern, S. 47.

395 Im Ergebnis ebenso *Hogh*, Die Nachteilsermittlung im Rahmen des § 311 I AktG, 2004, S. 31 f.; *Raiser/Veil*, Recht der Kapitalgesellschaft, 2010, § 53 Rn. 34; *Semler*, Festschrift Stiefel, 1987, S. 719, 760.

396 Für eine unwiderlegbare Veranlassungs-Vermutung hingegen *Jooß*, Drittanstellung, 2010, S. 222; gegen den *Prima-facie*-Beweis *Raiser/Veil*, Recht der Kapitalgesellschaften, 2010, § 53 Rn. 34.

397 Vgl. Ersten Teil A.III (S. 32).

398 Vgl. Zweiten Teil E (S. 79).

Aufgrund seiner Kompetenz, Vorstandsmitglieder zu bestellen sowie dafür zu sorgen, dass die Vorstandsvergütung angemessen, üblich und auf eine nachhaltige Unternehmensentwicklung ausgerichtet ist, entscheidet aufseiten der Bestellungsgesellschaft der Aufsichtsrat über eine solche Vereinbarung mit der Drittanstellungsgesellschaft.[399]

II. Geschäftsführung ohne Auftrag

Sollte rechtsgeschäftlich kein Ausgleich vereinbart sein, stellt sich die Frage, ob der Drittanstellungsgesellschaft für die Aufwendungen, die mit der Überlassung des Managers an die Bestellungsgesellschaft einhergehen, ein Anspruch aus einer Geschäftsführung ohne Auftrag gemäß §§ 670, 683 S. 1 BGB zusteht.[400] Der Anspruch setzt voraus, dass der Geschäftsführer ein Geschäft für einen anderen ohne Auftrag besorgt.

Die Geschäftsbesorgung i.S.d. §§ 677 ff. BGB ist weit zu verstehen und umfasst Tätigkeiten aller Art, also nicht nur Rechtshandlungen oder Rechtsgeschäfte, sondern auch tatsächliches Tätigwerden.[401] Vorliegend kommen sowohl die Zahlung der Vorstandsvergütung an das Vorstandsmitglied als auch dessen Anstellung sowie die Überlassung des Managers an die Bestellungsgesellschaft als Geschäftsbesorgung nach § 677 ff. BGB in Betracht. Da jedoch die Überlassung eines Managers naturgemäß nicht von der Bestellungsgesellschaft ausgehen kann, handelt es sich bei der Überlassung des Managers nicht um ein fremdes Geschäft. Anknüpfungspunkt eines Anspruchs aus der Geschäftsführung ohne Auftrag kann lediglich die Vergütung des Vorstandsmitglieds sowie dessen Anstellung sein.

Fraglich ist jedoch, ob die Vorstandsvergütung oder die Anstellung des Vorstandsmitglieds „für einen anderen" (für die Bestellungsgesellschaft) geschieht. Entscheidend ist das Vorliegen eines Fremdgeschäftsführungswillens der Drittanstellungsgesellschaft. Die Vergütung des Managers oder die Anstellung des Vorstandsmitglieds müsste der Sorge der Bestellungsgesellschaft obliegen bzw. ihrem Rechts- oder Interessenkreis entstammen.[402]

---

399 KG NZG 2011, 865.

400 So etwa *Jooß*, Drittanstellung, 2010, S. 224 f., für den Fall, dass im Einzelfall die Drittanstellung dem wirklichen oder mutmaßlichen Willen der Bestellungsgesellschaft entspricht.

401 *Seiler*, MünchKomm BGB, § 677 Rn. 2.

402 Vgl. RGZ 97, 61, 65 f.; *Gehrlein*, Bamberger/Roth BGB, § 677 Rn. 11; *Seiler*, MünchKomm BGB, § 677 Rn. 4.

Für die Bestellungsgesellschaft besteht nicht nur die Pflicht, für eine ordnungsgemäße Vergütungsstruktur zu sorgen sowie die Vergütung des Vorstands der Höhe nach zu begrenzen, sondern auch die Vorgabe, durch eine Vorstandsvergütung eine unabhängige Leitung der Gesellschaft zu gewährleisten. Für das Vorstandsmitglied stellt nämlich seine Vorstandsvergütung regelmäßig die Haupteinnahmequelle dar, mit der es seinen Lebensunterhalt sicherstellt. Da das Vorstandsmitglied nicht auf die Vergütung aus weiteren Tätigkeiten angewiesen ist, wird durch die Vorstandsvergütung ein unabhängiger und voller Einsatz der Vorstandsmitglieder gewährleistet. Die Vergütung von Vorstandsmitgliedern entspricht somit den Interessen der Bestellungsgesellschaft. Zugleich ergibt sich aus dem Drittanstellungsvertrag jedoch auch für die Drittanstellungsgesellschaft die Pflicht zur Vergütung des Vorstandsmitglieds. Somit handelt es sich sowohl bei der Drittanstellung als auch bei der Vergütung des Vorstandsmitglieds um sog. auch fremde Geschäfte.[403] Zwar wird grundsätzlich bei auf fremden Geschäften ein Fremdgeschäftsführungswille vermutet.[404] Diese Vermutung gilt allerdings nur, wenn der Geschäftsführer hinsichtlich der Geschäftsführung nicht selber pflichtengebunden ist.[405] Kommt der Geschäftsführer zugleich einer ihm obliegenden vertraglichen oder gesetzlichen Verpflichtung nach, können zwar die Grundsätze der Geschäftsführung ohne Auftrag anwendbar sein. Es besteht jedoch keine Vermutung eines Fremdgeschäftsführungswillens.[406] Die Drittanstellungsgesellschaft müsste ihren Fremdgeschäftsführungswillen positiv nachweisen. Dies wird ihr jedoch nur in Ausnahmenfällen gelingen, da sie regelmäßig aus Eigennutz das Vorstandsmitglied bei sich anstellt.[407] Bei der Frage, ob die Drittanstellungsgesellschaft bei Abschluss des Drittanstellungsvertrags oder bei der Bezahlung des Vorstandsmitglieds mit Fremdgeschäftsführungswillen handelt, kommt es maßgeblich auf die die Umstände des Einzelfalls an. Ein Anspruch der Drittanstellungsgesellschaft aus der Geschäftsführung ohne Auftrag ist aber üblicherweise mangels Fremdgeschäftsführungswillen zu verneinen.

---

403 Vgl. BGH NJW 2000, 72; *Gehrlein*, Bamberger/Roth BGB, § 677 Rn. 15.

404 BGHZ 38, 270, 276; 40, 28, 30 f.; 140, 108, 109; *Gehrlein*, Bamberger/Roth BGB, § 677 Rn. 15.

405 *Gehrlein*, Bamberger/Roth BGB, § 677 Rn. 16 m.w.N.

406 *Gehrlein*, Bamberger/Roth BGB, § 677 Rn. 16 m.w.N.

407 Vgl. Ersten Teil B.I (S. 33).

C. Die Drittanstellung als Arbeitsvertrag und entsprechende Anwendung arbeitsrechtlicher Vorschriften und Grundsätze

Fraglich ist, ob und unter welchen Voraussetzungen es sich bei dem Drittanstellungsvertrag um einen Arbeitsvertrag handelt. Um dieser Frage nachgehen zu können, wird untersucht, ob es sich bei dem Anstellungsvertrag, der zwischen der Bestellungsgesellschaft und dem Vorstandsmitglied abgeschlossen wird, um einen Arbeitsvertrag handeln kann.

I. Rechtsnatur des Anstellungsvertrags von Vorstandsmitgliedern

Ist das Vorstandsmitglied unmittelbar bei der Bestellungsgesellschaft angestellt, ist unbestritten, dass es sich beim Anstellungsvertrag des Vorstandsmitglieds grundsätzlich um einen Dienstvertrag handelt. Es stellt sich allerdings die Frage, ob und unter welchen Voraussetzungen es sich beim Anstellungsvertrag des Vorstandsmitglieds mit der Gesellschaft ausnahmsweise um einen Arbeitsvertrag handeln kann. Einige Autoren bejahen eine Arbeitnehmereigenschaft des Vorstandsmitglieds unter bestimmten Voraussetzungen, während der Großteil der Autoren eine Arbeitnehmereigenschaft des Vorstandsmitglieds generell ablehnt.[408] Zwar ist der Meinungsstand für die Praxis weitestgehend unerheblich, da Einigkeit darüber besteht, dass im Falle der Bejahung des Arbeitnehmerstatus des Vorstandsmitglieds nicht alle Schutzvorschriften zugunsten des Arbeitnehmers angewendet werden können bzw. bei Ablehnung des Arbeitnehmerstatus zahlreiche Vorschriften, die allein den Schutz des Arbeitnehmers bezwecken, wie etwa die Kündigungsfristen nach § 622 BGB, zumindest analog heranzuziehen sind. Die dogmatische Ausgangslage ist jedoch streitig.[409]

Eine Auffassung begründet die generelle Ablehnung des Arbeitnehmerstatus von Vorstandsmitgliedern damit, dass Vorstandsmitglieder anders als

---

408 Gegen die Arbeitnehmereigenschaft: Vgl. BGHZ 10, 187, 191; 36, 142, 143; 12, 1, 8; 49, 30, 31; *Fleck*, Festschrift Hilger/Stumpf, 1983, S. 197 ff.; *Fleischer*, Spindler/Stilz Akt, § 84 Rn. 25; *Goette*, Festschrift Wiedemann, 2002, S. 873 ff.; *Happ*, Aktienrecht, 2014, 8.08 Rn. 1; *Koch*, Hüffer/Koch, § 84 Rn. 14; *Mertens/Cahn*, KölnKomm AktG, § 84 Rn. 35 ff.; *Raiser/Veil*, Recht der Kapitalgesellschaften, 2010, § 14 Rn. 47; *Seibt*, K. Schmidt/Lutter, § 84 Rn. 23; *Spindler*, MünchKomm AktG, § 84 Rn. 56; *Thüsing*, Hdb. des VorstandsR, § 4 Rn. 54; Für den Arbeitnehmerstatus unter bestimmten Voraussetzungen *Henssler*, RdA 1992, 289, 292 ff.; *Jooß*, Drittanstellung, 2010, S. 91 ff.

409 *Henssler*, RdA 1992, 289, 290 m.w.N.

Arbeitnehmer freiwillig unternehmerisches Risiko übernehmen würden.[410] Wer nämlich durch gewinnabhängige Tantiemenzahlungen am Erfolg des Unternehmens teilnehme, könne nicht die gleiche Einkommens-, Pensions- und Arbeitsplatzgarantie wie ein Arbeitnehmer haben.[411] Aufgrund des Korrelats von Teilhabe und Verantwortung müssten Vorstandmitglieder für unternehmerische Fehlschläge persönlich mitverantwortlich sein.[412] Diese Meinung ist allerdings insofern problematisch, als der Anstellungsvertrag nicht zwingend eine gewinnabhängige Vergütung vorsieht. Es kommt auf die Umstände des Einzelfalls an, ob das Vorstandsmitglied an der unternehmerischen Entwicklung finanziell teilhat. Ferner können auch Arbeitnehmer des Unternehmens eine variable Vergütung erhalten. Hinsichtlich der Teilhabe am unternehmerischen Erfolg besteht nicht zwingend ein Unterschied zwischen Vorstandsmitgliedern und anderen Angestellten des Unternehmens.

Das BAG und die h.M. differenzieren im Hinblick auf die Arbeitnehmereigenschaft eines Angestellten nach seiner persönlichen Abhängigkeit.[413] Ein Angestellter ist danach Arbeitnehmer, wenn er fremdbestimmt ist, d.h. wenn er seine Dienstleistung im Rahmen einer von Dritten bestimmten Arbeitsorganisation erbringt.[414] Wesentlich für die Bejahung der Arbeitnehmereigenschaft sind die Weisungsgebundenheit hinsichtlich Ort, Zeit, Dauer und Art der Tätigkeit[415] sowie die Verpflichtung zur persönlichen Leistungserbringung[416]. Dies ist zwar grundsätzlich eine Frage der konkreten Ausgestaltung des Vertragsverhältnisses. Vorstandsmitglieder sind jedoch niemals an arbeitsrechtliche Weisungen gebunden, da gemäß § 76 Abs. 1 AktG ein Verbot privatautonom eingeräumter Weisungsrechte gegenüber Vorstandsmitgliedern besteht. Der Umstand, dass gemäß § 111 Abs. 4 S. 2 AktG bestimmte Arten von Geschäften nur mit der Zustimmung des Aufsichtsrats vorgenommen werden dürfen, sowie Kontrollrechte oder sonstige Kompetenzen des Aufsichtsrats, wie zum Beispiel sein Recht, Vorstandsmitglieder gemäß § 84 Abs. 3 AktG abzuberufen, führen nicht zu einer persönlichen Abhängigkeit der Vorstandsmitglieder

---

410 *Wank*, Arbeitnehmer und Selbstständige, 1988, S. 32 ff.; *ders.*, DB 1992, 90, 91; vgl. auch *Vogelsang*, ArbeitsrechtsHdb., § 8 Rn. 5.

411 *Henssler*, RdA 1992, 289, 291.

412 *Henssler*, RdA 1992, 289, 291.

413 *Boemke*, Studienbuch ArbR, 2004, § 8 Rn. 2; *Reiserer*, MünchAnwHdb. ArbR, § 6 Rn. 2; *Weidenkaff*, Palandt BGB, Einf. § 611 Rn. 7.

414 BAG NJW 1993, 86; NJW 1993, 1156, jew. m.w.N.

415 BAGE 90, 36.

416 BAG NJW 1999, 310.

von ihrer Gesellschaft i.S.d. Arbeitnehmerbegriffs.[417] Ferner wird der Einwand, dass eine einheitliche Behandlung der Anstellungsverträge von leitenden Angestellten und von Vorstandsmitgliedern geboten sei, weil sie sich in ihren Leitungsaufgaben innerhalb des Unternehmens nicht wesentlich unterscheiden würden, von der h.M. zutreffend als zu pauschalisierend abgelehnt.[418] Gemäß § 76 Abs. 1 AktG ist korporationsrechtlich nur der Vorstand zur Vertretung der AG berechtigt (und verpflichtet) und deswegen üben nur die Vorstandsmitglieder gegenüber allen Mitarbeitern des Unternehmens Arbeitgeberfunktion aus. Leitende Angestellte nehmen hingegen nur auf einem schuldrechtlichen Vertrag beruhende, abgeleitete Kompetenzen wahr. Wenn überhaupt, kommen leitenden Angestellten Arbeitgeberrechte nur innerhalb eines ihnen vorgegebenen Arbeitsbereichs zu. Die Rechtsmacht von Vorstandsmitgliedern ist im Vergleich zur Rechtsmacht sonstiger Angestellter des Unternehmens von fundamental anderer Natur.[419] Da der Vorstand gemäß § 76 Abs. 1 AktG nicht verpflichtet ist, Weisungen zu folgen und Vorstandsmitglieder nicht in einen vorgegebenen Arbeitsprozess des Unternehmens integriert sind bzw. sie diesen jederzeit modifizieren können, sind Vorstandsmitglieder nicht fremdbestimmt und somit niemals Arbeitnehmer.

Beim Anstellungsvertrag des Vorstandsmitglieds handelt es sich um einen freien Dienstvertrag i.S.d. §§ 611 ff. BGB. Da Vorstandsmitglieder immer gegen Entgelt tätig werden, hat der Dienstvertrag eine Geschäftsbesorgung nach §§ 611 ff., 675 BGB zum Gegenstand.[420]

II. Rechtsnatur des Drittanstellungsvertrags sowie analoge Anwendung arbeitsrechtlicher Vorschriften und Grundsätze

Die Ausführungen zur Rechtsnatur des Anstellungsvertrags von Vorstandsmitgliedern gelten auch hinsichtlich des Drittanstellungsvertrags. Auch das drittangestellte Vorstandsmitglied darf gemäß § 76 Abs. 1 AktG Weisungen nicht folgen. Hinsichtlich der korporationsrechtlichen Rechte und Pflichten besteht

---

417 *Hueck*, Festschrift Hilger/Stumpf, 1983, S. 365, 375; *Mertens/Cahn*, KölnKomm AktG, § 84 Rn. 35.

418 Vgl. *Henssler*, RdA 1992, 289, 290 (einschränkend wiederum S. 292).

419 *Hueck*, Festschrift Hilger/Stumpf, 1983, S. 365, 375.

420 BGHZ 10, 187, 190 f.; *Bürgers/Israel*, Bürgers/Körber, § 84 Rn. 13; *Koch*, Hüffer/Koch, § 84 Rn. 14; *Kort*, GroßKomm AktG, § 84 Rn. 271a; *Mertens/Cahn*, KölnKomm AktG, § 84 Rn. 34; *Oltmanns*, Heidel AktG, § 84 Rn. 10; *Seibt*, K. Schmidt/Lutter, § 84 Rn. 23; *Wiesner*, MünchHdb. GesR, Bd. 4, § 21 Rn. 3; BGHZ 10, 187, 190 f.

kein Unterschied zwischen dem drittangestellten Vorstandsmitglied und dem Vorstandsmitglied, das bei der Bestellungsgesellschaft angestellt ist. Vorstandsmitglieder sind grundsätzlich keine Arbeitnehmer, unabhängig davon, ob sie bei der Bestellungsgesellschaft oder bei einem Dritten angestellt sind.

Da der Drittanstellungsvertrag jedoch üblicherweise für das Vorstandsmitglied die Existenzgrundlage bildet und das Vorstandsmitglied regelmäßig von demjenigen, von dem es seine Vergütung erhält, wirtschaftlich abhängig ist,[421] könnten im Einzelfall arbeitsrechtliche Vorschriften und Grundsätze auf das Organmitglied entsprechend angewandt werden. Auch im Hinblick auf das Vorstandsmitglied, das unmittelbar bei der Bestellungsgesellschaft angestellt ist, können der h.M. zufolge arbeitnehmerrechtliche Schutzvorschriften gelten.[422] Die analoge Anwendung arbeitsrechtlicher Vorschriften kommt in Betracht, wenn sie der Sicherung der wirtschaftlichen und persönlichen Existenz dienen[423] oder durch besondere Vertrauenserwartungen geprägt sind.[424] Der BGH hat u.a. folgende Vorschriften und Grundsätze auf das Vorstandsmitglied der AG entsprechend angewandt: die Grundsätze über das fehlerhafte Anstellungsverhältnis,[425] Pfändungsvorschriften gemäß §§ 850 ff. ZPO,[426] die Insolvenzsicherung für Vorsorgeansprüche und Vorsorgeanwartschaften nach §§ 7 Abs. 1 und 2, 17 Abs. 1 BetrAVG, soweit die Vorstandsmitglieder nicht selbst maßgeblich an der Gesellschaft beteiligt sind,[427] und die Kündigungsfrist des § 622 Abs. 1 BGB.[428]

---

421 *Beiner*, Der Vorstandsvertrag, 2014, Rn. 181.

422 Vgl. *Beiner*, Der Vorstandsvertrag, 2014, Rn. 181; *Bürgers/Israel*, Bürgers/Körber, § 84 Rn. 14; *Fleck*, Festschrift Hilger/Stumpf, 1983, S. 197, 205; *Henssler*, RdA 1992, 289, 297; *Mertens/Cahn*, KölnKomm, § 84 Rn. 37 ff.; *Seibt*, K. Schmidt/Lutter, § 84 Rn. 23; *Thüsing*, Hdb. des VorstandsR, § 4 Rn. 55.

423 *Fleck*, Festschrift Hilger/Stumpf, 1983, S. 197, 205; *Goette*, Festschrift Wiedemann, 2002, S. 873, 875 ff.; *Henssler*, RdA 1992, 297; *Mertens/Cahn*, KölnKomm AktG, § 84 Rn. 37 f.

424 *Fleischer*, Spindler/Stilz Akt, § 84 Rn. 27; *Mertens*/Cahn, KölnKomm AktG, § 84 Rn. 37.

425 BGHZ 41, 282; vgl. Vierten Teil D.III (S. 178).

426 BGH, NJW 1978, 756; ebenso *Fleck*, Festschrift Hilger/Stumpf, 1983, S. 197, 209; *Koch*, Hüffer/Koch, § 84 Rn. 26; *Mertens/Cahn*, KölnKomm AktG, § 84 Rn. 38; *Vedder*, Grigoleit, § 84 Rn. 22.

427 BGHZ 77, 94, 96 ff.; 77, 233, 236 ff.; 78, 73, 79; ebenso *Koch*, Hüffer/Koch § 84 Rn. 26; *Mertens/Cahn*, KölnKomm AktG, § 84 Rn. 38; zur Abbedingung des BetrAVG *Thüsing/Granetzny*, NZG 2010, 449.

428 BGH NJW 1981, 2748; 1989, 2683; ebenso *Fleischer*, Spindler/Stilz Akt, § 84 Rn. 28; *Koch*, Hüffer/Koch, § 84 Rn. 17; *Mertens/Cahn*, KölnKomm AktG, § 84 Rn. 38.

Unabhängig davon, ob das Vorstandsmitglied bei der Bestellungsgesellschaft oder bei einem Dritten angestellt ist, kann es von der Anstellungsgesellschaft im gleichen Maße persönlich und wirtschaftlich abhängig sein. Das Schutzbedürfnis des Vorstandsmitglieds ist das gleiche. Folglich macht es auch für die analoge Anwendung arbeitsrechtlicher Vorschriften auf das Vorstandsmitglied keinen Unterschied, ob das Vorstandsmitglied bei der Bestellungsgesellschaft oder bei einem Dritten angestellt ist.

Für eine analoge Anwendbarkeit arbeitsrechtlicher Vorschriften kann jedoch nicht allein ausschlaggebend sein, welche Bestimmungen generell für Vorstandsmitglieder gelten sollen. Andernfalls kämen arbeitsrechtliche Vorschriften auch Managern zugute, die als Vorstandsmitglieder nur für einen kurzen Zeitraum zum Beispiel zur Förderung eines bestimmten Projekts eingesetzt werden. Sowohl das drittangestellte als auch das unmittelbar bei der Bestellungsgesellschaft angestellte Vorstandsmitglied wäre dann nicht im gleichen Maß wie ein Arbeitnehmer schutzbedürftig. Deswegen können arbeitsrechtliche Vorschriften nur dann analog angewandt werden, wenn das Dienstverhältnis eines selbstständig Tätigen nicht nur vorübergehende Dienstleistungen zum Gegenstand hat, sondern wenn bei Vertragsschluss das Dienstverhältnis nach dem Willen der Vertragsparteien für eine längere Zeit bestehen soll und auf regelmäßig wiederkehrende Leistungen gerichtet ist.[429] Insbesondere bei einer Bestellung von Interimsmanager zur Überbrückung personeller Vakanzen oder zur Umsetzung eines Projekts soll der Drittanstellungsvertrag regelmäßig nur für einen kurzen Zeitraum bestehen. In einem solchen Fall ist die Schutzbedürftigkeit des Vorstandsmitglieds nicht mit der eines Arbeitnehmers vergleichbar. Das Vorstandsmitglied kommt sodann einem freien Mitarbeiter gleich und arbeitnehmerrechtliche Vorschriften können nicht analog angewendet werden. Hierbei handelt es sich allerdings nicht um eine Besonderheit der Drittanstellung des Vorstandsmitglieds. Dass eine analoge Anwendung arbeitnehmerrechtliche Vorschriften auf das Vorstandsmitglied voraussetzt, dass dem Willen der Vertragsparteien entsprechend der Anstellungsvertrag für eine längere Zeit bestehen soll, gilt auch in Hinblick auf den Anstellungsvertrag, den das Vorstandsmitglied mit der Bestellungsgesellschaft abgeschlossen hat.

429 BGHZ 10, 187, 192; *Erren*, Das Vorstandsmitglied einer AG als Arbeitnehmer?, 2015, S. 274.

III. Der Arbeitsvertrag zwischen der Drittanstellungsgesellschaft und dem Vorstandsmitglied

Wie soeben gezeigt, handelt es sich bei dem Drittanstellungsvertrag grundsätzlich um einen Dienstvertrag. Fraglich ist jedoch, wie das Vertragsverhältnis zwischen der Drittanstellungsgesellschaft und dem Vorstandsmitglied zu qualifizieren ist, wenn ein Arbeitsvertrag vor der Bestellung als Vorstandsmitglied abgeschlossen wurde. Insbesondere bei Konzernanstellungsverträgen ist das Vorstandsmitglied, bevor es als Vorstandsmitglied bestellt wird, regelmäßig Arbeitnehmer der Drittanstellungsgesellschaft. Auch der Interimsmanager könnte vor seiner Bestellung als Vorstandsmitglied mit der Interimsmanager-Gesellschaft einen Arbeitsvertrag abgeschlossen haben. Als Erstes wird der Frage nachgegangen, wie das Vertragsverhältnis zwischen der Interimsmanagergesellschaft und dem Manager zu qualifizieren ist. Anschließend wird untersucht, wie es sich auf den Drittanstellungsvertrag auswirkt, dass vor Bestellung des Vorstandsmitglieds zwischen der Drittanstellungsgesellschaft und dem Vorstandsmitglied ein Arbeitsvertrag bestand.

1. Das Vertragsverhältnis zwischen der Interimsmanager-Gesellschaft und dem Interimsmanager vor der Bestellung als Vorstandsmitglied

Im Hinblick auf das Vertragsverhältnis des Interimsmanagers zu seiner Interimsmanager-Gesellschaft sind vor seiner Bestellung als Vorstandsmitglied zwei Konstellationen denkbar: Zunächst kann der Manager freier Mitarbeiter der Interimsmanager-Gesellschaft sein. Das ist der Fall, wenn er weiterhin unabhängig entscheiden kann, ob er sich als Vorstandsmitglied eines anderen Unternehmens bestellen lässt oder seine Zustimmung zur Bestellung verweigert. Die Interimsmanager-Gesellschaft verschafft dem Manager lediglich Angebote einer Managertätigkeit. Beim Rechtsverhältnis zwischen der Interimsmanager-Gesellschaft und dem Vorstandsmitglied handelt es sich dann vor der Bestellung als Vorstandsmitglied um einen Dienstvertrag.

Der Manager könnte allerdings Arbeitnehmer sein, wenn der Interimsmanager-Gesellschaft ein Direktionsrecht gegenüber dem Manager betreffend seine Tätigkeit hat. Die Interimsmanager-Gesellschaft kann dann im Rahmen der Vorgaben des Anstellungsvertrags bestimmen, wo und wann der Manager für ein anderes Unternehmen tätig wird. Der Manager muss auch nicht zwingend zur Ausführung einer Vorstandstätigkeit angewiesen, sondern kann zum Beispiel auch als leitender Angestellter in einem anderen Unternehmen eingesetzt werden. Die Interimsmanager-Gesellschaft verfügt über die Arbeitskraft des

Managers. Es besteht ein für die Qualifizierung des Vertragsverhältnisses relevantes Direktionsrecht.[430] Zwar geht das Weisungsrecht ab dem Zeitpunkt, in dem sich der Interimsmanager als Vorstandsmitglied bestellen lässt, gemäß § 76 Abs. 1 AktG verloren. Auch kann die Interimsmanager-Gesellschaft nicht ohne Weiteres die Beendigung des Bestellungsverhältnisses herbeiführen und somit über den Interimsmanager (im Rahmen der Vorgaben des Anstellungsvertrags) frei verfügen. Doch steht das einer Qualifizierung des Vertragsverhältnisses zwischen dem Manager und der Interimsmanager-Gesellschaft als Arbeitsvertrag vor der Bestellung des Managers als Vorstandsmitglied nicht entgegen. Die Rechtsbeziehung zwischen Manager und Interimsmanager-Gesellschaft kann zumindest bis zur Bestellung des Managers als Vorstandsmitglied arbeitsrechtlicher Natur sein.[431]

2. *Der Arbeitsvertrag zwischen der Drittanstellungsgesellschaft und dem Vorstandsmitglied*

Es stellt sich die Frage, ob es sich bei einem Anstellungsvertrag zwischen dem Vorstandsmitglied und der Drittanstellungsgesellschaft um einen Arbeitsvertrag handelt, wenn es sich bei dem Vertragsverhältnis vor der Bestellung des Managers als Vorstandsmitglied um einen Arbeitsvertrag handelte. Es besteht das Problem, dass zum einen der Vorrang des Bestellungsverhältnisses auch im Hinblick auf den Drittanstellungsvertrag gilt, mit der Folge, dass Weisungsrechte der Drittanstellungsgesellschaft nicht bestehen, zum anderen jedoch der Arbeitsvertrag gegebenenfalls nicht ausdrücklich oder konkludent aufgehoben wurde.

Sowohl der Umstand, dass die Drittanstellungsgesellschaft ab der Bestellung des Managers als Vorstandsmitglied ihre arbeitsrechtlichen Weisungsrechte verliert, als auch die Interessenverlagerung weg von der Drittanstellungsgesellschaft und hin zur Bestellungsgesellschaft legen eine Suspendierung des Arbeitsvertrags bis zur Beendigung des Bestellungsverhältnisses nahe. Vor der Bestellung als Vorstand und nach Widerruf der Bestellung wäre der Manager Arbeitnehmer, während für die Dauer des Bestellungsverhältnisses das Vertragsverhältnis ein Dienstvertrag wäre oder zumindest wie ein Dienstvertrag zu behandeln wäre. Die Vertragsparteien könnten den Arbeitsvertrag, wie beim innerbetrieblichen Aufstieg von leitenden Angestellten, auch rechtsgeschäftlich aufheben, sodass der Arbeitsvertrag nach Beendigung der Vorstandstätigkeit nicht wieder auflebt. Schließlich könnte es sich bei dem Drittanstellungsvertrag ab der Bestellung des

---

430 Ähnlich *Martens*, Festschrift Hilger/Stumpf, 1983, 437, 447.

431 *Martens*, Festschrift Hilger/Stumpf, 1983, S. 437, 447.

Managers als Vorstandsmitglied um einen gemischten Dienst- und Arbeitsvertrag handeln.[432]

a. *Formwirksame Beendigung des Arbeitsverhältnisses und Abschluss eines Dienstvertrags mit der Drittanstellungsgesellschaft*

Will die Drittanstellungsgesellschaft, dass das mit ihr bestehende Arbeitsverhältnis ab der Bestellung des Managers als Vorstandsmitglied der Bestellungsgesellschaft nicht fortbesteht, soll es sich also beim Drittanstellungsvertrag um ein Dienstvertrag handeln, liegt es nahe, dass die Drittanstellungsgesellschaft im ersten Schritt einen Aufhebungsvertrag mit dem Angestellten im Hinblick auf den Arbeitsvertrag schließt. Hierbei ist das Schriftformerfordernis nach § 623 BGB zu beachten. Im zweiten Schritt wird ein neuer Vertrag, ein Dienstvertrag, mit dem Manager abgeschlossen. Inhaltlich unterscheidet sich der Dienstvertrag vom Arbeitsvertrag dadurch, dass der Dienstvertrag kein Direktionsrecht der Drittanstellungsgesellschaft hinsichtlich der Arbeitskraft des Angestellten begründet. Das Vorstandsmitglied wäre nicht Arbeitnehmer, sondern Dienstverpflichteter.

Zwar würde das Vorstandsmitglied bei einer Aufhebung des Arbeitsvertrags arbeitsrechtliche Besitzstände verlieren. Auch würde der Arbeitsvertrag mit all seinen Konsequenzen nach Beendigung der Vorstandstätigkeit nicht wieder aufleben. Dennoch ist der Manager regelmäßig veranlasst, den Arbeitsvertrag im Einvernehmen mit der Drittanstellungsgesellschaft aufzuheben, da ihm üblicherweise mit dem neuen Dienstvertrag eine an die Vorstandstätigkeit angepasste höhere Vergütung angeboten wird.

b. *Abschluss eines Drittanstellungsvertrags ohne Aufhebung des Arbeitsverhältnisses*

Fraglich ist, ob ein Arbeitsvertrag zwischen der Drittanstellungsgesellschaft und dem Manager fortbesteht, wenn der Manager in den Vorstand einer anderen Gesellschaft entsandt und im Hinblick auf die Vorstandstätigkeit ein neuer Vertrag abgeschlossen wird, zugleich jedoch die Vertragsparteien den Arbeitsvertrag nicht ausdrücklich und schriftlich aufheben. Dieser Fall könnte rechtlich genauso wie der innerbetriebliche Aufstieg von leitenden Angestellten in den Vorstand behandelt werden.

---

432 BAG AP Nr. 2 zu § 611 BGB Gemischter Vertrag m. Anm. *Heckelmann*; BAG AP Nr. 4 zu § 611 BGB Ausschlussfrist m. Anm. *Söllner*; Zu diesen Entscheidungen kritisch: *Martens*, Festschrift Hilger/Stumpf, 1983, S. 437, 448 ff.

aa. Innerbetrieblicher Aufstieg von leitenden Angestellten in den Vorstand oder in die GmbH-Geschäftsführung

Zwar wurde von der Rechtsprechung ursprünglich vertreten, dass das Arbeitsverhältnis für den Zeitraum, in dem der Angestellte Vorstandsmitglied oder GmbH-Geschäftsführer ist, nur ruht und bei einer Beendigung des Bestellungsverhältnisses wieder auflebt.[433] Jedoch ist die Konstruktion des suspendierten Arbeitsvertrags in der Literatur auf Kritik gestoßen[434] und wurde mittlerweile vom BAG verworfen[435]. Wird bei der Bestellung eines leitenden Angestellten als Vorstandsmitglied ein neuer Anstellungsvertrag abgeschlossen, soll ein ruhendes Arbeitsverhältnis dem Willen der Vertragsparteien entsprechend daneben nicht fortbestehen, zumal die Gesellschaft üblicherweise dem Angestellten ab seiner Bestellung als Vorstandsmitglied eine höhere Vergütung gewährt. Der Arbeitsvertrag des leitenden Angestellten mit seiner Gesellschaft wird im Falle seines innerbetrieblichen Aufstiegs in den Vorstand oder Geschäftsführung aufgehoben.[436] An seine Stelle tritt ein Dienstverhältnis (Geschäftsbesorgungsvertrag nach § 675 BGB).

Zwar bedarf die Vereinbarung der Umwandlung des Arbeitsvertrags in einen Geschäftsbesorgungsvertrag gemäß § 623 BGB der Schriftform.[437] Bei einem innerbetrieblichen Aufstieg von leitenden Angestellten in den Vorstand oder als Geschäftsführer wird das Schriftformerfordernis nach § 623 BGB jedoch regelmäßig eingehalten. Aufgrund der herrschenden Andeutungstheorie[438] genügt es nämlich, wenn ein neuer auf die Vorstandstätigkeit bezogener, schriftlich verfasster Anstellungsvertrag abgeschlossen wird.[439]

bb. Entsprechende Anwendung der Grundsätze auf die Drittanstellung von Vorstandsmitgliedern

Die in Bezug auf den innerbetrieblichen Aufstieg entwickelten Grundsätze gelten für die Drittanstellung entsprechend. Es kann im Hinblick auf den Arbeitsvertrag, der mit dem Vorstandsmitglied vor seiner Bestellung abgeschlossen wurde,

433 BAG NZA 1986, 792 f.; DB 1987, 2659.

434 *Henssler*, RdA 1992, 289, 298 f. m.w.N.

435 BAG NZA 1994, 212, 213 f.; 1996, 143, 144; 2000, 1013, 1015.

436 BAG NZA 1994, 212, 213 f.; 2000, 1013, 1015; *Thüsing*, Hdb. des VorstandsR, § 4 Rn. 60; *Mertens/Cahn*, KölnKomm AktG, § 84 Rn. 35.

437 A.A. *Jooß*, Drittanstellung, 2010, S. 96 ff.

438 Zur Andeutungstheorie, vgl. RGZ 59, 217, 219; *Hertel*, Staudinger BGB, § 125 Rn. 87; *Säcker*, MünchKomm BGB, Allgemeiner Teil, Einleitung, Rn. 117.

439 BAG DB 2007, 2093 ff.; *Stagat*, DB 2010, 2801, 2804 f.

keinen Unterschied machen, ob das Vorstandsmitglied den Arbeitsvertrag vor seiner Bestellung mit einem Dritten oder mit der Bestellungsgesellschaft abgeschlossen hat. War das Vorstandsmitglied mit der Drittanstellungsgesellschaft vor seiner Bestellung in einem Arbeitsverhältnis, kann dieses durch einen neuen Anstellungsvertrag aufgelöst werden.[440] Hierfür bedarf der Drittanstellungsvertrag der schriftlichen Form. Zur Rechtsklarheit ist allerdings ein ausdrücklicher Hinweis auf die Beendigung des bisherigen Arbeitsverhältnisses sinnvoll.[441]

c. *Weder ausdrückliche Beendigung des Arbeitsverhältnisses noch Abschluss eines Dienstvertrags*

Es stellt sich die Frage, ob der Arbeitsvertrag bei einer Bestellung des Managers als Vorstandsmitglied fortbesteht, wenn kein neuer Anstellungsvertrag zwischen dem Vorstandsmitglied und der Drittanstellungsgesellschaft abgeschlossen wird. Es fehlt an einer ausdrücklichen oder konkludenten Auflösung des Arbeitsvertrags. Auch liegt in der Zustimmung des Managers zur Bestellung als Vorstandsmitglied keine (stillschweigende) Aufhebung des Arbeitsvertrags.[442]

aa. Kollision von Arbeitnehmer- und Arbeitgeberstellung in einer Person

Würde der Arbeitsvertrag uneingeschränkt auch während der Zeit, in der der Manager Vorstandsmitglied ist, fortgelten, wäre das Vorstandsmitglied gegenüber der Drittanstellungsgesellschaft Arbeitnehmer und übernähme zugleich gegenüber den Angestellten der Bestellungsgesellschaft Arbeitgeberfunktion. Es stellt sich dir Frage, ob eine Arbeitnehmer- und Arbeitgeberstellung in einer Person möglich ist.

Es ist zwar zutreffend, dass u.a. im betriebsverfassungsrechtlichen Sinne Vorstandsmitglieder der Arbeitgeberseite angehören[443] und für die Gesellschaft den weiteren Angestellten gegenüber Arbeitgeberfunktionen ausüben.[444] Jedoch steht die mit der Vorstandstätigkeit einhergehende Arbeitgeberstellung einer Anwendung verbleibender arbeitsrechtlicher Schutzvorschriften nicht zwingend entgegen. Auch leitende Angestellte nehmen gemäß § 5 Abs. 3 BetrVG

---

440 So wohl ebenfalls BAG NZA 2000, 1013.

441 So auch *Fleischer*, Spindler/Stilz Akt, § 84 Rn. 32 hinsichtlich des innerbetrieblichen Aufstiegs von leitenden Angestellten in den Vorstand.

442 Genauso hinsichtlich der Bestellung eines Arbeitnehmers zum Geschäftsführer einer konzernabhängigen Gesellschaft BAG NZA 1996, 200; vgl. auch *Stagat*, DB 2010, 2801, 2802.

443 *Mertens/Cahn*, KölnKomm AktG, § 84 Rn. 36.

444 BGHZ 36, 142, 143; *Mertens/Cahn*, KölnKomm AktG, § 76 Rn. 82.

nicht an der betrieblichen Mitbestimmung teil und übernehmen regelmäßig Arbeitgebertätigkeiten. Dennoch sind sie üblicherweise Arbeitnehmer. Zudem wären fremdangestellte Manager nur im Verhältnis zur Drittanstellungsgesellschaft Arbeitnehmer, was das Korporationsverhältnis zur Bestellungsgesellschaft unberührt ließe. Kommt es zu einem Konflikt zwischen der Arbeitgeber- und Arbeitnehmerstellung, wäre dieser aufgrund des Vorrangs des Bestellungsverhältnisses gegenüber dem Anstellungsvertrag zulasten der Arbeitnehmerstellung zu lösen.

bb. Vergleich mit der Drittanstellung des GmbH-Geschäftsführers

Die h.M. geht davon aus, dass es sich bei dem Drittanstellungsvertrag eines GmbH-Geschäftsführers um einen Arbeitsvertrag handeln kann.[445] Das ist der Fall, wenn der Drittanstellungsgesellschaft die Verfügbarkeit über die Arbeitskraft dadurch vorbehalten ist, dass sie das Organmitglied jederzeit zur Aufgabe seiner Rechtstellung anweisen und u.a. zur Übernahme einer Tätigkeit ohne organrechtliche Befugnisse veranlassen kann.[446]

Im Hinblick auf die AG wird der Manager nach seiner Bestellung als Vorstandsmitglied jedoch unabhängig tätig. Er ist nicht (mehr) verpflichtet, Weisungen der Drittanstellungsgesellschaft zu folgen. Auch kann die Drittanstellungsgesellschaft nicht ohne Weiteres die Beendigung der Vorstandstätigkeit herbeiführen. Die Drittanstellungsgesellschaft verliert die Verfügbarkeit über die Arbeitskraft des Angestellten. Zudem ist der Vorstand verpflichtet, ausschließlich im Interesse seiner Gesellschaft zu handeln. Es kann und muss gegebenenfalls Interessen der Drittanstellungsgesellschaft unberücksichtigt lassen.[447] Ab dem Zeitpunkt der Bestellung verrichtet der Angestellte keine fremdbestimmte Arbeit. Demnach wäre der Arbeitsvertrag ab der Bestellung des Managers als Vorstandsmitglied aufgehoben. Fehlt es jedoch an einem formalen Akt, demnach der Arbeitsvertrag des Vorstandsmitglieds aufgehoben werden soll, wie etwa einer Kündigung, könnte der Arbeitsvertrag auch dann fortbestehen, wenn materiell-rechtliche kein Arbeitsvertrag vorliegt.

---

445 BAG NJW 2008, 1018; *Baumann*, Oppenländer/Trölitzsch, PraxisHdb. der GmbH-Geschäftsführung, § 13, Rn. 15; *Fleck*, ZHR 149 (1985), 387, 402; *Martens*, Festschrift Hilger/Stumpf, 1983, S. 437, 447.

446 *Martens*, Festschrift Hilger/Stumpf, 1983, S. 437, 449.

447 Vgl. Zweiten Teil F.I.2.a.aa (S. 84).

cc. Fehlende Beendigung des Arbeitsvertrags

Für die Beendigung eines Arbeitsvertrags bedarf es eines formalen Aktes in Form der Kündigung oder eines Aufhebungsvertrags. Wird im Hinblick auf die Übernahme der Vorstandstätigkeit kein neuer Anstellungsvertrag mit der Drittanstellungsgesellschaft abgeschlossen, wird der Arbeitsvertrag nicht konkludent aufgelöst. Der Arbeitsvertrag wandelt sich auch nicht dadurch in ein Dienstverhältnis um, dass das Vorstandsmitglied gemäß § 76 Abs. 1 AktG unabhängig tätig wird.[448] Zudem scheitert die Beendigung des Arbeitsvertrags am Schriftformerfordernis nach § 623 BGB.[449] Sinn und Zweck des § 623 BGB ist der Schutz des Arbeitnehmers durch die Warnfunktion, die von einem Schriftformerfordernis ausgeht. Der Arbeitnehmer wird vor einer unbedachten Beendigung des Arbeitsverhältnisses durch eine unüberlegte Eigenkündigung bzw. durch konkludentes Verhalten geschützt.[450]

Teilweise wird vertreten, dass der Arbeitnehmer der sich als Vorstandsmitglied oder Geschäftsführer bestellen lässt, des Schutzes des § 623 BGB nicht bedürfe, da er ausreichend davor gewarnt sei, dass sich der Arbeitsvertrag in einen Dienstvertrag umwandele, wenn er der Bestellung zustimme.[451] Jedoch muss die Zustimmung zur Bestellung nicht schriftlich erfolgen, womit ihr im Hinblick auf eine mögliche konkludente Aufhebung des Arbeitsvertrags nicht die gleiche Warnfunktion wie der schriftlichen Aufhebung des Arbeitsvertrags zukommt. Ferner kann eine Aufhebung des Arbeitsvertrags nur zwischen den Vertragspartnern des Arbeitsvertrags geschehen. Die Zustimmung erfolgt hingegen gegenüber der Bestellungsgesellschaft und nicht gegenüber der Drittanstellungsgesellschaft. Formal bleibt somit die vertragliche Beziehung zwischen der Drittanstellungsgesellschaft und dem Vorstandsmitglied bei einer Bestellung des Managers als Vorstandsmitglied unverändert.

dd. Schlussfolgerung

Die Bestellung des Managers als Vorstandsmitglied hat nicht die Beendigung eines bestehenden Arbeitsvertrags des Managers mit der Drittanstellungsgesellschaft zur Folge. Für die Beendigung des Arbeitsvertrags bedarf es einer Kündigung, eines Aufhebungsvertrags oder eines neuen Dienstvertrags. Aufgrund des

---

448 BAGE 84, 108; BAG NZA 2007, 580, 581.

449 Vgl. LAG Berlin NZA-RR 2003, 516; BAG NZA 2007, 580; kritisch hingegen *Stagat*, DB 2010, 2801, 2804.

450 *Henssler*, MünchKomm BGB, § 623 Rn. 2.

451 *Stagat*, DB 2010, 2801, 2804.

Vorrangs des Organverhältnisses gegenüber dem Anstellungsvertrag richten sich die Rechte und Pflichten des Vorstandsmitglieds jedoch nach dem Bestellungsverhältnis. Der Schutz des Arbeitnehmers wird insofern eingeschränkt, als der organschaftliche Kompetenzbereich des Vorstandsmitglieds sowie die aus dem Bestellungsverhältnis fließenden Rechte und Pflichten durch die Anwendung arbeitnehmerrechtliche Schutzvorschriften nicht verdrängt werden.[452] Dem Bestellungsverhältnis entgegenstehende arbeitsrechtliche Rechte des Managers sind suspendiert. Vor der Bestellung des Managers als Vorstandsmitglied sowie nach Beendigung des Bestellungsverhältnisses ist der Arbeitsvertrag hingegen mit all seinen Konsequenzen anwendbar.

3. *Anwendbarkeit arbeitnehmerrechtlicher Schutzvorschriften und Grundsätze*

Es ist fraglich, welche arbeitsrechtlichen Schutzvorschriften des Arbeitnehmers suspendiert sind, wenn der Arbeitsvertrag bei Bestellung des Managers als Vorstandsmitglied nicht beendet wurde.

a. *Anwendbarkeit des KSchG*

Gemäß § 14 Abs. 1 Nr. 1 KSchG gelten §§ 1 ff. KSchG nicht für Mitglieder des Organs einer juristischen Person, das zur gesetzlichen Vertretung berufen ist. Da die AG gemäß § 78 Abs. 1 AktG durch den Vorstand vertreten wird, findet das KSchG auf Vorstandsmitglieder grundsätzlich keine Anwendung.[453] Fraglich ist jedoch, ob §§ 1 ff. KSchG auch dann nicht gelten, wenn das Vorstandsmitglied nicht bei der Bestellungsgesellschaft, sondern bei einem Dritten angestellt ist.

Der erste Teil des KSchG gilt gemäß § 14 Abs. 1 Nr. 1 KSchG nicht für Vorstandsmitglieder, da für die Kündigung von Mitgliedern des Vertretungsorgans nicht das Kriterium der sozialen Rechtfertigung nach § 1 KSchG erforderlich sein soll.[454] Wer am Erfolg des Unternehmens teilhat und nicht in den Arbeitsprozess integriert ist bzw. den Arbeitsprozess jederzeit ändern kann, soll nicht die gleiche Arbeitsplatzgarantie haben wie Arbeitnehmer. Mit der Leitungsmacht der Vorstandsmitglieder und ihrer Teilhabe am Unternehmenserfolg korreliert die entsprechende Unsicherheit hinsichtlich des Arbeitsplatzes.[455]

---

452 *Martens*, Festschrift Hilger/Stumpf, 1983, S. 437, 450.

453 *Biebl*, Ascheid/Preis/Schmidt KSchG, § 14 Rn. 5; *Hergenröder*, MünchKomm KSchG, § 14 Rn. 8; *Kiel*, ErfurterKomm KSchG, § 14 Rn. 3.

454 *Baums*, Der Geschäftsleitervertrag, 1987, S. 395.

455 Vgl. Vierten Teil C.I (S. 156).

Vorstandsmitglieder sind genauso wie Unternehmer für Fehlschläge des Unternehmens persönlich verantwortlich. Eine solche persönliche Verantwortung bestünde hingegen nicht, wenn die AG Vorstandsmitgliedern nur bei Vorliegen eines verhaltens-, personen- oder betriebsbedingten Grundes kündigen könnte.

Die Leitungsmacht des Vorstandsmitglieds besteht jedoch nur hinsichtlich der Bestellungsgesellschaft. Hinsichtlich der Drittanstellungsgesellschaft übernimmt das Vorstandsmitglied keine persönliche Verantwortung. Es kann im Hinblick auf die Anwendbarkeit des KSchG im Verhältnis zwischen der Drittanstellungsgesellschaft und dem Vorstandsmitglied keinen Unterschied machen, ob der Manager in den Vorstand einer anderen Gesellschaft entsandt wird oder zum Beispiel als Angestellter für eine andere Gesellschaft tätig wird. Der Umstand, dass Mitglieder des Vorstands regelmäßig für die Bestellungsgesellschaft Arbeitgeberfunktionen übernehmen, führt nicht zur Unanwendbarkeit des KSchG.[456] Somit findet der Kündigungsschutz nach §§ 1–13 KSchG auf den Arbeitsvertrag zwischen der Drittanstellungsgesellschaft und dem Vorstandsmitglied uneingeschränkt Anwendung.[457]

b. Anwendbarkeit des AÜG

Gemäß § 1 Abs. 1 S. 1 AÜG unterliegen Arbeitnehmerüberlassungen der Erlaubnispflicht. Mangelt es an einer solchen Erlaubnis, sind Verträge zwischen Verleiher und dem Leiharbeitnehmer gemäß § 9 Nr. 1 AÜG unwirksam. Gemäß § 10 Abs. 1 S. 1 1. Hs. AÜG wird ein Arbeitsverhältnis zwischen Entleiher und Leiharbeitnehmer zu dem zwischen dem Entleiher und dem Verleiher für den Beginn der Tätigkeit vorgesehenen Zeitpunkt fingiert. Es stellt sich die Frage, ob es sich bei der Drittanstellung um eine Arbeitnehmerüberlassung handeln kann.

Gemäß § 1 Abs. 1 S. 2 AÜG werden Arbeitnehmer zur Arbeitsleistung überlassen, wenn sie in die Arbeitsorganisation des Entleihers eingegliedert sind und seinen Weisungen unterliegen. Die Erlaubnispflicht nach § 1 Abs. 1 S. 1 AÜG setzt somit voraus, dass der Arbeitnehmer von der Drittanstellungsgesellschaft an das Beschäftigungsunternehmen *zur Arbeitsleistung* überlassen wird. Der Entleiher müsste die allgemeine Nutzungsbefugnis über die Arbeitskraft des

456 *Baums*, Der Geschäftsleitervertrag, 1987, S. 395.

457 *Biebl*, Ascheid/Preis/Schmidt KSchG, § 14 Rn. 9; *Hergenröder*, MünchKomm KSchG, § 14 Rn. 4; *v. Hoyningen-Huene*, v. Hoyningen-Huene/Linck, KSchG, § 14 Rn. 14; *Kiel*, ErfurterKomm KSchG, § 14 Rn. 1.

Leiharbeitnehmers erhalten,[458] also den Arbeitnehmer nach eigenen betrieblichen Erfordernissen einsetzen können.[459] Vorstandsmitglieder sind gemäß § 76 Abs. 1 AktG jedoch nicht an Weisungen der Gesellschaft gebunden. Sie sind nicht zwingend in den Arbeitsprozess des Unternehmens integriert und können diesen jederzeit neu bestimmen.[460] Bei einer Drittanstellung wird der Manager folglich nicht der Bestellungsgesellschaft zur Arbeitsleistung überlassen.[461] Das AÜG findet auf den Drittanstellungsvertrag keine Anwendung.[462]

c. *Rechtsweg drittangestellter Vorstandsmitglieder zu den Arbeitsgerichten*

Es stellt sich die Frage, ob die Gerichte für Arbeitssachen für Rechtsstreitigkeiten drittangestellter Vorstandsmitglieder mit der Drittanstellungsgesellschaft zuständig sein können. Gerichte für Arbeitssachen sind gemäß § 2 Abs. 1 Nr. 3a und b ArbGG ausschließlich für bürgerliche Rechtsstreitigkeiten zwischen Arbeitnehmern und Arbeitgebern aus einem Arbeitsverhältnis und über das Bestehen und Nichtbestehen eines Arbeitsverhältnisses zuständig. Wer Arbeitnehmer im Sinne des ArbGG ist, bestimmt sich nach § 5 ArbGG. Gemäß § 5 Abs. 1 S. 3 ArbGG gelten in Betrieben einer juristischen Person oder einer Personengesamtheit Personen nicht als Arbeitnehmer, die kraft Gesetzes, Satzung oder Gesellschaftsvertrags allein oder als Mitglieder des Vertretungsorgans zur Vertretung der juristischen Person oder der Personengesamtheit berufen sind. Hierzu gehören auch Vorstandsmitglieder. Selbst wenn man entgegen der h.M. davon ausginge, dass der Anstellungsvertrag, den das Vorstandsmitglied mit der Bestellungsgesellschaft abgeschlossen hat, materiell-rechtlich als Arbeitsvertrag zu qualifizieren sei, wäre dem Vorstandsmitglied der Rechtsweg zu den Gerichten in Arbeitssachen verwehrt.[463] Zur Entscheidung eines Rechtsstreits aus dieser Rechtsbeziehung sind ausschließlich die ordentlichen Gerichte berufen. Das Vorstandsmitglied, das dem Arbeitgeberlager angehört, soll gegenüber seiner

---

458 *Hamann*, Erkennungsmerkmale der illegalen Arbeitnehmerüberlassung in Form von Scheindienst- und Scheinwerkvertägen, 1995, S. 131 ff., 152; *ders*, Schüren Arbeitnehmerüberlassungsgesetz, § 1 Rn. 94.

459 Vgl. BAG NZA 1992, 19 ff.; *Kock*, Rolfs/Giesen/Kreikebohm/Udsching AÜG, § 1 Rn. 21 ff.

460 Vgl. Vierten Teil C.I (S. 156).

461 Ebenso *Jooß*, Drittanstellung, 2010, S. 194 f.

462 A.A. *Buschbaum/Klösel*, NJW 2012, 1482 f.

463 Vgl. ebenso hinsichtlich GmbH-Geschäftsführer: BAG NZA 2013, 397; *Koch*, ErfurterKomm ArbGG, § 5 Rn. 6.

Gesellschaft nicht zugleich als Arbeitnehmer auftreten können.[464] Für „Hausstreitigkeiten“ im Arbeitgeberbereich sind die Gerichte für Arbeitssachen nicht zuständig.[465]

Die Arbeitgeberstellung einer Person gilt hinsichtlich des ArbGG jedoch nicht objektiv, sondern besteht allein im Verhältnis zu der Gesellschaft, die der Manager vertritt oder in der der Manager dem Vertretungsorgan als Mitglied angehört. Es besteht nämlich nicht die Gefahr, dass die Arbeitnehmerstellung des Managers hinsichtlich eines Unternehmens mit seiner Arbeitgebereigenschaft hinsichtlich eines anderen Unternehmens kollidiert. Dass der Manager Vorstandmitglied der Bestellungsgesellschaft ist, schließt nicht von vornherein seine Eigenschaft als Arbeitnehmer im Verhältnis zur Drittanstellungsgesellschaft aus. Besteht zwischen dem Vorstandsmitglied und der Drittanstellungsgesellschaft ein Rechtsstreit über Bestehen oder Nichtbestehen eines Arbeitsverhältnisses oder ergibt sich ein Rechtsstreit aus einem bestehenden Arbeitsverhältnis zwischen der Drittanstellungsgesellschaft und dem Vorstandsmitglied ist folglich der Rechtsweg zu den Gerichten für Arbeitssachen eröffnet.[466]

d. Betriebliche und unternehmerische Mitbestimmung

Fraglich ist, ob drittangestellte Vorstandsmitglieder am System der betrieblichen sowie unternehmerischen Mitbestimmung sowohl der Bestellungsgesellschaft als auch der Drittanstellungsgesellschaft teilnehmen, wenn es sich bei dem Drittanstellungsvertrag um einen Arbeitsvertrag handelt.

Die betriebliche und unternehmerische Mitbestimmung setzt voraus, dass es sich gemäß §§ 7, 8 BetrVG, § 3 Abs. 1 Ziff. 1 MitbestG bei der betreffenden Person um einen Arbeitnehmer nach § 5 BetrVG handelt und der Arbeitnehmer in die betriebliche Organisation zur Erfüllung des Betriebszwecks eingebunden ist.[467] Im Übrigen darf der Arbeitnehmer gemäß § 5 Abs. 2 Nr. 1 BetrVG, § 3 Abs. 1 S. 2 MitbestG nicht dem Organ angehören, das zur gesetzlichen Vertretung der juristischen Person berufen ist.

---

464 *Koch*, ErfurterKomm ArbGG, § 5 Rn. 6.

465 BAG AP ArbGG 1953, § 5 Nr. 14; BAG NJW 2003, 3290.

466 Ebenso OLG Frankfurt AG 1997, 521; vgl. BAG AP ArbGG 1953, § 5 Nr. 14; BAG NZA 1997, 63; *Müller-Glöge*, Germelmann/Matthes/Prütting ArbGG, § 5 Rn. 49.

467 *Gach*, MünchKomm MitbestG, § 10 Rn. 10; *Henssler*, Ulmer/Habersack/Henssler MitbestG, § 10 Rn. 17; *Mertens/Cahn*; KölnKomm AktG, Anh. § 117 B § 10 MitbestG Rn. 4; *Raiser/Veil*, MitbestG, § 10 Rn. 11.

aa. Mitbestimmung in der Bestellungsgesellschaft

Der Arbeitnehmerstatus des Vorstandsmitglieds besteht ausschließlich im Verhältnis zur Drittanstellungsgesellschaft. Im Verhältnis zur Bestellungsgesellschaft treten Vorstandsmitglieder nicht als Arbeitnehmer auf. Der Arbeitnehmerstatus im Verhältnis zu einem Dritten würde zwar das Recht zur Teilnahme an der betrieblichen und unternehmerischen Mitbestimmung gemäß § 7 S. 2 BetrVG begründen, wenn es sich bei der Drittanstellung um eine Arbeitnehmerüberlassung handelte. Das ist jedoch, wie zuvor gesehen, nicht der Fall.[468] Im Übrigen sind Vorstandsmitglieder generell gemäß §§ 5 Abs. 2 Ziff. 1 BetrVG, 3 Abs. 1 S. 2 MitbestG von einer unternehmerischen sowie betrieblichen Mitbestimmung ausgeschlossen.[469] Was die Bestellungsgesellschaft anbelangt, sind Vorstandsmitglieder im Hinblick auf den Betriebsrat oder den Aufsichtsrat somit weder aktiv noch passiv wahlberechtigt.[470]

bb. Mitbestimmung in der Drittanstellungsgesellschaft

Dass der Angestellte dem Vorstand einer anderen Gesellschaft angehört, ist für die Mitbestimmung in der Drittanstellungsgesellschaft unerheblich. Fraglich ist allerdings die für die unternehmerische sowie betriebliche Mitbestimmung notwendige Betriebszugehörigkeit. Diese liegt vor, wenn der Arbeitnehmer in die Betriebsorganisation eingebunden ist und zur Erfüllung des Betriebszwecks tätig wird.[471] Auch Arbeitnehmer im Außendienst können in die Betriebsorganisation integriert sein.[472] Die Betriebszugehörigkeit wird nicht räumlich, sondern funktional bestimmt: Es genügt, wenn der Arbeitnehmer in irgendeiner Form einen Beitrag zum Betriebszweck leistet.[473] Vorstandsmitglieder sind jedoch ausschließlich zur Wahrung der Interessen der Bestellungsgesellschaft verpflichtet und müssen Interessen gesellschaftsfremder Dritter – auch die der Drittanstellungsgesellschaft – grundsätzlich unberücksichtigt lassen. Gegebenenfalls müssen sie sogar entgegen den Interessen der Drittanstellungsgesellschaft handeln. Gemäß § 76 Abs. 1 AktG sind Vorstandsmitglieder an Weisungen der Drittanstellungsgesellschaft nicht gebunden. Vorstandsmitglieder sind folglich niemals

468 Vgl. Vierten Teil C.III.3.b (S. 169).

469 *Jooß*, Drittanstellung, 2010, S. 187; *Martens*, Festschrift Hilger/Stumpf, 1983, S. 437, 451 f.

470 Ebenso *Martens*, Festschrift Hilger/Stumpf, 1983, S. 437, 451.

471 Vgl. *Besgen*, Rolfs/Giesen/Kreikebohm/Udsching BetrVG, § 7 Rn. 6, 11.

472 BAG AiB 2005, 761.

473 *Besgen*, Rolfs/Giesen/Kreikebohm/Udsching BetrVG, § 7 Rn. 12.

in eine Betriebsorganisation eingebunden. Im Hinblick auf die Drittanstellungsgesellschaft ist dem Vorstandsmitglied sowohl die betriebliche als auch die unternehmerische Mitbestimmung verwehrt.[474]

e. *Der innerbetriebliche Schadensausgleich*

Arbeitnehmer sind im Vergleich zu Dienstverpflichteten wegen der Grundsätze des innerbetrieblichen Schadensausgleichs regelmäßig privilegiert.[475] Sofern nämlich Schäden durch den Betrieb veranlasst und im Rahmen eines Arbeitsverhältnisses verursacht worden sind, haftet der Arbeitnehmer nicht für leichte Fahrlässigkeit. Zudem kommt es bei normaler Fahrlässigkeit zu einer Quotelung der Haftung. Eine solche Haftungsprivilegierung kommt dem Dienstverpflichteten nicht zugute. Allein bei grober Fahrlässigkeit muss der Arbeitnehmer genauso wie der Dienstverpflichtete grundsätzlich für den gesamten Schaden einstehen.[476]

Die Grundsätze des innerbetrieblichen Schadensausgleichs könnten auch im Hinblick auf das drittangestellte Vorstandsmitglied angewendet werden, wenn das Vorstandsmitglied der Bestellungsgesellschaft einen Schaden zufügt. Im Verhältnis zwischen der Bestellungsgesellschaft und dem Vorstandsmitglied besteht keine Haftungsprivilegierung.[477] Doch könnte eine Inanspruchnahme des Vorstandsmitglieds durch die Bestellungsgesellschaft für im Rahmen der Vorstandstätigkeit der Bestellungsgesellschaft zugefügte Schäden die Anwendung der Grundsätze des innerbetrieblichen Schadensausgleichs im Innenverhältnis zwischen dem Vorstandsmitglied und der Drittanstellungsgesellschaft zur Folge haben. So könnte das Vorstandsmitglied gegen die Drittanstellungsgesellschaft einen Befreiungsanspruch gemäß § 257 BGB hinsichtlich eines Schadensersatzanspruchs der Bestellungsgesellschaft gegen das Vorstandsmitglied haben bzw., nachdem das Vorstandsmitglied den Schadensersatzanspruch erfüllt hat, ein Regressanspruch gegen die Drittanstellungsgesellschaft geltend machen. Die Höhe des Anspruchs des Vorstandsmitglieds gegen die Drittanstellungsgesellschaft würde sich nach den Grundsätzen des innerbetrieblichen Schadensausgleichs bestimmen.

---

474 A.A. *Jooß*, Drittanstellung, 2010, S. 194; *Martens*, Festschrift Hilger/Stumpf, 1983, S. 437, 459.

475 BAGE 70, 337.

476 Die Haftung für grobe Fahrlässigkeit kann ebenfalls dann beschränkt sein, wenn zwischen der Vergütung des Arbeitnehmers und dem Schaden ein deutliches Missverhältnis besteht. Vgl. BAGE 63,127.

477 Vgl. BGHZ 108, 305, 311; 157, 9, 17; *Kortstock*, Nipperdey Lexikon Arbeitsrecht, unter „Arbeitnehmerhaftung"; *Vieweg*, Staudinger BGB, § 840 Rn. 64.

Die Grundsätze des innerbetrieblichen Schadensausgleichs gelten allerdings nur für betrieblich veranlasste Tätigkeiten, d.h. für Tätigkeiten, die arbeitsvertraglich übertragen worden sind oder die der Arbeitnehmer im Interesse des Arbeitgebers für den Betrieb ausführt.[478] Das Vorstandsmitglied wird jedoch vorrangig für die Bestellungsgesellschaft tätig. Die Vorstandstätigkeit ist nicht betrieblich veranlasst.

IV. Zwischenergebnis

Bei einem Drittanstellungsvertrag handelt es sich grundsätzlich genauso wie bei dem Anstellungsvertrag, der unmittelbar zwischen der Bestellungsgesellschaft und dem Vorstandsmitglied geschlossen wird, um einen Dienstvertrag. Besteht vor der Bestellung des drittangestellten Vorstandsmitglieds zwischen der Drittanstellungsgesellschaft und dem Vorstandsmitglied ein Arbeitsvertrag und wird dieser nicht ausdrücklich oder durch Abschluss eines Dienstvertrags konkludent aufgehoben, bleibt dieser allerdings bestehen. Das gilt, obwohl das Vorstandsmitglied im Hinblick auf die Vorstandstätigkeit gemäß § 76 Abs. 1 AktG nicht an Weisungen der Drittanstellungsgesellschaft gebunden ist. Vorschriften zugunsten von Arbeitnehmer sind allerdings nur anwendbar, wenn die gesellschaftsrechtliche Stellung des Vorstandsmitglieds dem nicht entgegensteht. Deswegen gelten weder das AÜG noch das BetrVG oder das MitbestG für das drittangestellte Vorstandsmitglied. Auch finden die Grundsätze des innerbetrieblichen Schadensausgleichs keine Anwendung. Handelt es sich bei dem Drittanstellungsvertrag um einen Arbeitsvertrag, kommt dem Vorstandsmitglied allerdings die Anwendung des KSchG zugute.

D. Bereicherungsrechtliche Rückabwicklung des nichtigen Drittanstellungsvertrags und Grundsätze des fehlerhaften Anstellungsvertrags

I. Allgemeines zur bereicherungsrechtlichen Rückwicklung des Drittanstellungsvertrags

Leistungen, die auf einem nichtigen Kausalgeschäft beruhen, führen grundsätzlich zu einer bereicherungsrechtlichen Rückabwicklung nach §§ 812 ff. BGB. Im Hinblick auf eine bereicherungsrechtliche Rückabwicklung des Anstellungsvertrags, der zwischen der Bestellungsgesellschaft und dem Vorstandsmitglied

478 BAG NZA 1994, 1083 ff.

abgeschlossen wurde, gelten jedoch die Grundsätze des fehlerhaften Anstellungsvertrags.[479] Wenn der Anstellungsvertrag zwischen dem Vorstandsmitglied und der Bestellungsgesellschaft unwirksam ist, wird er u.a. aufgrund der Unzulänglichkeiten des Bereicherungsrechts grundsätzlich für den Zeitraum, in dem das Vorstandsmitglied für seine Gesellschaft tätig wird, als wirksam behandelt. Fraglich ist, ob eine bereicherungsrechtliche Rückabwicklung auch im Hinblick auf den Drittanstellungsvertrag des Vorstandsmitglieds durch die Grundsätze des fehlerhaften Anstellungsvertrags überlagert wird. Um diese Frage beantworten zu können, muss zuerst untersucht werden, wie der Drittanstellungsvertrag nach bereicherungsrechtlichen Grundsätzen rückabzuwickeln wäre.

Das Vorstandsmitglied könnte bei einem nichtigen Drittanstellungsvertrag gegen die Bestellungsgesellschaft einen bereicherungsrechtlichen Wertersatzanspruch haben. Im Verhältnis des Vorstandsmitglieds zur Bestellungsgesellschaft ist jedoch nicht der schuldrechtliche Drittanstellungsvertrag, sondern das korporationsrechtliche Rechtsverhältnis Rechtsgrundlage für die Leistungen. Die Nichtigkeit des Drittanstellungsvertrags führt nicht zur Nichtigkeit des Bestellungsverhältnisses, sondern wirkt sich auf das Bestellungsverhältnis nur aus, wenn das Vorstandsmitglied sein Amt wegen der Nichtigkeit des Anstellungsvertrags niederlegt. Ist während der Vorstandstätigkeit das Bestellungsverhältnis wirksam, wird mit Rechtsgrund an die Bestellungsgesellschaft geleistet. Das Vorstandsmitglied hat keinen bereicherungsrechtlichen Wertersatzanspruch gegen die Bestellungsgesellschaft, nur weil der Drittanstellungsvertrag unwirksam ist.

Das Vorstandsmitglied könnte allerdings die Drittanstellungsgesellschaft bereicherungsrechtlich für die erbrachten Leistungen in Anspruch nehmen, wenn der Drittanstellungsvertrag nichtig ist. Bei einer anfänglichen Nichtigkeit des Drittanstellungsvertrags kommt die sog. *condictio indebiti* nach § 812 Abs. 1 S. 1 1. Alt BGB in Betracht, während hinsichtlich einer nach Abschluss des Anstellungsvertrags eintretenden Unwirksamkeit die sog. *condictio ob causam finitam* i.S.d. § 812 Abs. 1 S. 2 1. Alt BGB einschlägig sein kann. Das Vorstandsmitglied müsste etwas ohne Rechtsgrund erlangt haben. Der Bereicherungsanspruch könnte auf einen der Leistung entsprechenden Wertersatz gerichtet sein. Problematisch ist allerdings, dass die Vorstandstätigkeit unmittelbar der Bestellungsgesellschaft zugutekommt. Dem bereicherungsrechtlichen Anspruch des Vorstandsmitglieds könnte der Vorrang der Leistungskondiktion entgegenstehen.

---

479 BGHZ 41, 282, 288 ff.; 65, 190, 194 f.; BGH ZIP 1995, 377; NJW 1998, 3567; 2000, 2983 f.; *Fleischer*, Spindler/Stilz Akt, § 84 Rn. 84; *Koch*, Hüffer/Koch, § 84 Rn. 27; *Oltmanns*, Heidel AktG, § 84 Rn. 15; Köhler, NZG 2008, 161, 164; *Seibt*, K. Schmidt/Lutter, § 84 Rn. 38; *Thüsing*, Hdb. des VorstandsR, § 4 Rn. 137.

II. Vorrang der Leistungskondiktion

Grundsätzlich findet eine Leistungskondiktion ausschließlich in dem Verhältnis statt, in dem geleistet wurde. Nach der Lehre von der Subsidiarität der Nichtleistungskondiktion findet die Eingriffskondiktion hinsichtlich derselben Leistung daneben grundsätzlich weder zwischen dem Leistenden und dem Leistungsempfänger noch im Verhältnis zu anderen Personen Anwendung.[480]

Wer bei einer Drittanstellung des Vorstandsmitglieds mit wem eine Leistungsbeziehung hat, lässt sich allein anhand des Zwecks bestimmen, den das Vorstandsmitglied mit der Vorstandstätigkeit verfolgt.[481] Der Zweck richtet sich nach dem Willen des Zuwendenden, der aus Sicht des Zuwendungsempfängers objektiv zu ermitteln ist.[482]

1. Vorstandstätigkeit als solche

Zuwendungsempfänger der Vorstandstätigkeit ist die Bestellungsgesellschaft. Das Vorstandsmitglied kommt seiner Pflicht aus dem Bestellungsverhältnis nach. Zwischen der Bestellungsgesellschaft und dem Vorstandsmitglied besteht ein Leistungsverhältnis.

Fraglich ist, ob das Vorstandsmitglied bei seiner Vorstandstätigkeit auch an die Drittanstellungsgesellschaft leistet (sog. doppelte Leistungsbeziehung). Das ist in jedem Fall zu verneinen, wenn der Drittanstellungsvertrag nur die Pflicht zur Übernahme der Vorstandstätigkeit, nicht hingegen auch die Pflicht, für die Bestellungsgesellschaft tätig zu werden, begründet. Ob sich eine Pflicht, die Bestellungsgesellschaft zusammen mit dem übrigen Vorstandsmitglied (ordnungsgemäß) zu leiten, aus dem Drittanstellungsvertrag ergibt, richtet sich nach der konkreten Ausgestaltung des Drittanstellungsvertrags.[483]

Es stellt sich allerdings auch dann die Frage, ob das Vorstandsmitglied auch an die Drittanstellungsgesellschaft leistet, wenn der Drittanstellungsvertrag eine entsprechende Pflicht begründet. Auch wenn es sich bei einem Drittanstellungsvertrag nicht um einen Vertrag zugunsten Dritter handelt,[484] liegt es nahe, dass die Rückabwicklung des Drittanstellungsvertrags genauso wie die Rückabwicklung eines nichtigen Vertrags zugunsten Dritter behandelt wird. In beiden Fällen

480 BGHZ 40, 272, 278; 56, 228, 240; 69, 186, 189; BGH NJW 2007, 3127, 3130; *Langenbucher*, Festschrift Heldrich, 2013, S. 285, 286.

481 Vgl. *Stadler*, Jauernig § 812 Rn. 6 f.

482 BGHZ 40, 272, 278 f.; 58, 184, 188.

483 Vgl. Ersten Teil C.IV (S. 40).

484 Vgl. Zweiten Teil D.II.3.c.aa (S. 69).

muss der Verpflichtete etwas einem Dritten zuwenden bzw. für einen Dritten tätig werden, wobei der Dritte hier die Bestellungsgesellschaft wäre.

Es wird regelmäßig angenommen, dass bei Verträgen zugunsten Dritter die Zuwendung des Versprechenden an den Dritten in ihrer Zweckrichtung auf eine Leistung an den Versprechensempfänger gerichtet ist und zugleich der Versprechungsempfänger an den Dritten leistet. Ist der Vertrag zugunsten Dritter nichtig, findet eine Rückabwicklung folglich einerseits zwischen den Vertragspartnern und andererseits zwischen dem Versprechensempfänger und dem Dritten statt.[485] Auf die Drittanstellung bezogen bestünde eine Leistungsbeziehung zwischen der Drittanstellungsgesellschaft und dem Vorstandsmitglied.

Die Drittanstellung unterscheidet sich jedoch von dem Vertrag zugunsten Dritter dadurch, dass sich die Pflicht des Vorstandsmitglieds, die Bestellungsgesellschaft zusammen mit den übrigen Vorstandsmitgliedern zu leiten, (auch) aus dem Bestellungsverhältnis ergibt. Bei einem Vertrag zugunsten Dritter besteht regelmäßig kein eigenständiges Rechtsverhältnis zwischen dem Zuwendenden und dem Zuwendungsempfänger. Ferner ist die sich aus dem Drittanstellungsvertrag ergebende Pflicht, die Bestellungsgesellschaft ordnungsgemäß zu leiten, nur akzessorisch gegenüber der entsprechenden organschaftlichen Pflicht.[486] Für das Vorstandsmitglied spielt die vertragliche Pflicht gegenüber seinen korporationsrechtlichen Pflichten eine untergeordnete Rolle. Zudem wird das Vorstandsmitglied wegen seiner Treupflicht für die Bestellungsgesellschaft tätig und muss Interessen Dritter grundsätzlich unberücksichtigt lassen.[487] Schließlich muss das Vorstandsmitglied gemäß § 93 Abs. 2 AktG der Bestellungsgesellschaft den Schaden ausgleichen, den es ihr durch eine mangelhafte Amtsführung zugefügt hat. Was die Vorstandstätigkeit anbelangt, steht das Vorstandsmitglied der Bestellungsgesellschaft näher als der Drittanstellungsgesellschaft. Folglich lassen sich die Leistungsbeziehungen hinsichtlich eines Vertrags zugunsten Dritter nicht auf die Leistungsbeziehungen des drittangestellten Vorstandsmitglieds übertragen. Hinsichtlich der Vorstandstätigkeit als solcher leistet das Vorstandsmitglied nur an die Bestellungsgesellschaft.

485 Im Ergebnis: *Medicus/Petersen*, Bürgerliches Recht, Rn. 681; *Stadler*, Jauernig BGB, § 812 Rn. 42.

486 Vgl. Zweiten Teil D.II.3.c.aa (S. 69).

487 Vgl. Zweiten Teil F.I.2.b (S. 87).

2. *Die Übernahme des Vorstandamts*

Der Manager übernimmt das Vorstandsamt, indem er der Bestellung zustimmt. Hierzu kann er durch eine entsprechende Bestimmung im Drittanstellungsvertrag verpflichtet sein. Bei der Zustimmung zur Bestellung könnte es sich um eine Leistung an die Drittanstellungsgesellschaft handeln. Damit ein bereicherungsrechtlicher Rückabwicklungsanspruch des Vorstandsmitglieds besteht, müsste die Drittanstellungsgesellschaft durch die Zustimmung zur Bestellung jedoch etwas erlangt haben. Die Drittanstellungsgesellschaft, insbesondere die Personal-Service-Gesellschaft, erhält für die Entsendung eines Managers von der Bestellungsgesellschaft fortlaufende Prämien. Hierbei handelt es sich jedoch nicht um eine Leistung des Vorstandsmitglieds, sondern um eine Leistung der Bestellungsgesellschaft an die Drittanstellungsgesellschaft, dem ein von der Drittanstellung unabhängiger Vertrag zwischen der Drittanstellungsgesellschaft und der Bestellungsgesellschaft zugrunde liegt. Auch hinsichtlich der Übernahme des Vorstandsamts besteht somit keine Leistungsbeziehung zwischen der Drittanstellungsgesellschaft und dem Vorstandsmitglied.

3. *Schlussfolgerung*

Hinsichtlich der Vorstandstätigkeiten besteht eine Leistungsbeziehung ausschließlich zwischen der Bestellungsgesellschaft und dem Vorstandsmitglied. Ist das Bestellungsverhältnis im Zeitpunkt der Leistung des Vorstandsmitglieds wirksam, besteht kein bereicherungsrechtlicher Anspruch des Vorstandsmitglieds gegen die Bestellungsgesellschaft. Aufgrund des Vorrangs der Leistungskondiktion hat das Vorstandsmitglied auch keine bereicherungsrechtlichen Rückgewähransprüche gegen die Drittanstellungsgesellschaft, auch wenn der Drittanstellungsvertrag im Zeitpunkt der Leistung nichtig ist.

Nach allgemeinen bereicherungsrechtlichen Regeln wäre das Vorstandsmitglied allerdings verpflichtet, die von der Drittanstellungsgesellschaft erhaltene Vergütung zurückzugeben, wenn der Drittanstellungsvertrag zum Zeitpunkt der Leistung unwirksam ist. Das Vorstandsmitglied wäre dann jedoch unentgeltlich für die Bestellungsgesellschaft tätig geworden. Dieses Ergebnis ist im erheblichen Maße unbillig.

III. Anwendung der Grundsätze des fehlerhaften Anstellungsvertrags

Sollte ein zwischen der Bestellungsgesellschaft und dem Vorstandsmitglied abgeschlossener Anstellungsvertrag unwirksam sein, finden die Grundsätze des fehlerhaften Anstellungsvertrags Anwendung, sodass der Anstellungsvertrag für den Zeitraum, in dem Leistungen ausgetauscht werden, als wirksam fingiert wird. Die Grundsätze des fehlerhaften Vertrags wurden ursprünglich für nichtige Arbeitsverträge entwickelt,[488] dann allerdings auf Anstellungsverträge von Vorstandsmitgliedern übertragen.[489] Die Anwendung der Grundsätze des fehlerhaften Vertrags führt dazu, dass nichtige Anstellungs- oder Arbeitsverträge als wirksam fingiert werden. Diese Wirksamkeitsfiktion des Vertrags wird damit begründet, dass derjenige, der Leistungen in Empfang nimmt, sich nach § 242 BGB (*venire contra factum proprium*) nicht auf die Nichtigkeit des Kausalgeschäfts berufen könne.[490] Andere Autoren fingieren die Wirksamkeit des Vertrags wegen der Unzulänglichkeiten der bereicherungsrechtlichen Rückabwicklung.[491] Zwar würde dem Arbeitnehmer für seine Leistungen ein entsprechender Wertersatzanspruch zustehen, doch sei vielfach schon nicht eindeutig feststellbar, welchen genauen Wert seine Tätigkeit habe. Zudem würden solche Leistungen des Arbeitnehmers unberücksichtigt bleiben, die wertmäßig unbeachtlich sind.

Könnte die Drittanstellungsgesellschaft bei einer Unwirksamkeit des Drittanstellungsvertrags seine Vergütung vom Vorstandsmitglied herausverlangen, hätte das Vorstandsmitglied unentgeltlich geleistet. Da das Vorstandsmitglied etwas an die Bestellungsgesellschaft und nicht an die Drittanstellungsgesellschaft geleistet hat, könnte es nach bereicherungsrechtlichen Regeln nicht einmal einen Wertersatz für seine Vorstandstätigkeit von der Drittanstellungsgesellschaft verlangen. Das wäre in höchstem Maße unbillig. Es gelten die in der Literatur genannten Gründe für die Anwendung der Grundsätze des fehlerhaften Vertrags im Hinblick auf den unmittelbar zwischen Bestellungsgesellschaft und dem Vorstandsmitglied geschlossenen Anstellungsvertrag auch für den Drittanstellungsvertrag. Ist der Drittanstellung unwirksam, ist der Vertrag aufgrund der Unzulänglichkeiten des Bereicherungsrechts auch im Verhältnis der Drittanstellungsgesellschaft und dem Vorstandsmitglied als wirksam zu fingieren.

Für die Anwendung der Grundsätze des fehlerhaften Anstellungsvertrags muss der nichtige Vertrag (durch Zahlung der Vergütung bzw. durch die Aufnahme der Vorstandstätigkeit) in Vollzug gesetzt worden sein und es dürfen keine überwiegenden öffentlichen Interessen oder Schutzbelange des Einzelnen

488 Vgl. stellvertretend für viele *Franzen*, Dauner-Lieb/Langen BGB, § 611 Rn. 57.

489 Vgl. BGH NJW 1964, 1367 f.

490 So etwa für Arbeitsverträge *Sack*, RdA 1975, 171, 174; Allgemein zu den verschiedenen Begründungsansätzen betreffend den fehlerhaften Arbeitsvertrag, vgl. *Sack/Seibl*, Staudinger BGB, § 134 Rn. 124 ff.

491 Im Hinblick auf Arbeitsverträge z. B. *Beuthien*, RdA 1969, 161 ff.

dem faktischen Rechtsverhältnis entgegenstehen.[492] Die Vergütung ist für den Zeitraum, in dem das drittangestellte Vorstandsmitglied für die Bestellungsgesellschaft tätig wird, nicht herauszugeben. Ferner bleiben Ruhegeldzusagen bestehen, wenn sich das Vorstandsmitglied diese verdient hat.[493] Erreichte Vorsorgeanwartschaften gehen nicht verloren.[494]

---

492 BGH ZIP 1995, 337; *Fleischer*, Spindler/Stilz Akt, § 84 Rn. 84; *Hoffmann*, Pielow GewO, § 105 Rn. 136.; *Thüsing*, Hdb. des VorstandsR, § 4 Rn. 137.

493 LG Zweibrücken BB 2007, 2350, 2351; *Beiner*, Der Vorstandsvertrag, 2014, Rn. 219; *Mertens/Cahn*, KölnKomm AktG, § 84 Rn. 57.

494 Vgl. *Beiner*, der Vorstandsvertrag, 2014, Rn. 219; *Fleischer*, Spindler/Stilz Akt, § 84 Rn. 86; *Säcker*, Festschrift Müller, 1981, S. 745, 757 ff.

Zusammenfassung

1. Die vorliegende Arbeit hat gezeigt, dass die Drittanstellung von Vorstandsmitgliedern mit geltendem Recht grundsätzlich vereinbar ist.
2. Da das Bestellungsverhältnis gegenüber dem Anstellungsverhältnis vorrangig ist, sind Bestimmungen des (Dritt-)Anstellungsvertrags unwirksam, wenn sie mit der Stellung des Vorstandsmitglieds im organschaftlichen Sinne im Widerspruch stehen (sog. Vorrang des Bestellungsverhältnisses). Aufgrund des Vorrangs des Bestellungsverhältnisses ist das Vorstandsmitglied verpflichtet, ausschließlich im Interesse der Bestellungsgesellschaft zu handeln, auch wenn es bei einem Dritten angestellt ist. Ferner sind Weisungsrechte der Drittanstellungsgesellschaft gegenüber dem Vorstandsmitglied mit der unabhängigen Leitungsmacht des Vorstands gemäß § 76 Abs. 1 AktG unvereinbar.
3. Der Zulässigkeit der Drittanstellung von Vorstandsmitgliedern stehen nicht die Kompetenzen des Aufsichtsrats der Bestellungsgesellschaft entgegen. Allerdings macht die ordentliche Kündigung und die einvernehmliche Aufhebung des Drittanstellungsvertrags eine Zustimmung des Aufsichtsrats erforderlich.
4. Da die Drittanstellung des Vorstandsmitglieds zu Interessenkonflikten führen kann, muss das Vorstandsmitglied die Bestellungsgesellschaft über die Drittanstellung unterrichten. Im Rahmen seiner Bestellungsentscheidung wägt der Aufsichtsrat ab, ob das Vorstandsmitglied dennoch genügend Vertrauen entgegengebracht werden kann, das Unternehmen zusammen mit den anderen Vorstandsmitgliedern unabhängig zu leiten. Zudem muss das Vorstandsmitglied gegenüber den übrigen Vorstandsmitgliedern und dem Aufsichtsrat konkrete Interessenkonflikte offenlegen.
5. Der mit der Drittvergütung einhergehende Interessenkonflikt des Vorstandsmitglieds führt nicht zur Unzulässigkeit der Drittvergütung des Vorstandsmitglieds. Ferner verstößt die Drittvergütung nicht gegen die aktienrechtliche Kompetenzordnung, sofern gemäß § 87 Abs. 1 AktG der Aufsichtsrat ihr zustimmt. Der Aufsichtsrat darf der Drittvergütung nur zustimmen, wenn die Gesamtvergütung angemessen, üblich und auf eine nachhaltige Unternehmensentwicklung ausgerichtet ist. Im Übrigen ist eine variable, anreizorientierte und drittbezogene Vergütung nur zulässig, wenn diese sich auf einen Teil der Gesamtvergütung bezieht und sich der überwiegende Teil der variablen Vergütung durch die Entwicklung der Bestellungsgesellschaft bestimmt wird.

6. Die Drittanstellungsgesellschaft haftet nicht für Fehlverhalten des Vorstandsmitglieds. Es kann allerdings eine Ausgleichspflicht für eine fehlerhafte Auswahl des für die Vorstandstätigkeit geeigneten Managers bestehen.
7. Die Drittanstellungsgesellschaft kann von der Bestellungsgesellschaft einen Ausgleich für die Überlassung des Managers an die Drittanstellungsgesellschaft nur verlangen, wenn dies vertraglich vereinbart wurde.
8. Beim Drittanstellungsvertrag von Vorstandsmitgliedern handelt es sich grundsätzlich um einen freien Dienstvertrag, der eine Geschäftsbesorgung nach §§ 611 ff., 675 BGB zum Gegenstand hat. Nur wenn der Arbeitsvertrag zwischen der Drittanstellungsgesellschaft und dem Vorstandsmitglied nicht beendet wurde, kann es sich bei dem Drittanstellungsvertrag um einen Arbeitsvertrag handeln. Arbeitsrechtliche Schutzvorschriften des Arbeitnehmers finden allerdings nur Anwendung, wenn die korporationsrechtliche Stellung des Vorstandsmitglieds ihr nicht entgegensteht.
9. Im Hinblick auf den nichtigen Drittanstellungsvertrag gelten die Grundsätze des fehlerhaften Anstellungsvertrags. Die Vergütung ist für den Zeitraum, in dem das drittangestellte Vorstandsmitglied für die Bestellungsgesellschaft tätig wird, nicht herauszugeben, auch wenn der Drittanstellungsvertrag nichtig war.

Literaturverzeichnis

Alewell, Dorothea; Zeitarbeit und Interimsmanagement in Deutschland – Ein empirischer und institutioneller Vergleich, abrufbar unter: http://www.sfb580.uni-jena.de/veroeffentlichungen/b5/b5_zeitarbeit_interims-managment_in_deutschland.pdf, 2005.

Altmeppen, Holger; Interessenkonflikt im Konzern, ZHR 171 (2007), S. 320–341.

Altmeppen, Holger; Zur Vermögensbindung in der faktisch abhängigen AG, ZIP 1996, S. 693–698.

Altmeppen, Holger; Abschied vom „qualifizierten faktischen Konzern", 1998, München.

Anders, Anja; Vorstandsdoppelmandate – Zulässigkeit und Pflichtenkollision, 2006, Baden-Baden.

Armbrüster, Christian; Wettbewerbsverbote im Kapitalgesellschaftsrecht, ZIP 1997, S. 1269–1279.

Arnold, Christian/Schansker, Mareike; Vergütungsgestaltung in Vorstandsverträgen – Rechtliche Anforderungen und praktische Umsetzung, KSzW, S. 39–48.

Arnold, Christian; Variable Vergütung von Vorstandsmitgliedern im faktischen Konzern, Festschrift für Jobst-Hubertus Bauer zum 65. Geburtstag, 2010, München, S. 35–50.

Arnold, Michael/Born, Felix; Drittanstellung von Vorstandsmitgliedern in vertraglich beherrschten Aktiengesellschaften, AG-Report 18 (2005), S. 428–431.

Ascheid, Reiner/Preis, Ulrich/Schmidt, Ingrid (Hrsg.); Kündigungsrecht, Großkommentar zum gesamten Recht der Beendigung von Arbeitsverhältnissen, 5. Aufl., 2017, München.

Aschenbeck, Tanja; Personalidentität bei Vorständen in Konzerngesellschaften (Doppelmandat im Vorstand), NZG 2000, S. 1015–1024.

Bauer, Jobst-Hubertus/Arnold, Christian; Vorstandsverträge im Kreuzfeuer der Kritik, DB 2006, S. 260–266.

Bauer, Jobst-Hubertus; Rechtliche und taktische Probleme bei der Beendigung von Vorstandsverhältnissen, DB 1992, S. 1413–1422.

Baums, Theodor; Der Geschäftsleitervertrag, 1987, Köln.

Baums, Theodor; Kontrolle und Transparenz in Großunternehmen. Stellungnahme für den Rechtsausschuss des Deutschen Bundestages, AG 1997 (Sonderheft), S. 26–38.

Bamberger, Heinz Georg/Roth, Herbert (Hrsg.); BGB (Beck'scher Online-Kommentar), 42. Edition, Stand: 01.02.2017, München.

Baumbach, Adolf/Hueck, Alfred (Hrsg.); GmbHG (Beck'scher Kurz-Kommentar), 21. Aufl., 2017, München.

Bayer, Walter/Lieder, Jan; Upstream-Darlehen und Aufsichtsratshaftung, AG 2010, S. 885–903.

Begemann, Arndt/Laue, Bastian; Der neue § 120 Abs. 4 AktG – ein zahnloser Tiger?, BB 2009, 2442, 2444.

Beiner, Der Vorstandsvertrag, 2. Aufl., 2014, Stuttgart.

Bergmann, Friedrich; Die rechtliche Abhängigkeit des Anstellungsvertrages der Vorstandsmitglieder einer Aktiengesellschaft von der Bestellung und den für sie geltenden Bestimmungen, 1971, Lübeck.

Beuthien, Volker; Das fehlerhafte Arbeitsverhältnis als bürgerlich-rechtliches Abwicklungsproblem, RdA 1969, S. 161–174.

Boemke, Burkhard; Studienbuch Arbeitsrecht, 2. Aufl., 2004, München.

Bosse, Christian; Handbuch Vorstandsvergütung: Eine Praxishilfe mit Checklisten und Mustern, 2010, Köln.

Bowman, Scott R.; The Modern Corporation and American political thought: law, power, and ideology, 1996, Pennsylvania.

Buschbaum, Jörg/Klösel, Daniel; Interimsmanagement aus Sicht der arbeitsrechtlichen Vertragspraxis, NJW 2012, S. 1482–1486.

Bürgers, Tobias/Körber, Torsten (Hrsg.); Aktiengesetz, 3. Aufl., Heidelberg [u.a.], 2014.

Cahn, Andreas; Die Vertretung der Aktiengesellschaft durch den Aufsichtsrat, Festschrift für Michael Hoffmann-Becking zum 70. Geburtstag, 2013, München, S. 247–281.

Cahn, Andreas; Vorstandsvergütung als Gegenstand rechtlicher Regelung, Festschrift für Klaus J. Hopt zum 70. Geburtstag, 1. Band, 2010, Berlin, S. 431–455.

Casper, Matthias; Der Optionsvertrag, 2005, Tübingen.

Clemm, Hermann; Die Grenzen der Weisungsfolgepflicht des Vorstands der beherrschten AG bei bestehendem Beherrschungsvertrag, ZHR 141 (1977), S. 197–208.

Cramer, Carsten; Die Bestellung von Vorstandsmitgliedern zu Geschäftsführern einer Tochter-GmbH, NZG 2012, S. 765–769.

Dauner-Lieb, Barbara/Langen, Werner (Hrsg.); Kommentar BGB Schuldrecht, 2. Band, 3. Aufl., 2016, Baden-Baden.

Dauner-Lieb, Barbara/Preen, Alexander von; Das VorstAG – Ein Schritt auf dem Weg zum Board-System?, DB 2010, S. 377–383.

Decher, Christian D.; Personelle Verflechtungen im Aktienkonzern, 1990, Heidelberg.

Deilmann, Barbara; Fehlen einer Directors & Officers (D&O) Versicherung als Rücktrittsgrund für die Organmitglieder einer Aktiengesellschaft, NZG 2005, S. 54–57.

Denzer, Veit; Konzerndimensionale Beendigung der Vorstands- und Geschäftsführerstellung, 2005, Berlin.

Diekmann, Hans; Die Drittvergütung von Mitgliedern des Vorstands einer Aktiengesellschaft, Festschrift für Georg Maier-Reimer zum 70. Geburtstag, 2010, München, S. 75–88.

Diekmann, Hans/Fleischmann, Dermot; Umgang mit Interessenkonflikten in Aufsichtsrat und Vorstand der Aktiengesellschaft, AG 2013, S. 141–148.

Domhoff, William G.; Interlocking Directorates in the Corporate Community, abrufbar unter: http://www2.ucsc.edu/whorulesamerica/power/corporate_community.html, 2013.

Döll, Matthias; Das Votum zum Vergütungssystem nach § 120 Abs. 4 AktG, WM 2010, S. 103–112.

Dreher, Meinrad; Personelle Verflechtungen zwischen den Leitungsorganen von (Versicherungs-)Unternehmen nach Gesellschafts-, Konzern und Versicherungsaufsichtsrecht, Festschrift für Egon Lorenz zum 80. Geburtstag, 1997, Karlsruhe, S. 175–204.

Dreher, Meinrad; Nicht delegierbare Geschäftsleiterpflichten, Festschrift für Klaus J. Hopt zum 70. Geburtstag, 1. Band, 2010, S. 517–540.

Drüke, Heiner; Die Haftung der Muttergesellschaft für Schulden der Tochtergesellschaft, 1990, Köln.

Dubovitskaya Elena; Sind Vorstandsmitglieder einer AG wirklich Treuhänder?, NZG 2015, S. 983–988.

Ehren, Thomas/Gros, Marius; Anforderungen an eine angemessene Vorstandsvergütung aus Sicht der Praxis, der Konzern 2010 S. 412–423.

Emmerich, Volker/Habersack, Mathias (Hrsg.); Aktien- und GmbH-Konzernrecht Kommentar, 8. Aufl., 2016, München.

Erfurter Kommentar zum Arbeitsrecht; *Dietrich, Thomas/Hanau, Peter/Schaub, Günter (Hrsg.)*; 16. Aufl., 2016, München.

Erlinghagen, Peter; Der Organschaftsvertrag mit Ergebnis-Ausschlußklausel im Aktienrecht, 1960, Marburg.

Erren, Judith; Das Vorstandsmitglied einer AG als Arbeitnehmer?, 2015, Marburg.

Feine, Hans Erich; Die Gesellschaft mit beschränkter Haftung, in: Handbuch des gesamten Handelsrechts, 3. Band, 1929, Leipzig.

Fleck, Hans-Joachim; Das Dienstverhältnis der Vorstandsmitglieder und Geschäftsführer in der Rechtsprechung des BGH, WM 1981 Sonderbeilage Nr. 3, S. 1–23.

Fleck, Hans-Joachim; Das Organmitglied – Unternehmer oder Arbeitnehmer?, Festschrift für Marie Luise Hilger und Hermann Stumpf, 1983, München, S. 197–226.

Fleck, Hans-Joachim; Die Drittanstellung des GmbH-Geschäftsführer, ZHR 149 (1985), S. 387–418.

Fleischer, Holger; Zur Leitungsaufgabe des Vorstands im Aktienrecht, ZIP 2003, S. 1–11.

Fleischer, Holger; Zur organschaftlichen Treupflicht der Geschäftsleiter im Aktien- und GmbH-Recht, WM 2003, S. 1045–1058.

Fleischer, Holger; Zur Unveräußerlichkeit der Leitungsmacht im deutschen, englischen und US-amerikanischen Aktienrecht, Festschrift Eberhard Schwark zum 70. Geburtstag, 2009, München, S. 137–155.

Fleischer, Holger/Bedkowski, Dorothea; Das neue Vergütungsvotum der Hauptversammlung nach § 120 Abs. 4 AktG, AG 2009, S. 677–686.

Flume, Werner; Allgemeiner Teil des Bürgerlichen Rechts, Die juristische Person, 1. Band, 2. Teil, 1983, Berlin [u.a.].

Fonk, Hans-Joachim; Zur Vertragsgestaltung bei Vorstandsdoppelmandaten, NZG 2010, S. 368–374.

Friedrichsen, Sönke; Aktienoptionsprogramme für Führungskräfte, 2000, Köln.

Geßler, Ernst; Bestandsschutz der beherrschten Gesellschaft im Vertragskonzern?, ZHR 140 (1976), S. 433–441.

Geßler, Ernst; Einberufung und ungeschriebene Hauptversammlungszuständigkeiten, Festschrift für Walter Stimpel zum 68. Geburtstag, 1985, Berlin, S. 771–790.

Gissel, Ralf; Arbeitnehmerschutz für den GmbH-Geschäftsführer, 1987, Köln.

Goette, Wulf; Zur Orientierung der Vorstandsvergütung an der Lage der Muttergesellschaft, Festschrift für Klaus J. Hopt zum 70. Geburtstag, 1. Band, 2010, S. 689–701.

Goette, Wulf; Der Geschäftsführungsvertrag zwischen Gesellschafts- und Arbeitsrecht in der Rechtsprechung des Bundesgerichtshofs, Festschrift für Herbert Wiedemann zum 70. Geburtstag, 2002, München, S. 873–888.

Grigoleit, Hans Christoph (Hrsg.); Aktiengesetz: Kommentar, 2013, München.

Groß, Holger/Bohnert, Robert; Interim Management, 2012, München.

Großkommentar, Aktiengesetz: AktG, 2. Band, 1. Teilband, §§ 23–40, *Hirte, Heribert/Mülbert, Peter O./Roth, Markus (Hrsg.)*, 5. Aufl., 2016, Berlin [u.a.].

Großkommentar, Aktiengesetz, 3. Band, §§ 76–94, *Hirte, Heribert/Mülbert, Peter O./Roth, Markus (Hrsg.)*, 5. Aufl., 2015, Berlin [u.a.].

Großkommentar, Aktiengesetz, 8. Band, §§ 278–310, *Hirte, Heribert/Mülbert, Peter O./Roth, Markus (Hrsg.)*, 4. Aufl., 2013, Berlin [u.a.].

Grothus, Jost; Der Abschluss des Dienstvertrages mit dem Geschäftsführer einer GmbH, GmbHR 1959, S. 93–94.

Haesen, Wilfried; Der Abhängigkeitsbericht im faktischen Konzern, 1970, Köln.

Hamann, Wolfgang; Erkennungsmerkmale der illegalen Arbeitnehmerüberlassung in Form von Scheindienst- und Scheinwerkverträgen, 1995, Berlin.

Handbuch des Vorstandsrechts, *Fleischer, Holger (Hrsg.)*, 2006, München.

Happ, Wilhelm; Aktienrecht: Handbuch, Mustertexte, Kommentar, 4. Aufl., 2014, Köln.

Heidel, Thomas (Hrsg.); Aktienrecht und Kapitalmarktrecht, 4. Aufl., 2014, Baden-Baden.

Heidel, Thomas; „Wes Brot ich ess, des Lied ich sing.“, Festschrift für Volkmar Mehle zum 65. Geburtstag, 2009, Baden-Baden, S. 247–271.

Heinzelmann, Jürgen; Mehrfachmandate in Geschäftsführungs- und Aufsichtsorganen juristischer Personen, 2009, Hamburg.

Hellgardt, Alexander; Abdingbarkeit der gesellschaftsrechtlichen Treuepflicht, für Festschrift Klaus J. Hopt zum 70. Geburtstag, Band 1, 2010, Berlin/New York, S. 765–794.

Henssler, Martin; Das Anstellungsverhältnis der Organmitglieder, RdA 1992, S. 289–302.

Henssler, Martin/Strohn, Lutz; Gesellschaftsrecht: GesR, 3. Aufl., 2016, München.

Henze, Hartwig; Die Treupflicht im Aktienrecht, BB 1996, S. 489–499.

Henze, Hartwig; Reichweite und Grenzen des aktienrechtlichen Grundsatzes der Vermögensbindung – Ergänzung durch die Rechtsprechung zum Existenz vernichtenden Eingriff?, AG 2004, S. 405–415.

Herwig, Michael; Leitungsautonomie und Fremdsteuerung, 2014, Berlin.

Hesse, Katharina; Die Veröffentlichungspflicht für Vorstandsvergütung, 2013, Baden-Baden.

Historisch-kritischer Kommentar zum BGB, Schuldrecht: Allgemeiner Teil, 2. Band, 2. Teilband, §§ 241–432, *Lohsse, Sebastian/Meier, Sonja/Meyer-Pritzl, Rudolf (Hrsg.)*, 2007, Tübingen.

Hoffmann-Becking, Michael; Abfindungsleitung an ausscheidende Vorstandsmitglieder, ZIP 2007, S. 2101–2110.

Hoffmann-Becking, Michael; Vorstands-Doppelmandate im Konzern, ZHR 150 (1986), S. 570–584.

Hoffmann-Becking, Michael; Gestaltungsmöglichkeiten bei Anreizsystemen, NZG 1999, S. 797–804.

Hogh, Thomas; Die Nachteilsermittlung im Rahmen des § 311 I AktG, 2004, Berlin.

Hohaus, Benedikt/Weber, Christoph; Gesellschaftsrechtliche Probleme bei der Gewährung von Transaktionsboni durch einen Aktionär, DStR 2008, S. 104–110.

Hohenstatt, Klaus-Stefan/Kuhnke, Michael; Vergütungsstruktur und variable Vergütungsmodelle für Vorstandsmitglieder nach dem VorstAG, ZIP 2009, S. 1981–1989.

Hohenstatt, Klaus-Stefan/Seibt, Christoph H./Wagner, Tobias; Einbeziehung von Vorstandsmitgliedern in ergebnisabhängige Vergütungssysteme von Konzernobergesellschaften, ZIP 2008, S. 2289–2296.

Hohenstatt, Klaus-Stefan; Das Gesetz zu Angemessenheit der Vorstandsvergütung, ZIP 2009, S. 1349–1358.

Hohlfeld, Matthias; Der GmbH-Geschäftsführer zwischen Arbeitgeberfunktion und Arbeitnehmereigenschaft, GmbHR 1987, S. 255–258.

Hölters, Wolfgang (Hrsg.); Aktiengesetz: AktG, 2. Aufl. 2014, München.

Holtmann, Michael; Personelle Verflechtungen auf Konzernführungsebene, 1989, Lengerich.

Hommelhoff, Peter; Die Konzernleitungspflicht: zentrale Aspekte eines Konzernverfassungsrechts, 1982, Köln.

Hommelhoff, Peter; Vorstandsbezüge in der Konzerntochter, Festschrift Wulf Goette zum 65. Geburtstag, 2011, München, S. 169–178.

Hopt, Klaus J.; Aktionärskreis und Vorstandsneutralität, ZGR 1993, S. 534–566.

Hopt, Klaus J.; Die Haftung von Vorstand und Aufsichtsrat, Festschrift Ernst-Joachim Mestmäcker zum 80. Geburtstag, 1996, Baden-Baden, S. 909–931.

Hoyningen-Huene, Gerrick von/Linck, Rüdiger; Kündigungsschutzgesetz, 15. Aufl., 2013, München.

Hueck, Alfred; Die Rechtsstellung der Mitglieder von Organen der juristischen Personen, DB 1954, S. 274–276.

Hueck, Götz; Bemerkung zum Anstellungsverhältnis von Organmitgliedern juristischer Personen, Festschrift für Marie Luise Hilger und Hermann Stumpf, 1983, München, S. 365–380.

Hüffer, Uwe (Hrsg.); Aktiengesetz, 10. Aufl., 2012, München.

Hüffer, Uwe/Koch, Jens (Hrsg.); Aktiengesetz, 12. Aufl., 2016, München.

Immenga, Ulrich; Bestandsschutz der beherrschten Gesellschaft im Vertragskonzern, ZHR 140 (1976), S. 301–316.

Ihrig, Hans-Christoph/Wandt, Andre P. H./Wittgens, Jonas; Die angemessene Vorstandsvergütung drei Jahre nach Inkrafttreten des VorstAG, ZIP 2012, Beilage zu Heft 40, S. 1–31.

Jahn, Joachim; Das VorstAG: Neue Vorschriften gegen „unangemessene“ Managerbezüge, GWR 2009, S. 135–137.

Jauernig, Othmar; Bürgerliches Gesetzbuch, BGB, 16. Aufl., 2015, München.

Jooß, Alexander; Die Drittanstellung des Vorstandsmitglieds einer AG, NZG 2011, S. 1130–1132.

Jooß, Alexander; Die Drittanstellung des Vorstandsmitglieds einer Aktiengesellschaft, 2010, Stuttgart [u.a.].

Kallmeyer, Harald; Aktienoptionspläne für Führungkräfte im Konzern, AG 1999, S. 97–104.

Kann, Jürgen van (Hrsg.); Vorstand der AG: Führungsaufgaben, Rechtspflichten und Corporate Governance, 2005, Berlin.

Kalb, Sebastian/Fröhlich, Martin; Die Drittvergütung von Vorständen, NZG 2014, S. 167–171.

Klausing, Friedrich; Gesetz über Aktiengesellschaften und Kommanditgesellschaften auf Aktien (Aktien-Gesetz), 1937, Berlin.

Kleba, Robert; Interessen- bzw. Pflichtenkollision und Haftung bei Vorstandsdoppelmandaten im Aktienkonzern, 2013, Hamburg.

Köhler, Helmut; Fehlerhafte Vorstandsverträge, NZG 2008, S. 161–166.

Köhler, Helmut; Rückabwicklung fehlerhafter Unternehmenszusammenschlüsse (Unternehmensvertrag, Eingliederung, Verschmelzung, Gemeinschaftsunternehmen) ZGR 1985, S. 307–337.

Kölner Kommentar zum Aktiengesetz, *Zöllner, Wolfgang/Noack, Ulrich (Hrsg.)*, §§ 76–94, 2. Band, 1. Teil, 3. Aufl., 2009, Köln.

Kölner Kommentar zum Aktiengesetz, *Zöllner, Wolfgang/Noack, Ulrich (Hrsg.)*, §§ 95–117, 2. Band, 2. Teil 3. Aufl., 2012, Köln.

Kölner Kommentar zum Aktiengesetz, *Zöllner, Wolfgang/Noack, Ulrich (Hrsg.)*, §§ 291–328 und §§ 15–22, 6. Band, 3. Aufl., 2004, Köln.

Kort, Michael; Interessenkonflikte bei Organmitgliedern der AG, ZIP 2008, S. 717–725.

Kort, Michael; Beziehungen des Vorstandsmitglieds der AG zu Dritten, Drittanstellung, Interim Management, Personalleasing und Vergütung durch Dritten, Kommentar zu BGH v. 28.4.2015 – II ZR 63/14, AG 2015, S. 531–534.

Krauss, Lutz; Status und Kündigungsschutz von arbeitnehmerähnlichen Vorstandsmitgliedern in der Aktiengesellschaft, 1989, Frankfurt am Main.

Krieger, Gerd; Interim Manager im Vorstand der AG, Festschrift Michael Hoffmann-Becking zum 70. Geburtstag, 2013, München, S. 711–732.

Krieger, Gerd; Personalentscheidungen des Aufsichtsrats, 1981, Köln [u.a.].

Krieger, Gerd/Schneider, Uwe H. (Hrsg.); Handbuch Managerhaftung, 2. Aufl., 2010, Köln.

Kronstein, Heinrich; Die abhängige juristische Person, 1973, München [u.a.].

Kropff, Bruno; Aktiengesetz, Textausgabe des Aktiengesetzes vom 6. 9. 1965, 1965, Düsseldorf.

Krüger, Hans; Die Bestellung und Anstellung des Vorstands der Aktiengesellschaft, 1929, Schwerin.

Kübler, Friedrich; Erwerbschancen und Organpflichten, Festschrift für Winfried Werner zum 65. Geburtstag, 1984, Berlin [u.a.] S. 437–448.

Langenbucher, Katja; Zum Bereicherungsausgleich im Überweisungsrecht, Festschrift Andreas Heldrich zum 70. Geburtstag, 2013, München, S. 285–296.

Larenz, Karl; Methodenlehre der Rechtswissenschaft, 6. Aufl., 1991, Berlin.

Leuering, Dieter/Simon, Stefan; Offene Fragen zur Offenlegung der Vorstandsvergütung, NZG 2005, S. 945–950.

Link, Jan; Die Amtsniederlegung durch Gesellschaftsorgane: eine rechtsübergreifende Untersuchung des Spannungsfeldes zwischen Rücktrittsfreiheit, Bestandsschutz und Rechtssicherheit, 2003, Köln [u.a.].

Linné, Harald; Problemlöser: Interim Manager, der Aufsichtsrat 2012, S. 126–127.

Lutter, Markus; Verhaltenspflichten von Organmitgliedern bei Interessenkonflikten, Festschrift für Hans-Joachim Priester zum 70. Geburtstag, 2007, Köln, S. 417–425.

Lutter, Marcus/Krieger, Gerd/Verse, Dirk; Rechte und Pflichten des Aufsichtsrats, 6. Aufl., 2014, Köln.

Marsch-Barner, Reinhard; Aktuelle Rechtsfragen zur Vergütung von Vorstands- und Aufsichtsratsmitgliedern einer AG, Festschrift für Volker Röhricht zum 65. Geburtstag, 2005, Köln, S. 401–419.

Martens, Klaus-Peter; Der Aufsichtsrat im Konzern, ZHR 159 (1995), S. 567–592.

Martens, Klaus-Peter; Die außerordentliche Beendigung von Organ- und Anstellungsverhältnis, Festschrift Winfried Werner zum 65. Geburtstag, 1984, Berlin [u.a.], S. 495–519.

Martens, Klaus-Peter; Stand und Entwicklung im Recht der Stock-Options, Festschrift für Peter Ulmer zum 70. Geburtstag, 2003, Berlin, S. 399–418.

Martens, Klaus-Peter; Vertretungsorgan und Arbeitnehmerstatus in konzernabhängigen Gesellschaften, Festschrift für Marie Luise Hilger und Hermann Stumpf, 1983, München, S. 437–466.

Mayer-Uellner, Richard; Zur Zulässigkeit finanzieller Leistungen Dritter an die Mitglieder des Vorstands, AG 2011, S. 193–201.

Medicus, Dieter/Petersen, Jens; Bürgerliches Recht, 25. Aufl., 2015, München.

Merkblatt zu Geschäftsleiter-Mehrfachmandaten (VA 52 - I 2234 - 2011/0005) der BaFin, 2011, abrufbar unter: https://www.bafin.de/SharedDocs/Downloads/DE/Merkblatt/VA/dl_mb_zu_gl_mehrfachmandate_va.html.

Meier, Norbert/Pech, Andreas; Bestellung und Anstellung von Vorstandsmitgliedern in Aktiengesellschaften und Geschäftsführern in einer GmbH, DStR 1995, S. 1195–1199.

Mertens, Hans-Joachim/Cahn, Andreas; Wettbewerbsverbot und verdeckte Gewinnausschüttung im GmbH-Konzern, Festschrift für Theodor Heinsius zum 65. Geburtstag, 1991, Berlin [u.a.], S. 545–574.

Michalski, Lutz (Hrsg.); Kommentar zum Gesetz betreffend die Gesellschaften mit beschränkter Haftung (GmbH-Gesetz), §§ 35–85 GmbHG, §§ 1–4 EGGmbHG, 2. Band, 2. Aufl., 2010, München.

Mizruchi, Mark S.; What Do Interlocks Do? An Analysis, Critique, and Assessment of Research on Interlocking Directorates, abrufbar unter: http://www.annualreviews.org/doi/full/10.1146/annurev.soc.22.1.271, 1996.

Molitor, Erich; Die Bestellung zum Vorstandsmitglied einer Aktiengesellschaft, ihre Voraussetzungen und Folgen, Festschrift für Victor Ehrenberg, 1927, Leipzig, S. 41–73.

Molitor, Erich; Die Rechtsverhältnisse der Vorstandsmitglieder, AG 1957, S. 193–197.

Münchener Anwaltshandbuch Arbeitsrecht, *Moll, Wilhelm (Hrsg.)*, 3. Aufl., 2012, München.

Münchener Handbuch des Gesellschaftsrechts, *Hoffmann-Becking, Michael*, 4. Band, 4. Aufl., 2015, München.

Münchener Kommentar zum Aktiengesetz, *Goette, Wulf/Habersack, Mathias (Hrsg.)*, 1. Band, 4. Aufl., §§ 1–75, 2016, München.

Münchener Kommentar zum Aktiengesetz, *Goette, Wulf/Habersack, Mathias (Hrsg.)*, 2. Band, §§ 76–117 AktG, MitBestG, DrittelbG, 4. Aufl., 2014, München.

Münchener Kommentar zum Aktiengesetz, *Goette, Wulf/Habersack, Mathias (Hrsg.)*, 4. Band, §§ 179–277 AktG, 4. Aufl., 2016, München.

Münchener Kommentar zum Aktiengesetz, *Goette, Wulf/Habersack, Mathias (Hrsg.)*, 5. Band, §§ 278–328 AktG, SpruchG, ÖGesAusG, Österreichisches Konzernrecht, 4. Aufl., 2015, München.

Münchener Kommentar zum Bürgerlichen Gesetzbuch, Allgemeiner Teil, *Säcker, Franz (Hrsg.)*, 1. Band, §§ 1–240, ProstG, AGG, 7. Aufl., 2015, München.

Münchener Kommentar zum Bürgerlichen Gesetzbuch, *Krüger, Wolfgang (Hrsg.)*, 2. Band, Schuldrecht – Allgemeiner Teil, 7. Aufl., 2016, München.

Münchener Kommentar zum Bürgerlichen Gesetzbuch, *Henssler, Wolfgang/Krüger, Wolfgang (Hrsg.)*, 4. Band, Schuldrecht Besonderer Teil II, §§ 611–704, EFZG, TzBfG, KSchG, 6. Aufl., 2012, München.

Münchener Kommentar zum Gesetz betreffend die Gesellschaften mit beschränkter Haftung, *Fleischer, Holger/Goette, Wulf (Hrsg.)*, 2. Band, §§ 35–52, 2. Aufl., 2016, München.

Münchener Kommentar zum Versicherungsvertragsgesetz, *Langheid, Theo/Wandt, Manfred (Hrsg.)* 3. Band, §§ 192215 VVG, Synopsen, Materialien, 2009, München.

Mutter, Stefan/Frick, Vera; Neues zur Drittanstellung von Vorständen, AG-Report 2006, S. 32.

Neuhaus, Martin/Gellißen, Georg; Drittvergütung für Aufsichtsratsmitglieder, NZG 2011, S. 1361–1365.

Niewarra, Manfred; Verträge zwischen Vorstand und Aktionär, BB 1998, S. 1961–1965.

Nikolay, Judith C.; Die neuen Vorschriften zur Vorstandsvergütung – Detaillierte Regelungen und offene Fragen, NJW 2009, S. 2640–2647.

Nipperdey, Thomas; Lexikon Arbeitsrecht, 28. Edition, 2016, München.

Noack, Ulrich; Haftungsfragen bei Vorstandsdoppelmandaten im Konzern, Festschrift für Michael Hoffmann-Becking zum 70. Geburtstag, 2013, München, S. 847–859.

Oppenländer, Frank/Trölitzsch, Thomas (Hrsg.); Praxishandbuch der GmbH-Geschäftsführung, 2. Aufl., 2011, München.

Palandt, Otto; Bürgerliches Gesetzbuch, 76. Aufl., 2017, München.

Paschos, Nikolaus; Die Zulässigkeit von Vereinbarungen über künftige Leitungsmaßnahmen des Vorstands, NZG 2012, S. 1142–1144.

Pielow, Johann-Christian (Hrsg.); Gewerberecht (Beck'scher Online-Kommentar), 37. Edition, Stand: 01.03.2017, München.

Plander, Harro; Die Vertretung der nicht aufsichtsratspflichtigen GmbH bei Begründung, Änderung und Beendigung von Organstellung und Anstellungsverhältnis der Geschäftsführer, ZHR 133 (1970), S. 327–394.

Plander, Harro; Gedanken zur Auslegung des § 27 Abs. 1 BGB und der §§ 6 Abs. 2 Satz. 2, 46 Nr. 5 in Verbindung mit § 47 Abs. 1 GmbHG, GmbHR 1968, S. 197–203.

Poelzig, Dörte/Thole, Christoph; Kollidierende Geschäftsleiterpflichten, ZGR 2010, S. 836–867.

Raapke, Julius; Die Regulierung der Vergütung von Organmitgliedern und Angestellten im Aktien- und Kapitalmarktrecht, 2012, Frankfurt am Main.

Raiser, Thomas; Wettbewerbsverbot als Mittel des konzernrechtlichen Präventivschutzes, Festschrift für Walter Stimpel zum 68. Geburtstag, 1985, Berlin, S. 855–865.

Raiser, Thomas/Veil, Rüdiger; Recht der Kapitalgesellschaften, 5. Aufl., 2010, München.

Reuter, Alexander; Die aktienrechtliche Zulässigkeit von Konzernanstellungsverträgen, AG 2011, S. 274–282.

Rolfs, Christian/Giesen, Richard/Kreikebohm, Ralf/Udsching, Peter (Hrsg.); Sozialrecht (Beck'scher Online Kommentar), 43. Edition, Stand: 01.04.2017, München.

Sack, Rolf; Der rechtswidrige Arbeitsvertrag, RdA 1975, S. 171–182.

Säcker, Franz Jürgen; Kompetenzstruktur bei Bestellung und Anstellung von Mitgliedern des unternehmerischen Leitungsorgans, BB 1979, S. 1321–1325.

Säcker, Franz Jürgen; Zur Problematik von Mehrfachfunktionen im Konzern, ZHR 151 (1987), S. 59–71.

Säcker, Franz-Jürgen; Rechtsprobleme bei Widerruf der Bestellung von Organmitgliedern und Ansprüche aus fehlerhaften Anstellungsverträgen, Festschrift für Gerhard Müller, 1981, Berlin [u.a.], S. 745–763.

Schackmann, Markus; Die Drittanstellung von Vorstandsmitgliedern im faktischen Aktienkonzern, 2002, Bochum.

Schäfer, Philipp Moritz; Die Organstellung, Anstellungsverhältnisse und Haftung der Mitglieder des Vorstands und der Geschäftsführung abhängiger Gesellschaften, 2003, Berlin.

Schenke, Ralf; Auslegung und Rechtsfortbildung – Überlegungen zu Grundfragen der rechtsmethodischen Systembildung am Beispiel der „Auslegung gegen den Wortlaut", DStR-Beih. 2011, S. 54–59.

Schilling, Wolfgang; Anmerkung zum Urteil des BGH vom 19.01.1961, II ZR 217/58, JZ 1961, S. 545–546.

Schmidt, Karsten/Lutter, Marcus (Hrsg.); Aktiengesetz: AktG, 1. Band, §§ 1–149, 3. Aufl., 2015, Köln.

Schmidt, Karsten/Lutter, Marcus (Hrsg.); Aktiengesetz: AktG, 2. Band, §§ 150–410, 3. Aufl., 2015, Köln.

Schubel, Christian; Verbandssouveränität und Binnenorganisation der Handelsgesellschaften, 2003, Tübingen.

Schüller, Anette; Vorstandsvergütung: gesellschaftsrechtliche Fragen der Vergütung des Vorstands in der börsennotierten Aktiengesellschaft, 2002, Baden-Baden.

Schumann, Helmut; Zur Amtsniederlegung eines GmbH-Geschäftsführers, NZG 2002, S. 706–708.

Schüppen, Matthias; Transaction-Boni für Vorstandsmitglieder der Zielgesellschaft: Business Judgement oder strafbare Untreue?, Festschrift für Klaus Tiedemann zum 70. Geburtstag, 2008, Köln [u.a.], S. 749–766.

Schüren, Peter (Hrsg.); Arbeitnehmerüberlassungsgesetz: AÜG, 4. Aufl., 2010, München.

Schwarz, Christian; Bestellung und Anstellung der Verwaltungsmitglieder von Kapitalgesellschaften, 1984, Berlin.

Seibert, Ulrich; Das VorstAG – Regelungen zur Angemessenheit der Vorstandsvergütung und zum Aufsichtsrat, WM 2009, S. 1489–1493.

Semler, Johannas; Festschrift für Heinz Rowedder zum 75. Geburtstag, Geschäfte einer Aktiengesellschaft mit Mitgliedern ihres Vorstands – Gedanken zu § 112 AktG –, 1994, München, S. 441–457.

Semler, Johannes; Doppelmandatsverbund im Konzern, Festschrift Ernst C. Stiefel zum 80. Geburtstag, 1987, München, S. 719–762.

Semler, Johannes/Schenck, Kersten von (Hrsg.); Arbeitshandbuch für Aufsichtsratsmitglieder, 4. Aufl., 2013, München.

Sina, Peter; Grenzen des Konzern-Weisungsrechts nach § 308 AktG, AG 1991, S. 1–10.

Spindler, Gerald; Vergütung und Abfindung von Vorstandmitgliedern, DStR 2004, S. 36–44.

Spindler, Gerald; Gutachten zur Frage der Zulässigkeit von Drittanstellungsverträgen und drittbezogenen Vergütungen, insbesondere im Konzern, im Auftrag der Hans-Böckler-Stiftung, abrufbar unter: http://www.boeckler.de/pdf/mbf_gutachten_drittanstellungsvertraege_gs.pdf.

Spindler, Gerald; Konzernbezogene Anstellungsverträge und Vergütungen von Organmitgliedern, Festschrift für Karsten Schmidt zum 70. Geburtstag, 2009, Köln, S. 1529–1550, Köln.

Spindler, Gerald; Prämien und Leistungen an Vorstandsmitglieder bei Unternehmenstransaktionen, Festschrift Klaus J. Hopt zum 70. Geburtstag, 1. Band, 2010, Berlin [u.a.], S. 1407–1430.

Spindler, Gerald/Stilz, Eberhard (Hrsg.); Kommentar zum Aktiengesetz: AktG, §§ 1–149, 1. Band, 3. Aufl., 2015, München.

Spindler, Gerald/Stilz, Eberhard (Hrsg.); Kommentar zum Aktiengesetz: AktG, §§ 150–410, 2. Band, 3. Aufl., 2015, München.

Springer Gabler Verlag, abrufbar unter: http://wirtschaftslexikon.gabler.de/.

Stagat, Rolf; Der Arbeitnehmer-Geschäftsführer: Arbeitsverhältnis trotz Organstellung?, DB 2010, S. 2801–2805.

Staudinger, Julius von; Kommentar zum Bürgerlichen Gesetzbuch: Staudinger BGB, 1. Buch, Allgemeiner Teil, §§ 125–129, BeurkG (Beurkundung) 14. Aufl., 2014, Berlin.

Staudinger, Julius von; Kommentar zum Bürgerlichen Gesetzbuch: Staudinger BGB, 2. Buch, Recht der Schuldverhältnisse, §§ 840–853 (Unerlaubte Handlungen 5), 15. Aufl., 2014, Berlin.

Stein, Ursula; Die Grenzen vollmachtloser Vertretung der Gesellschaft gegenüber Vorstandsmitglieder und Geschäftsführern, AG 1999, S. 28–42.

Stein, Ursula; Konzernherrschaft durch EDV? – Gesellschaftsrechtliche und konzernrechtliche Probleme der EDV-Auslagerung auf ein konzernverbundenes Unternehmen, ZGR 1988, S. 163–191.

Stroh, Lutz; Die Verfassung der Aktiengesellschaft im faktischen Konzern, 1977, Köln.

Teichmann, Arndt; Gestaltungsfreiheit in Gesellschaftsverträgen, 1970, München.

Theobald, Wolfgang; Drittanstellung von Vorstandsmitgliedern in der Aktiengesellschaft, Festschrift für Thomas Raiser zum 70. Geburtstag, 2005, Berlin, S. 421–437.

Thüsing, Gregor; Das Gesetz zur Angemessenheit der Vorstandsvergütung, AG 2009, S. 517–529.

Timm, Wolfram; Mehrfachvertretung im Konzern, AcP 193 (1993), S. 423–452.

Traugott, Rainer/Grün, Regina; Finanzielle Anreize für Vorstände börsennotierter Aktiengesellschaften bei Private Equity-Transaktionen, AG 2007, S. 761–770.

Tröger, Tobias; Anreizorientierte Vorstandsvergütung im faktischen Konzern, ZGR 2009, S. 447–473.

Uffmann, Katharina; Interim Management in Zeiten nachhaltiger Unternehmensführung?, ZGR 2013, S. 273–315.

Ulmer, Peter; Das Sonderrecht der §§ 311 ff. AktG und sein Verhältnis zur allgemeinen aktienrechtlichen Haftung für Schädigungen der AG, Festschrift für Uwe Hüffer zum 70 Geburtstag, 2010, München, S. 999–1016.

Ulmer, Peter/Habersack, Mathias/Henssler, Martin (Hrsg.); Mitbestimmungsrecht: Kommentierung des MitbestG, der DrittelbG, des SEBG und des MgVG, 3. Aufl., 2013, München.

Unger, Ulrike; Neue Haftungsbegrenzungen für ehrenamtlich tätige Vereins- und Stiftungsvorstände, NJW 2009, S. 3269–3273.

Venroy, Gerd van; Beeinträchtigung der dienstvertraglichen Freistellung des GmbH-Geschäftsführers von Weisungen durch den GmbH-Gesellschaftsvertrag und durch Gesellschafterbeschlüsse?, GmbHR 1982, S. 175–181.

Vetter, Eberhard; Der kraftlose Hauptversammlungsbeschluss über das Vorstandsvergütungssystem nach § 120 Abs. 4 AktG, ZIP 2009, S. 2136–2143.

Vetter, Eberhard; Drittanstellung von Vorstandsmitgliedern und aktienrechtliche Kompetenzordnung, Festschrift für Michael Hoffmann-Becking zum 70. Geburtstag, 2013, München, S. 1297–1316.

Vetter, Eberhard; Interessenkonflikt im Konzern – vergleichende Betrachtungen zum faktischen Konzern und zum Vertragskonzern –, ZHR 171 (2007), S. 342–305.

Vorstand der AG (Beck'sches Mandatshandbuch), 2. Aufl., 2010, München.

Wachter, Thomas (Hrsg.); Kommentar zum Aktiengesetz, 2. Aufl., 2014, Köln.

Wackerbath, Ulrich; Kontrollverlust oder: Beiß nie in die Hand, die den Scheck unterschreibt!, abrufbar unter: http://blog.fernuni-hagen.de/blawg/2011/10/31/kontrollverlust-oder-beis-nie-in-die-hand-die-den-scheck-unterschreibt/.

Wank, Rolf; Arbeitnehmer und Selbstständige, 1988, München.

Wellhöfer, Werner/Peltzer, Martin/Müller, Welf; Die Haftung von Vorstand, Aufsichtsrat, Wirtschaftsprüfer, 2008, München.

Wellkamp, Ludger; Die Haftung von Geschäftsleitern im Konzern, WM 1993, S. 2155–2159.

Werner, Winfried; Aufsichtsratstätigkeit von Bankenvertretern, ZHR 145 (1981), 252–270.

Werner, Winfried; Vertretung der Aktiengesellschaft gegenüber Vorstandsmitgliedern – Ein Beitrag zur Auslegung des § 112 AktG, ZGR 1989, S. 369–395.

Wiedemann, Herbert; Die Unternehmensgruppe im Privatrecht, 1988, Tübingen.

Wiedemann, Herbert; Verbandssouveränität und Außeneinfluss, Festschrift für Wolfgang Schilling zum 65. Geburtstag, 1973, Berlin, S. 105–124.

Ziemons, Hildegard/Jaeger, Carsten; GmbHG (Beck'scher Online-Kommentar), 27. Edition, Stand: 01.02.2017, München.

Zöllner, Wolfgang; Unternehmensinnenrecht: Gibt es das?, AG 2003, S. 2–12.

www.ingramcontent.com/pod-product-compliance
Ingram Content Group UK Ltd.
Pitfield, Milton Keynes, MK11 3LW, UK
UKHW021904290926
8980IPUK00015B/1043

9 783631 748510